L'AFFAIRE JEAN MOULIN
LA CONTRE-ENQUÊTE

CHARLES BENFREDJ

L'AFFAIRE JEAN MOULIN
LA CONTRE-ENQUÊTE

Préface de Jacques Soustelle
de l'Académie française

Albin Michel

ISBN 2-226-04908-8

A Henri-Patron et
à ses Compagnons.

Préface

Cinquante ans ont passé depuis cet hiver de 1940-1941 que je vécus à Londres auprès du général de Gaulle, au sein du petit — oh ! bien petit — groupe de ceux qui se disaient et se voulaient, envers et contre tout, « Français libres ». J'ignorais alors, nous ignorions tous, qu'en même temps en France, dans les ténèbres de l'occupation et la pénombre du régime maréchaliste, une poignée d'hommes résolus et prêts à tous les sacrifices s'engageait sur le chemin périlleux — mortel pour beaucoup d'entre eux — de la résistance.

L'un de ces hommes, un des tout premiers sinon même le premier, s'appelait Henri Frenay. Je l'ai connu à Londres, à Alger, à Paris, sous ses pseudonymes, « Nef », « Charvet », comme chef du mouvement Combat, puis, ministre, écrivain, détaché (je l'ai regretté) de la vie politique, toujours semblable à lui-même avec ses convictions, sa sincérité, le prestige et l'autorité qui émanaient de sa personne. Sa disparition m'a affligé comme elle a blessé beaucoup des survivants de cette époque. Et soudain : le vacarme publicitaire, deux lourds volumes signés d'un nom inconnu, le tintamarre d'une polémique journalistique et médiatique autour de deux figures symboliques : Frenay et Jean Moulin. Que s'est-il passé ? Le livre de Charles Benfredj répond, clairement et de façon détaillée, à la question qu'on ne pouvait éviter de poser. C'est, dit l'auteur lui-même, « une défense », la défense de la mémoire d'Henri Frenay par un ami qui est un avocat de talent. Mais c'est bien davantage : une enquête d'histo-

rien, j'oserais dire de détective, précise, aiguë, qui oppose à la calomnie la lumière de la vérité et la solidité des faits.

Il n'est pas inutile de rappeler ici que je n'ai pas été mêlé directement aux différends, aux querelles, qui ont opposé Frenay et Moulin, pour la simple raison que les missions qui m'ont été confiées par le général de Gaulle entre 1940 et le mois de novembre 1943 ne me mettaient pas en rapport avec la résistance qui s'organisait en France. Certes, je recueillais avec un intérêt passionné les informations que me donnaient des hommes tels que le colonel Passy, Rémy ou Pierre Brossolette, je recevais celles de Georges Bidault (« Bip »), j'apprenais avec émotion la lutte et, hélas, l'échec de mes anciens camarades du Musée de l'Homme, mais c'est seulement à partir des derniers mois de 1943, quand le Gouvernement provisoire s'était établi à Alger, que j'ai eu effectivement sur les épaules le fardeau des services d'action et de renseignement qui « coiffèrent » aussi bien le BCRA de la France libre que les anciens services du contre-espionnage émigrés de Vichy. Aussi puis-je dire que je n'ai pas eu à intervenir, avant l'arrestation de Jean Moulin à Caluire le 21 juin 1943, dans le débat entre « Nef » et « Max », entre le chef de Combat et le « commissaire délégué » du Comité national français. Je n'en suis que plus à l'aise pour faire appel à mes souvenirs et les confronter avec les précisions, les révélations qu'apporte le livre de Charles Benfredj.

Je dis bien : révélations, car il m'a fallu prendre connaissance de ce livre pour apprendre — et comprendre — certains détails dont la signification est maintenant évidente. Je prendrai pour exemple André Labarthe. Voilà un homme que j'ai rencontré à Londres dès mon arrivée, avec qui j'ai eu de nombreux entretiens, qui me séduisait par son brio, son dynamisme. De retour en Angleterre en 1942, je l'ai retrouvé — avec quelle surprise attristée ! — au cœur d'une sorte d'intrigue de cour autour de l'amiral Muselier mais surtout avec le contre-amiral Moullec, communiste... puis, avec stupeur, dans le régime néo-vichyste du général Giraud à Alger en 1943 ! Personne à Londres en 1940 ne savait qu'André Labarthe appartenait à l'équipe qui s'était formée autour de Pierre Cot et dont Jean Moulin fut un élément essentiel. De Gaulle lui-même le savait-il ? Savait-il que Jean Moulin et Pierre Cot (futur prix Staline et chef de file « progressiste ») n'ont jamais cessé de correspondre pendant la guerre et se trouvaient « en communion complète » de pensée ?

Il faut ici essayer — et ce n'est pas facile — de se replacer dans ce qui fut notre état d'esprit à Londres en 1940. Politiquement, il y avait là « de tout un peu » : certains que l'on disait ex-cagoulards, d'autres classés « de gauche ». Mis à part les irréductibles antigaullistes qui éditaient le journal France *(Pierre Comert, les deux Gombault, Louis Lévy), les Français de Londres ou bien étaient incorporés à la France libre, ou bien entretenaient des rapports amicaux avec « Carlton Gardens », comme par exemple Oberlé ou Raymond Aron. En fait, le coup de massue de 1940 nous avait tous assommés, la « politique » ne soulevait en nous qu'indifférence ou hostilité. Nous rêvions une France libérée, chaleureuse, fraternelle. Les notions de partis, de rivalités, de clans, nous hérissaient.*

Il a fallu les débarquements anglo-saxons en Afrique du Nord, les intrigues néo-vichystes d'Alger, le pari américain sur Darlan puis sur Giraud, la mise en scène d'Anfa, pour que s'imposât peu à peu et non sans réticences le projet d'un regroupement, voire d'une résurrection des partis politiques. Le grand virage se situe entre la fin de 1942 et le printemps de 1943. Jean Moulin en a été le principal artisan pour le meilleur et pour le pire.

Encore faut-il observer qu'en février (1943) les instructions données à Jean Moulin par le général de Gaulle spécifiaient avec une insistance très marquée que le Conseil de la Résistance à constituer devait être formé de représentants des « groupements résistants », des « formations politiques résistantes », des « syndicats ouvriers résistants ». De là, par une sorte de glissement, on est passé à un CNR qui se réunit pour la première fois à Paris, le 27 mai, où les partis étaient représentés en tant que tels. Le principal bénéficiaire de cette mutation fut le parti communiste, habilement dédoublé en parti et en Front national, excellant de plus à utiliser des « sous-marins » tels que Degliame-Fouché ou Malleret-Join-

ville ou des « hommes de droite » étrangement proches du Parti bien que se disant « nationaux » ou même « gaullistes ».

J'ai souvent partagé, à cette époque, les craintes et la révolte de Pierre Brossolette. Je le vois encore entrouvrant ma porte à Carlton Gardens et venant me décrire les réalités de la résistance intérieure. La mission qu'il accomplit en France occupée (pseudonyme : « Brumaire ») avec Passy (« Arquebuse ») fut violemment critiquée par Moulin, notamment parce que les deux envoyés reconnurent à juste titre l'importance, l'activité et l'efficacité de l'OCM (Organisation civile et militaire) : aux yeux de Moulin, l'OCM était « de droite ». Brossolette, issu du parti socialiste, avait surmonté les rigidités du passé : il le montra en amenant à Londres, au grand scandale de quelques sectaires, Charles Vallin, ancien leader Croix-de-Feu.

Il fallut donc créer le CNR et ce Comité, trop lourd et trop dangereux pour qu'on pût le réunir fréquemment, servit de « chapeau » ou d'alibi à des groupes restreints tels que le « Comité d'Action » (Comac) et le « Comité Anti-Déportation » (CAD) que les communistes manipulèrent aisément.

Henri Frenay, ayant créé et continuant à diriger le premier des mouvements de résistance, se heurta rapidement à Jean Moulin, et cela pour deux motifs principaux : d'une part, la tendance de Jean Moulin, préfet et haut fonctionnaire, à centraliser entre ses mains renseignements, communications, moyens, argent ; d'autre part, et cet aspect n'est apparu que peu à peu, en raison de la nuance politique de l'entourage de Jean Moulin, nuance « monocolore » puisque tous les hommes de confiance de Moulin (le colonel Manhès, Pierre Meunier, Chambeiron) se sont révélés communistes à la sortie de la clandestinité.

Cela, des gaullistes de la première heure tels que moi l'ignoraient. Un peu plus tard, en 1943, quand Emmanuel d'Astier de la Vigerie chef du mouvement Libération, fut chargé du ministère de l'Intérieur dans le gouvernement provisoire d'Alger, je constatai — puisque les communications entre Alger et la France occupée passaient par mes mains — que le noyautage communiste se développait dans la résistance grâce à des relais tels qu'Yves Farge et Pascal Copeau. Ce dernier, dit « Salard », protestait avec violence contre les parachutages d'officiers français et alliés auprès des maquis. Sa « bête noire » était Henri Frenay. Copeau lui-même a déclaré[1] *qu'il avait « beaucoup comploté avec Max (Moulin) pour éliminer les chefs historiques de la résistance », en premier lieu Frenay considéré comme « impossible » — parce que réfractaire à la mainmise communiste.*

A la question souvent posée : « Y a-t-il eu un plan communiste de prise du pouvoir à travers la résistance et la libération ? », je réponds : oui. Moulin en fut-il l'agent pleinement conscient ou plus ou moins involontaire, guidé par ses anciennes amitiés et par son entourage ? Le lecteur du présent ouvrage en jugera ; ses précisions, et celles des œuvres de Frenay[2]*, sont impressionnantes.*

Ce plan a existé. Il a été déjoué grâce à trois séries de faits : d'abord, et c'est bien évident, parce que la présence massive des armées alliées sur notre territoire ne pouvait que gêner l'opération ; ensuite, parce que le nom et le prestige du général de Gaulle et l'autorité du général Kœnig se sont imposés aux aventuriers, même si ce ne fut pas sans bavures ; enfin, qu'il me soit permis de le rappeler, parce que les Services d'Action en France basés à Alger et à Londres, malgré la faiblesse de leurs moyens et les interférences politiques, réussirent à court-circuiter les organisations communistes et crypto-communistes comme le Comac, les CDL, le « 2e Bureau FFI », ce qui nous valut, à la Libération, d'être traités de « fascistes », voire de « traîtres ».

C'est qu'il était d'une importance capitale, pour les communistes, de conserver la résistance comme dans un vase clos, à l'abri de toute autre influence. Certes ils acceptaient, non sans de constantes récriminations, les armes et l'argent que Londres et Alger parachutaient (et qu'ils ont souvent détournés au détriment des mouvements non communistes) mais ils se refusèrent toujours à tout contrôle et à toute

1. Cf. Noguères, *Histoire de la Résistance,* t. II, p. 549.
2. *La nuit finira,* Éd. Robert Laffont, 1973. *L'Énigme Jean Moulin,* Éd. Robert Laffont, 1977.

autorité sur leurs Francs-Tireurs et Partisans (FTP) qui demeurèrent hors de l'Armée secrète.

Il est clair que le problème des moyens, notamment celui des fonds nécessaires aux mouvements et aux maquis, a toujours été d'une importance primordiale : j'ai assez raclé avec Mendès France les caisses d'Algérie et d'Afrique noire. Malgré tous nos efforts, nous ne pouvions faire mieux — ou bien il aurait fallu réduire le budget du CAD (crypto-communiste), ce que d'Astier n'accepta jamais. Dès lors se justifiait amplement le recours à une source extérieure, ce qu'on a appelé « l'affaire suisse ». On doit à Pierre de Bénouville, à cette époque appelé « Lahire », d'avoir brillamment réussi à établir une liaison entre les mouvements de résistance et le centre américain de l'OSS (future CIA) à Berne. Ce fut pour la résistance française un ballon d'oxygène. Ce succès m'a toujours d'autant plus réjoui que nous obtenions par là un soutien effectif de Roosevelt alors que « F.D.R. » n'avait pour de Gaulle et pour nous qu'une vive antipathie !

Quoi qu'il en soit, on ne peut qu'être choqué par l'opposition extrêmement violente de Jean Moulin à la liaison Bénouville-Suisse. L'argumentation du « commissaire délégué » consistait essentiellement à soupçonner les mouvements, et particulièrement Frenay, de « se vendre » aux Américains et par là au général Giraud qui régnait alors à Alger sous l'égide de Clark et d'Eisenhower. Ce reproche n'était absolument pas fondé — dès le début Bénouville avait précisé très clairement aux Américains la position des résistants à l'égard du régime d'Alger — mais il fallut attendre la deuxième moitié de 1943 et l'arrivée en Afrique du Nord de Pierre de Bénouville et de Chevance-Bertin pour que se dissipe une certaine méfiance. Là encore, le rôle exact de Jean Moulin ne laisse pas de susciter certains doutes.

Ce qui, en revanche, ne devrait en susciter aucun, car il s'agit à l'évidence d'un faux, c'est le prétendu « manifeste » attribué par Daniel Cordier à Henri Frenay. Ce long texte teinté à plaisir d'antisémitisme, de maréchalisme et d'hostilité à l'Angleterre, destiné à ternir l'image de Frenay — pourquoi ? au profit de qui ? —, est en fait bien maladroitement rédigé. C'est ainsi notamment que l'auteur inconnu de ce manifeste non signé fait allusion à l'entrevue de Montoire entre le maréchal Pétain et Adolf Hitler le 24 octobre 1940, alors que le texte bref par lequel Frenay lançait le premier appel à la résistance date du mois de juillet. Une véritable mission d'enquête qui comprenait notamment le général Chevance-Bertin, Claude Bourdet et l'abbé de Naurois a conclu, après une minutieuse étude, à la falsification. Qu'il ait fallu deux volumes et que quatre autres soient annoncés, à seule fin de régler aux dépens d'Henri Frenay un compte vieux d'un demi-siècle, c'est ce qui, dans cette curieuse affaire, provoque le plus profond étonnement.

Il n'est pas question de résumer ici l'ouvrage de Charles Benfredj ; je me suis contenté d'en relever et commenter quelques points à la lumière de mon expérience passée. Tous les aspects, historiques et juridiques, de ce qu'on peut appeler « l'affaire Cordier », y sont traités. Également, et peut-être surtout, y sont formulées des questions que tout esprit honnête, que tout homme de bonne volonté ne peut manquer de poser.

Jacques SOUSTELLE
de l'Académie française

N.d.E. : Jacques Soustelle est mort alors que le présent ouvrage était en cours de fabrication. Il avait publié, en 1973 aux Editions Albin Michel, *Lettre ouverte aux victimes de la décolonisation.*

Avant-propos

Ce livre est une défense. Certains y verront une attaque. Je ne sais s'ils auront raison.

Et pourtant je l'ai écrit dans la sérénité, avec la conviction d'apporter ma contribution à la connaissance de cet homme admirable qu'est Henri Frenay, dont le portrait dans mon bureau m'a observé tout au long de ces jours de réflexion.

J'ai ressenti la nécessité de sa rédaction lorsqu'il fut évident qu'il n'y avait plus rien à attendre de la plupart des média pour souligner les mérites qui furent les siens, après la campagne de presse sans précédent qui fut orchestrée autour des deux premiers tomes de l'ouvrage de Daniel Cordier. Loin d'être la biographie de Jean Moulin, ces livres n'ont été compilés que pour salir la mémoire d'Henri Frenay.

Comme devait l'écrire Henri Noguères, un des grands historiens de la Résistance, « Daniel Cordier s'est engagé dans une véritable croisade anti-Frenay, qui est vite devenue une croisade anti-Combat. Cordier, aujourd'hui, soutient en toute occasion (et les occasions ne lui font pas défaut...) que son entreprise [...] ne peut être assimilée à un règlement de comptes. On comprend qu'il l'affirme... Mais comprendre n'est pas forcément croire[1] ».

En réalité, Cordier n'a pas fait mystère de ses objectifs. Il suffit d'avoir lu ses « interviews » face à certains journalistes complaisants pour s'en apercevoir.

Que Cordier n'aime pas Henri Frenay, ni la Résistance

1. *Le Monde* du 15 novembre 1989.

— dont il affirme ne pas avoir fait partie —, nul ne lui en contestera le droit.

Mais qu'il bâtisse ses travaux sur une falsification scandaleuse de l'histoire, cela ne pouvait être toléré. Même si l'on admet que sa démarche singulière était indispensable pour la défense de Jean Moulin, celle-ci ne pouvant se concevoir autrement qu'en diminuant les mérites des autres, et singulièrement ceux d'Henri Frenay, Pierre Brossolette, le colonel Passy ou Pierre de Bénouville.

Des anciens de Combat et d'autres mouvements de résistance se sont indignés face à cette entreprise de désinformation qui tend à vider le pays de sa mémoire.

Aucun d'entre eux ne savait qui était Cordier, qu'ils n'avaient pour la plupart jamais vu pendant la guerre ou après.

Hormis Jean-Pierre Levy, l'ancien chef de Franc-Tireur, personne ne le connaissait, tous s'accordant à dire qu'il ne pouvait par conséquent qu'avoir été cantonné à un rôle des plus subalternes qui ne lui conférait aucun titre particulier à la rédaction d'un tel livre.

Par-delà les clivages des idées de tous les anciens de Combat, ce fut une condamnation unanime qui souda à nouveau des hommes et des femmes aussi différents que les généraux Pierre de Bénouville ou Chevance-Bertin, Pierre-Henri Teitgen, et Alfred Coste-Floret, Léo Hamon, Jacqueline Bernard, Mireille Albrecht, Claude Bourdet, Philippe Monod, le professeur Chalut, etc.

Des témoignages de solidarité parvenaient de toutes parts, indignés par la calomnie. La riposte s'organisa lentement autour de Chilina Frenay.

J'ai estimé pour ma part que ce n'était pas suffisant pour Henri Frenay.

Le général de Gaulle, auquel le colonel Passy, chef du BCRA, demandait son avis sur l'opportunité des réponses aux campagnes de calomnies imbéciles et de diffamations injurieuses dont il était l'objet, lui répondit : « Il ne faut jamais se défendre contre les insultes et les mensonges propagés par des hommes qu'aveuglent la passion politique, le sectarisme et la mauvaise foi..., car vous ne convaincrez que ceux qui sont déjà convaincus ! Expliquez donc ce que vous avez fait, objectivement et sans détours... alors vous rallierez tous les hommes de bonne foi et de bon sens ! »

Cette remarque m'aurait convaincu en d'autres temps. Elle n'était plus de mise aujourd'hui pour deux raisons.

D'abord parce que les média ont cru devoir donner à la calomnie — et peut-être précisément à cause de cela — un retentissement extravagant et sans commune mesure avec l'accueil qui avait été réservé à d'autres ouvrages pourtant très documentés.

Ensuite, parce que Cordier avait envoyé son avocat, Georges Kiejman, défendre — c'est bien le terme — ses livres sur le plateau d' « Ex-Libris ».

Alors, se taire encore. Ce n'était plus possible sous peine d'être complice par passivité.

Puisqu'un obscur s'attribuait un rôle exagéré qu'il n'avait pas tenu, puisqu'un marchand s'arrogeait le droit de falsifier l'histoire aussi médiocrement, puisqu'un « secrétaire » (parmi d'autres) se croyait autorisé à s'attaquer à la mémoire de la Nation, n'avais-je pas le droit comme avocat, confident, ami d'Henri Frenay, de défendre sa mémoire ?

C'est le fruit de cette décision que je livre au lecteur.

Comment l'écrire ? Me cantonner à l'affaire Cordier était insuffisant. J'ai donc décidé de remonter plus loin puisque Cordier justifie ses basses attaques contre Henri Frenay — et Combat — par les écrits de celui-ci, ou ceux qu'il n'hésitera pas à lui attribuer faussement et calomnieusement.

Car c'était cela la véritable raison des philippiques de Cordier. Henri Frenay, qui était un de ceux qui avaient le mieux connu Jean Moulin, avait été amené à dire et écrire ce qu'il pensait de son action. Voilà le crime que d'aucuns, encore aujourd'hui, lui reprochent. Ne touchons pas aux légendes !

Nous verrons dans le cours des développements qui suivent les raisons particulières qui ont conduit Henri Frenay à s'exprimer sur ce sujet, puis à lui consacrer un livre entier, ce qui était son droit — chèrement gagné — avant de devenir son devoir — consciencieusement rempli.

Remonter donc jusqu'au 13 juillet 1950, date à laquelle

Henri Frenay écrivait au colonel Passy qui lui avait communiqué le manuscrit de son troisième tome de Mémoires dont la lecture et les découvertes qu'il y fit constituèrent pour lui une révélation.

Évoquer ensuite *La nuit finira*, et surtout *L'Énigme Jean Moulin;* rappeler ces débats houleux aux « Dossiers de l'Écran » en 1977 que Cordier présente à sa manière, c'est-à-dire tendancieusement erronée.

Pour aboutir enfin à cet « Inconnu du Panthéon » dont l'auteur nous dit qu'il constitue une réponse à Henri Frenay. Six mille pages pour répondre aux 229 pages d'origine. Fallait-il que l'impact de ces 229 pages fût immense !

C'était tout cela qu'il me fallait mettre bout à bout car tout devient alors lumineux.

Mais je n'ai pas voulu me cantonner à cela. Il m'a paru opportun de relater certains souvenirs à l'intention des admirables héros de ce mouvement Combat auquel nous devons tant.

« Les hasards de la vie clandestine ont fait que je n'ai jamais appartenu à Combat. Mais je dois dire que devant cette attaque, je me sens si totalement solidaire de Frenay que je regrette de ne pouvoir revendiquer mon appartenance à son mouvement », devait écrire Henri Noguères après la parution des calomnies de Cordier [1].

Je n'étais pas encore né, pour ma part. Mais le destin a voulu que j'associe mon nom à Combat. Le lecteur verra en quelles circonstances au début de ce livre.

Ces péripéties sont mal ou peu connues car Henri Frenay et moi-même avions à l'époque refusé toute interview.

Je dédie donc ces souvenirs à Combat et aux Compagnons d'Henri Frenay, en espérant qu'ils les intéresseront. Enfin je ne peux m'empêcher d'avoir une pensée pour ceux qui ne sont plus parmi nous, pour avoir fait le sacrifice suprême. A eux aussi, qui sont au-delà des atteintes de la calomnie et du mensonge, je dédie ce livre.

Pour ce qui me concerne, je revendique l'honneur d'être à leur côté, voué aux gémonies par Cordier et ses thuriféraires.

1. Article déjà cité.

Je n'attends rien de ceux qui sont si prompts à se pourlécher avidement de scandales ; je frémis toutefois à l'idée que la défense de la gloire d'Henri Frenay — et de Combat — puisse, elle, apparaître comme scandaleuse.

Cette gloire fut consciencieusement étouffée. Non parce que Henri Frenay survécut à la guerre, mais parce qu'elle faisait de l'ombre à d'autres qui ne pouvaient s'épanouir par leur seul mérite. Et sans doute aussi parce que l'homme pensait et disait tout haut ce qu'il écrira dans *La nuit finira*, et qui ne pouvait lui être pardonné (nous sommes en 1945) :

« Et voici que pour la première fois me vient spontanément à l'esprit cette question : Suis-je fait pour la vie politique ? [...] maintenant je sais que cette cité ne ressemblera pas à celle de nos rêves et que la vie politique, j'en ai aujourd'hui l'expérience, est bien différente de ce que je croyais. [...] des rivalités internes, fruits de l'ambition, divisent profondément partis et mouvements, à l'exception des partis totalitaires mais où règnent alors la délation et le chantage.

« Dans les partis qui se veulent démocratiques, l'unité n'est qu'une façade à usage externe, derrière laquelle les clans se constituent et les luttes d'influence se déroulent. La bataille contre l'adversaire politique est reléguée au second plan et fait place aux campagnes feutrées, voire sournoises, contre le camarade de son propre parti s'il est considéré comme un rival ou susceptible de le devenir. Ce qui n'empêche pas, la règle du jeu l'exige, qu'on échange avec lui sourires, poignées de main et tutoiement.

« Dès l'instant où une forte personnalité est identifiée, la meute des Lilliputiens, dans l'ombre, se met à l'œuvre contre lui. [...] Parler ouvertement, se confier, est une grave imprudence car chaque mot, chaque allusion peut être exploitée contre soi. La méfiance doit être permanente et s'appliquer à tous. A l'égard des amis plus proches, ou du moins ceux qu'en politique on appelle des amis, elle doit être renforcée. [...] Je croyais, il n'y a pas si longtemps, que dans la vie publique je respirerais le même air que dans notre combat clandestin, que j'y retrouverais le même esprit d'équipe, cette solidarité inébranlable qui nous unissait. Quelle erreur ! L'homme politique qui veut réussir, comme on dit, doit être secret, impénétrable et inaccessible au sentiment. Il doit peser ses mots et ses silences et ne se fier à personne.

« En suis-je capable ? Je dois bien me convaincre que non. [...]

« A l'approche de la quarantaine, la vie que j'ai menée m'a enseigné la valeur inestimable de l'amitié. C'est elle qui m'a procuré les joies les plus profondes : la joie de pouvoir à cœur ouvert correspondre avec de vrais amis sans calcul, ni arrière-pensée. Or, je le vois bien, dans la jungle qu'est la vie politique, dès l'instant où l'on approche des sommets on peut avoir des collègues, on n'est plus sûr d'avoir des amis.

« Non ! Je ne renoncerai pas à la chaleur de l'amitié, d'autant plus que je ne suis sûrement pas doué pour jouer le jeu selon les règles que désormais je connais, mais que je suis incapable d'appliquer... »

Henri Frenay prit ensuite une part prépondérante dans la création de l'Europe qu'il appelait de ses vœux dès 1941 — une fois le nazisme abattu. D'abord dans le cadre du Mouvement socialiste pour les États-Unis d'Europe, puis de l'Union européenne des fédéralistes. Son engagement en faveur de la Communauté européenne de défense (CED) fut aussi total. Cela non plus ne pouvait lui être pardonné par les gaullistes et les communistes alors tout-puissants, qui faisaient et défaisaient, ensemble, les gouvernements de la France [1].

Comme semble lointain ce temps où la construction de l'Europe semblait abandonnée aux utopistes et aux idéalistes. Aussi ne serons-nous pas étonnés que celui qui prophétisait le monde de demain, avec une génération d'avance, soit aujourd'hui un inconnu pour la plupart. On a tout fait pour cela : la droite et la gauche confondues. Il ne faut pas avoir raison trop tôt.

Le capitaine Henri Frenay est né le 19 novembre 1905 dans un Lyon qu'il a toujours aimé. Fils de saint-cyrien, il

1. Il faudra attendre le 4 février 1990 pour que, lors de l'émission « 7 sur 7 », Jacques Chirac, président du parti gaulliste « RPR », se rallie totalement à l'idée de CED.

entra tout naturellement dans la carrière des armes et sortit de Saint-Cyr en 1926. Il sert dans l'armée d'occupation en Rhénanie, parle couramment l'allemand et découvre le nazisme naissant.

Celui que le général de Bénouville devait baptiser « le Leclerc de la Résistance intérieure » perfectionna ses connaissances à l'École de guerre, puis suivit l'enseignement du Centre d'études germaniques de Strasbourg où des professeurs tel René Capitant l'aidèrent à découvrir le national-socialisme et l'idéologie qu'il véhiculait tandis que le monde ménageait « Monsieur Hitler ».

Depuis 1936 et le soulèvement de l'armée espagnole, il savait ce qu'était la barbarie qui menaçait l'Europe. Il avait lu dans le texte, phénomène rarissime à l'époque, *Mein Kampf* et les écrits de Rosenberg, théoricien du racisme. Il savait ce que signifiaient pour les nouveaux maîtres de l'Allemagne « le culte de la race et du sang, la suprématie des aryens sur les races d'esclaves ».

Déjà dans le salon de sa grande amie Berty Albrecht en 1936, il avait eu l'occasion d'écouter les récits de nombreux réfugiés allemands, juifs pour la plupart, fuyant les persécutions. C'est d'ailleurs ce qui l'avait poussé à demander son affectation à Strasbourg.

En septembre 1938, à Toulouse, devant plusieurs centaines d'officiers de réserve, il donne une conférence prémonitoire sur l'armée allemande. Il parcourt début 1939 toutes les villes de cette région, pour y faire une nouvelle conférence sur le thème : l'idéologie nationale-socialiste à la conquête de l'âme allemande.

Au début de la guerre, il est affecté à l'armée du Rhin et s'y morfond pendant ce qu'il est convenu d'appeler la « drôle de guerre ». Le 17 juin 1940, après des combats sporadiques, il entend, les larmes aux yeux et les mâchoires serrées, le maréchal Pétain annoncer sa demande d'armistice. Le corps d'armée est encerclé dans « le réduit des Vosges » et son chef, le général Lescanne, signe finalement la reddition.

Le capitaine Henri Frenay et l'adjudant Bourguet parviennent à s'évader, échappant ainsi à la captivité. Ils marchent pendant deux semaines et réussissent à atteindre Lyon. C'est ensuite Marseille, puis Sainte-Maxime où il retrouve sa famille. Et le miracle. Le 27 juillet 1940, Henri Frenay apprend par les journaux que Churchill a repoussé les avances allemandes de négociation et refuse tout compromis avec Hitler. C'est ce soir-là, très précisément, que seul dans sa chambre, à l'insu de tous, il va rédiger ce qui sera le premier appel à la Résistance et qui n'était qu'un modeste manifeste d'une page et demie : il dit pourquoi on ne peut et on ne doit accepter la défaite. Non, le combat n'est pas fini. Il est d'abord celui de l'esprit contre la barbarie et le paganisme en attendant et préparant le recours aux armes pour la libération. Déjà sont imaginées les sizaines et les trentaines qui constitueront l'ossature de la Résistance. La dernière phrase de son manifeste était ainsi rédigée : « ... Puisse le Maréchal Pétain vivre assez longtemps pour assister au couronnement de notre œuvre. » Il le signe « Molin », contraction de Mouvement de libération nationale. Malheureusement ce texte a été perdu dans la tourmente de la guerre, ce qui fut un des grands regrets d'Henry Frenay. Mais certains qui l'ont lu pendant l'été 1940 s'en souviennent et ont témoigné.

Il faut en effet réaliser qu'avant la poignée de main de Montoire le 24 octobre 1940 entre Hitler et Pétain, rien ne permettait de douter de la loyauté du vieux et prestigieux Maréchal, héros et vainqueur d'une autre guerre[1]. Ce souhait de longue vie qui pourrait étonner aujourd'hui était parfaitement compréhensible à l'époque. D'ailleurs, jusqu'en novembre 1940, date de sa révocation, Jean Moulin, préfet de Chartres, appliquait les lois de l'État français de Pétain sans que quiconque s'en offusquât.

C'est ensuite son affectation au bureau de garnison de Marseille où il recrute ses deux premiers compagnons, le docteur Recordier — chez lequel Jean Moulin viendra le voir en juillet 1941 pour quêter des informations — et le futur général Chevance-Bertin. A eux et à quelques autres, il

1. Pierre Cot, lui-même, n'avait-il pas écrit le 30 novembre 1935 que l'homme providentiel pour gouverner la France lui paraissait être le maréchal Pétain (journal *Vu* du 30 novembre 1935, hors série).

montre en août 1940 son manifeste qui passera à la postérité comme étant daté du 15 août 1940 (notamment pour Georges Bidault dans le texte du décret du 20 septembre 1946 faisant Henri Frenay chevalier de la Légion d'honneur [1]).

Fin 1940, Henri Frenay est nommé au 2e Bureau de l'Armée à Vichy. Il y sert sous les ordres du colonel Baril qui est hostile à la collaboration, et y retrouve le futur colonel Paillole, condisciple de Saint-Cyr qui deviendra un des responsables du contre-espionnage français.

Henri Frenay peut ainsi recueillir des informations très utiles pour la Résistance embryonnaire qu'il a lancée. Mais toujours fidèle à lui-même, il préfère donner sa démission de l'armée en février 1941 pour se soustraire au devoir d'obéissance et entrer en clandestinité. Il prend un premier pseudonyme, « Charvet », et s'installe à Lyon où il décide avec Berty Albrecht, la fidèle et courageuse amie, la diffusion — à dix-huit exemplaires d'abord — d'une feuille d'information. C'est le début de la grande aventure qui conduira, après d'autres titres, au journal clandestin *Combat* qui deviendra également le nom du mouvement tout entier, le premier de la zone sud. Autour de lui se rassembleront hommes et femmes d'exception pour écrire une épopée admirable de courage et de lumière [2].

On ne reviendra pas ici sur l'histoire de *Combat* que

1. Le texte de ce décret est cité au début du chapitre intitulé « Pour la mémoire ».

2. On citera sans autre ordre que celui du hasard les compagnons dont les noms suivent : docteur Recordier, Berty Albrecht, Jeanne Sivadon, Robert Guédon, les généraux de Bénouville et Chevance-Bertin, Jacques Dhont, André Bollier, Claude Bourdet, Marcel Peck, le colonel Dejussieu-Pontcarral, Anne-Marie Boumier, Max Heilbronn, Edmond Michelet, Jacques Baumel, René Capitant, Léo Hamon, Alfred Coste-Floret, Pierre-Henri Teitgen, François de Menthon, le lieutenant de Froment, Jean Gemahling, Élisabeth Dussauze, Henri Ingrand, Jacques Renouvin, Rémy Roure, Philippe Monod, André Hauriou, docteur Anne Noury, le professeur Chalut, Marcel Degliame-Fouché, Georges Rebattet, Henri Aubry, la famille Gouze, Jean-Guy et Jacqueline Bernard, le R. P. Riquet, Alain de Camaret, le commandant Mussetta, Henri Amar-Judet, Georges Marrane, Jacques Lecompte-Boinet, Chilina Ciosi devenue Chilina Frenay...

d'autres ont déjà écrite[1]. Et l'on n'évoquera que pour mémoire l'organisation militaire (l'Armée secrète), paramilitaire (Groupes francs et Résistance Fer), les services de recrutement et de propagande et les journaux clandestins, le service des faux papiers, le service de renseignement, du logement, l'action ouvrière, le service social, le Noyautage des administrations publiques (NAP), le service des liaisons et d'évasion, etc.

Tout germa au fur et à mesure des nécessités dans l'esprit d'Henri Frenay. La Résistance tout entière adopta les structures qu'il avait imaginées. Il est remarquable qu'un officier de carrière, rompu à la stratégie d'état-major et à la guerre classique en uniforme, ait pu ainsi inventer, concevoir la guerre secrète et clandestine, en dehors de tout modèle ou schéma préexistant. Sur ce point encore, l'histoire moderne reconnaîtra ce mérite à Henri Frenay puisqu'il ne s'est trouvé aucun combat de libération ou guérilla par la suite qui ne s'en soit inspiré. Cela surprendra, mais Henri Frenay est le père de la lutte clandestine, la « Résistance », qui fera florès à partir de 1945 sur tous les continents. Une place à part sera évidemment faite au journal *Combat* et à l'Armée secrète, les deux créations les plus originales et les plus utiles qui concoururent à sauvegarder le moral de la population et à faciliter les débarquements alliés et la libération du territoire. Les généraux alliés ne s'y trompèrent pas, en rendant un hommage justifié à la résistance intérieure.

On ne s'attardera pas sur les épisodes des généraux La Laurencie et Giraud, puisque Henri Frenay, le premier parmi les responsables intérieurs, avait vu en de Gaulle le symbole unificateur dont devait se réclamer la Résistance. La première lettre du titre du journal clandestin comportait d'ailleurs la croix de Lorraine ! Cette unification pour laquelle Frenay sans relâche milita et qui fut source de conflits, les responsables des autres mouvements, de loin

1. Voir notamment « *Combat* », *Histoire d'un mouvement de résistance de juillet 1940 à juillet 1943* par Marie Granet et Henri Michel, PUF, 1957 ; *L'Aventure incertaine*, Claude Bourdet, Stock, 1975 ; et *Le Sacrifice du matin*, Pierre de Bénouville, R. Laffont, 1946.

moins importants, la redoutèrent puisqu'elle aurait nécessairement conduit à révéler l'énorme suprématie de Combat.

Ce furent enfin les voyages clandestins à Londres. Henri Frenay put voir le courage admirable du peuple britannique ; les arrestations de compagnons parmi les plus chers, de Berty Albrecht, Jeanne Sivadon, Jean-Guy Bernard à Marcel Peck, Claude Bourdet ou encore Jacques Renouvin ; les exécutés, les assassinés tel André Bollier. Coups très durs qu'il fallait surmonter, ainsi que les attaques, souvent violentes, que l'importance prise par Combat expliquait, sinon justifiait.

Enfin, le premier gouvernement constitué autour du général de Gaulle qui lui confie la lourde charge, sans précédent historique, des prisonniers, déportés et réfugiés. Son premier réflexe sera de refuser parce qu'il préférait revenir en France occupée, avant de céder aux sollicitations de ses amis. Sans doute ce ministère technique n'était-il pas à la hauteur du chef de Combat. Mais il s'y investit totalement, remplissant là encore ce qui lui apparut comme un devoir.

Puis vint la Libération, la Victoire, le défilé du 11 novembre 1945, dont il fut le maître d'œuvre et qui, à mon sens, sera la plus belle et la plus émouvante célébration jamais réalisée en France. On pourra en lire la description dans les dernières pages de son livre de mémoires *La nuit finira*[1], comme on découvrira à travers son second ouvrage *Volontaires de la nuit*[2], la vie et la passion de six compagnons de Combat illustrant les différents aspects que revêtit la lutte clandestine.

Henri Frenay renonça ensuite à toute vie politique, au sens où on l'entend communément, pour les raisons qu'il a lui-même données dans les passages que nous citions précédemment. La voie royale lui en était pourtant ouverte... Il préféra continuer à se battre pour ses idées et se mit au service de l'Europe. Il rejoignit le Mouvement des fédéralistes européens dont il devint président en novembre 1948, en coordination avec Altiero Spinelli en Italie (dix-sept ans

1. *La nuit finira,* Henri Frenay, R. Laffont, 1973.
2. *Volontaires de la nuit,* Henri Frenay, R. Laffont, 1975.

emprisonné par Mussolini), et Eugen Kogon en Allemagne (libéré de Buchenwald). Cette Fédération européenne qu'il défendait si ardemment depuis 1941 de manière prémonitoire, il en était avec quelques autres le précurseur et le fer de lance.

Et pendant des décennies, il s'opposera au communisme dans lequel il n'avait cessé de voir une doctrine et un système dangereux et néfastes pour l'homme[1], comme il l'avait compris, avant beaucoup d'autres, à propos du nazisme. Henri Frenay vit la fin du national-socialisme à laquelle il avait, ô combien, contribué.

S'il put assister au déclin du communisme, il ne lui fut pas donné d'en voir l'agonie universelle[2].

La France se souviendra qu'au temps des compromissions et des « prudences » de type munichois avec ces régimes et cette idéologie, il s'était trouvé un des siens pour les condamner, malgré le terrorisme intellectuel qui s'exerçait sur les esprits.

Viendra le temps de la reconnaissance.

1. On pourra lire notamment sur ce sujet : *Méthodes d'un parti Alerte aux démocrates*, H. Frenay, les Éditions universelles, Paris, 1945
2. Henri Frenay est mort le 6 août 1988.

COMBAT

« C'est parce qu'il s'agit de savoir et de dire si le journal n'est qu'une marchandise, du papier et de la matière, ou s'il est au contraire une œuvre de l'esprit... »

Me BOISSARIE, plaidoirie du 20 décembre 1950.

1.

Exit, le syndic de faillite

En décembre 1941, le journal *Combat* a été créé, sous ce titre, par Henri Frenay. Il était né de la fusion des deux journaux clandestins, *Liberté* (dirigé par François de Menthon, futur garde des Sceaux) et *Vérités*[1] (dirigé par Henri Frenay) et qui se confondirent en même temps que les deux mouvements qui leur avaient donné leur nom.

Henri Frenay devait choisir le nom du journal qui fut *Combat*, ce nom devenant celui du Mouvement de Résistance, qu'il ne faut pas confondre avec un réseau comme le font trop de commentateurs aujourd'hui.

Un réseau est constitué d'un nombre limité d'agents. Son but généralement militaire est très précis : renseignement, sabotage, filières d'évasion. Le réseau vit en « vase clos » et transmet les informations en attendant les instructions. Il doit se garder de recruter et d'augmenter ses effectifs. L'Orchestre rouge de Trepper en est une parfaite illustration.

Les mouvements ont une autre origine et un autre objet. Ils n'ont pas été conçus par un État (ni même par la France libre qui les a découverts tardivement). Ils doivent d'abord sensibiliser politiquement et informer l'opinion par des publications comme la presse clandestine ou des tracts. Ils noyautent les administrations, recherchent les informations de toute nature, les transmettent et enfin agissent, notam-

1. *Vérités* ayant lui-même succédé aux *Petites Ailes de France*.

ment militairement en se préparant pour le soulèvement général afin d'aider les Alliés [1].

Autant les réseaux furent aux ordres, autant les mouvements se gardèrent de l'être au plan de la pensée. S'ils obéirent aux instructions militaires, ils ne s'inclinèrent pas nécessairement devant certaines options politiques, surtout lorsque celles-ci leur apparaissaient comme totalement dépassées après la débâcle de mai 1940 et ce qui l'avait provoquée. De même Combat n'avait pas oublié le silence pesant ou la collaboration des partis politiques.

On sait que le parti communiste, jusqu'au 22 juin 1941 (date de l'invasion allemande en Union soviétique), soit pendant treize mois, n'avait marqué aucune hostilité à l'occupant puisque le Reich était lié par le Pacte germano-soviétique à l'URSS, avec laquelle il s'était partagé la Pologne. *L'Humanité* n'avait-elle pas sollicité des autorités allemandes l'autorisation de reparaître dans Paris occupé ? On comprend mieux ainsi l'état d'esprit et les courants de pensée de la Résistance qu'Henri Michel a parfaitement analysés [2].

De leur côté, Passy, le chef du BCRA, et de Gaulle, à Londres, ne savent presque rien des Mouvements, et ne s'y intéressent que très peu, même au printemps 1942, comme le révèlent les mémoires de Passy [3], et comme l'a rappelé Christian Pineau [4].

Les mouvements prennent de l'importance et notamment Combat, de loin le plus structuré et le plus nombreux. On mesure dans ces conditions le rôle primordial de la presse clandestine qui constituait le seul contrepoids, si l'on excepte la BBC, à la propagande ennemie et vichyste.

De surcroît, et c'était un des buts, ces journaux permettaient également le recrutement de nouveaux résistants et maquisards, surtout à partir de 1943 pour les réfractaires au STO (Service du travail obligatoire en Allemagne). L'acharnement mis par les autorités de Vichy et la Gestapo à

1. Sur ce sujet, on lira avec intérêt *L'Aventure incertaine, op. cit.*, de Claude Bourdet.
2. Henri Michel, *Les Courants de pensée de la Résistance*, PUF, 1963.
3. Passy, *2e Bureau Londres*, Éd. Raoul Solar, 1947.
4. Christian Pineau, *La Simple Vérité*, Julliard, 1960.

rechercher les imprimeries clandestines serait encore la meilleure preuve de leur utilité et de leur efficacité militante.

Ce journal *Combat* d'abord dactylographié à dix-huit exemplaires par la grande héroïne Berty Albrecht, qui en fut une des premières rédactrices et qui repose au Mémorial du Mont-Valérien, puis imprimé grâce à des concours financiers et humains de plus en plus nombreux, devait devenir le plus diffusé et donc le plus lu en zone sud, puis sur tout le territoire. Henri Frenay en assura la direction jusqu'au 16 juin 1943, date de son départ pour Londres. Il mandata alors Claude Bourdet pour lui succéder. Ce que celui-ci fit jusqu'au 25 mars 1944, date de son arrestation avant sa déportation à Buchenwald. En août 1943, Claude Bourdet avait appelé Pascal Pia au poste de rédacteur en chef. Pia s'adjoignit en septembre Albert Camus, Albert Ollivier et Paute. Après l'arrestation de Claude Bourdet, Pascal Pia devint directeur de *Combat.* Jacqueline Bernard, sœur de Jean-Guy Bernard, héros de la Résistance, mort en déportation, elle-même déportée, reprit sa place au journal qu'elle avait animé.

Devaient ainsi paraître cinquante-huit numéros clandestins dont certains des éditoriaux furent publiés par Henri Frenay aux Éditions Denoël sous le titre *Combat.* Et enfin ce numéro 59 vendu en kiosque le 21 août 1944 dans Paris soulevé et avec d'autres, imprimé, ironie de l'histoire — ou nécessité — au 100 rue Réaumur où les rotatives sortaient la veille encore le *Pariser Zeitung.*

En septembre 1944, alors qu'Henri Frenay, ministre des Prisonniers, Déportés et Réfugiés, s'occupait des quatre millions et demi de personnes qui relevaient de son ministère — Claude Bourdet était encore à Buchenwald — Jean Bloch-Michel, chef régional adjoint du Mouvement Combat, sollicita et obtint l'autorisation de faire paraître le titre, puisque de nouvelles ordonnances venaient d'être promulguées pour réglementer la presse. *Combat* commença alors sa seconde vie et devint un quotidien très apprécié, auquel collaborèrent notamment Albert Camus, Albert Ollivier, Raymond Aron et Pascal Pia.

Le 24 février 1946, intervenait une sentence arbitrale,

rendue par Louis Martin-Chauffier, président du Comité national des journalistes, choisi comme sur-arbitre par Francisque Gay et Rémy Roure, saisis d'un différend à propos d'un refus d'insertion d'articles, entre le journal *Combat* et Henri Frenay (qui n'était plus ministre) appuyé par Claude Bourdet. Cette sentence constitue la pierre angulaire du droit moral reconnu à Henri Frenay et à Claude Bourdet sur le titre *Combat*, ce droit ayant été consacré comme inaliénable, ineffaçable et permanent (lettre à Claude Bourdet du 12 mai 1952).

Ces rappels permettront de mieux comprendre ce qui va suivre. Lorsqu'en décembre 1945, les associés de la Société Combat rédigèrent leurs statuts, ils prirent soin d'inclure une clause d'apport gratuit du titre — clause complétée le 3 juin 1947 et stipulant qu'en cas de liquidation de la société, la propriété du titre reviendrait au président de la Fédération des amicales Combat. Cette clause fut reprise dans sa formule complétée lors du dépôt des statuts de la nouvelle société anonyme de 1955. Ce qui donc réglait le problème pour l'avenir. En 1974, *Combat* cessa de paraître. Un an plus tard, la société était en liquidation. Bien des années plus tard, rien n'était encore réglé.

Et le 13 octobre 1983, Henri Frenay lut avec stupéfaction un encart dans *Le Figaro*, ainsi rédigé :

> Adjudication en l'Office notarial Xavier Demortreux
> et Yves Geraldy notaires associés...
> Mercredi 26 Octobre 1983 à 15 heures
> 1) le titre du journal quotidien
> COMBAT
> 2) et la clientèle attachée à l'exploitation du titre du journal « Combat » en tant qu'elle peut subsister mais sans aucune garantie.
> Mise à prix : 25 000 francs (pouvant être baissée)
> Consignation 20 000 francs
> Rens. : s'adresser Étude de Me SAGETTE, syndic à Paris...

Devrais-je remercier le syndic et les notaires ? Car c'est grâce à cette annonce que j'ai eu le bonheur de connaître Henri Frenay.

Se recommandant du général de Bénouville, Henri Frenay arriva à mon cabinet le vendredi 21 octobre 1983. Je n'oublierai jamais cet entretien. L'homme, quoique déjà âgé, se tenait droit. L'œil clair transperçait. La voix était chaude, chaleureuse et vibrante. Il m'exposait avec clarté et précision, sans méandres inutiles, comment il souhaitait procéder, mais ne possédait aucun des documents pouvant servir de base à l'élaboration d'un dossier. J'ai gardé le souvenir d'une de ses remarques : « Si nous ne trouvons aucune solution juridique pour empêcher cette vente aux enchères, je suis prêt à m'y rendre pour y prendre la parole, convaincre ces hommes de loi d'y renoncer, et le cas échéant surenchérir jusqu'à l'adjudication. Y a-t-il des risques ? Lesquels ? »

Ceux qui ont connu Frenay ne seront pas surpris d'une telle réaction. Je compris en cet instant pourquoi ses compagnons venus d'horizons si différents le suivirent aveuglément et comment, parti de rien, il put très vite recruter hommes et femmes qui sacrifièrent tout à la flamme qui l'animait et qu'il savait si bien faire partager. L'homme était entier, loyal, décidé. J'étais conquis. J'étais prêt, comme les Anciens, à l'appeler « Henri-Patron ». Notre poignée de main devait sceller une amitié qui ne se démentira jamais pendant ces cinq années qui précédèrent sa mort. Ensuite je rencontrai Chilina, sa femme, sa compagne douce et attentive qu'il connut pendant la guerre et dont il eut un fils, Henri, né comme moi en 1943. Je devais ensuite participer avec lui à certains travaux historiques qui allaient permettre, à bref délai, de mettre un terme à certaines polémiques. Mais n'anticipons pas.

Pendant le week-end qui suivit, nous fûmes à même de bâtir une stratégie, de réunir des pièces avec le concours de Claude Bourdet, qui me confia aussi sa défense. Un groupe d'anciens journalistes de *Combat* se mobilisa également et nous pûmes tous nous réunir le dimanche soir suivant. Une assignation fut préparée. Henri Frenay et Claude Bourdet, la Fédération nationale des amicales Combat, assistés de seize anciens journalistes de *Combat* (parmi lesquels Louis-Marie Horeau, Marie-Odile Fargier, Jacqueline Bernard, Jean Lacouture, Jean Benoît...), demandaient au président du tribunal de grande instance de Paris, M. Pierre Drai, de constater que le titre *Combat* ne faisait pas partie de l'actif de la société en faillite et qu'en conséquence, il ne pouvait être procédé à sa vente aux enchères.

A l'audience, Claude Bourdet fut finalement représenté par Me Heizman, grand avocat de presse, disparu maintenant, et qui avait déjà plaidé pour lui contre Henry Smadja l'ancien directeur de *Combat.* Les anciens journalistes de *Combat* auxquels s'était jointe la Fédération française des sociétés de journalistes comparaissaient par Me Bloch. Les syndics, Mes Pavec-Guillemonat et Girard, qui succédaient à Me Sagette, décédé, étaient défendus par Me Johanet.

L'ordonnance du magistrat fut rendue le 26 octobre, quelques heures avant la vente aux enchères[1]. Je la fis signifier en toute hâte aux syndics et aux notaires, car elle décidait qu'il devait être sursis aux opérations d'adjudication jusqu'à décision définitive du tribunal sur le problème de la « propriété » de ce bien intellectuel.

Une fois paré au plus urgent, restait à faire juger le fond du débat par le tribunal afin de couper court à la manœuvre. Nous avions en effet appris qu'un certain nombre de patrons de presse s'étaient déjà manifestés pour enchérir et emporter au plus offrant le titre « Combat ».

La procédure dura très exactement un an puisque les plaidoiries furent fixées au 3 octobre 1984. Toute cette année me permit d'affiner l'argumentation, de rechercher les documents parfois très anciens, bref de bâtir un dossier. Les anciens journalistes avaient constitué leur association qui prit naturellement le nom de « Journalistes de *Combat* » et se donna pour président Jean Lacouture.

Pendant l'instruction de l'affaire, nous devions avoir la stupéfaction d'apprendre que Me Sagette, le précédent syndic, avait, deux ans plus tôt, osé déposer le titre Combat à l'Institut national de la propriété industrielle (INPI). Sans vouloir entrer dans des détails qui pourraient sembler fastidieux, je crois intéressant de préciser l'objet de ce dépôt,

1. *Le Monde* du 27 octobre 1983 et *Le Quotidien de Paris* du même jour.

ce que les professionnels dénomment les classes de produits et services. En d'autres termes, le domaine de protection revendiqué pour ce qui était devenu la marque « Combat » :

« Papier, carton, articles en papier ou en carton ; imprimés, journaux et périodiques, livres, articles pour reliures ; photographies ; papeterie, matières adhésives ; matériaux pour les artistes ; pinceaux ; machines à écrire et articles de bureau (à l'exception des meubles) ; matériel d'instruction et d'enseignement (à l'exception des appareils) ; cartes à jouer ; caractères d'imprimerie ; clichés, publicité et affaires. Éducation et divertissement. »

Le moins que l'on puisse dire est que Me Sagette avait vu large et « n'avait pas fait dans la dentelle » pour reprendre la formule d'un journaliste. Au fameux « Silence. On coule » du dernier numéro de *Combat,* on n'avait pas craint de répondre en chargeant la barque !

J'avais en outre relevé à l'INPI que ce « dépôt » avait été effectué le 18 juin 1981. On ne craignait pas non plus les symboles...

Pendant toute cette année, je reçus de multiples appels et lettres de soutien et d'encouragement. Notamment, et pour ne citer qu'eux : des généraux Pierre de Bénouville et Chevance-Bertin, compagnons de la Libération, mais encore de compagnons d'armes moins connus tels que Robert Bing, Armand Magescas, Louis Bouzat, un des héros des *Volontaires de la nuit,* ou le commandant Pierre Mussetta, l'infatigable combattant, un des seuls à s'être évadés de Buchenwald et dont la vie mériterait aussi d'être narrée (encore que Joseph Kessel s'en soit inspiré dans son *Armée des ombres*). Tous ces témoignages me confortaient dans cette mission qui était devenue sacrée.

Lorsque le jour des plaidoiries arriva, c'est avec émotion qu'Henri Frenay et moi gravîmes les marches du Palais de Justice pour nous rendre dans cette première chambre du tribunal, où siégea naguère le Tribunal révolutionnaire. Sous les ors et les soies, devant des juges attentifs, la défense de « Combat » commençait. Après le droit, vint le moment d'évoquer ce qui était au centre du débat : la résonance affective de ce titre qui était aussi le nom du principal mouvement de résistance de la zone sud, et qu'une volonté mercantile voulait brader. Comment un tribunal français aurait-il pu laisser vendre à l'encan la mémoire de la Nation et l'une des pages les plus glorieuses de son histoire ?

Entraient dans le prétoire silencieux tous ceux qui n'étaient plus parmi nous, tous ceux qui, leur devoir accompli, avaient repris cahin-caha le cours de leurs destin, tous ceux qui avaient lutté, écrit, imprimé, diffusé ce journal clandestin pour lequel ils avaient fait le don suprême. A l'énoncé de leur nom, ils semblaient prendre forme et dispenser une lumière protectrice.

Je voyais les yeux d'Henri Frenay embués de larmes.

Comment cette Histoire encore si fraîche, qui avait tant compté pour le pays, pouvait-elle être à ce point ignorée de l'opinion ?

Cela apparaissait comme d'autant plus cruel aux Résistants qu'ils n'avaient pas accompli leur sacrifice pour aboutir aux délices de la IVe République. Il est vrai que le Conseil national de la Résistance, voulu par Moulin et accepté par de Gaulle, les portait en germe. Ironie, ce dernier en fut la première victime.

La pureté de ces résistants de l'intérieur devait d'ailleurs apparaître à certains comme surannée ou naïve. Et pourtant, comme nous étions loin des conflits londoniens ou algérois, des luttes d'intérêts politiques d'autant plus âpres qu'elles avaient été tardives. Comme paraissaient lointaines les ambitions de ceux qui avaient obéi à Vichy et appliqué, jusqu'à leur révocation, ses lois sordides.

Et enfin comme s'estompaient les querelles qui avaient agité certains esprits et que de pseudo-historiens, soutenus par des média irresponsables, présentent comme l'histoire de la Résistance. Il suffira de lire des ouvrages tels que *Le Sacrifice du matin, La nuit finira, Berty*[1] et *La Vie exemplaire du commandant d'Estienne d'Orves*[2], pour comprendre ce sentiment de fraternité et de solidarité, cette plénitude et cette force, mais aussi la « désespérance » qui s'en dégage.

1. *Berty,* Mireille Albrecht, R. Laffont, 1986.
2. *La Vie exemplaire du commandant d'Estienne d'Orves,* Plon, 1950.

Oui, les Résistants étaient des volontaires qui n'ont répondu qu'à leur foi et à leur patriotisme, sans rien réclamer ni même espérer. Et qui ont inventé simplement la lutte clandestine sans formation, sans armes, sans moyens, face à tous les dangers quand ni l'URSS ni les USA n'étaient en guerre et quand Moulin posait, souriant, en photographie avec le commandant allemand de sa Préfecture.

Vint le moment de rappeler la phrase de Georges Clemenceau qu'Henri Frenay plaça en épigraphe du titre *Combat* en novembre 1941 : « Dans la guerre comme dans la paix, le dernier mot est à ceux qui ne se rendent jamais. »

Et il y eut enfin la citation qui accompagnait l'attribution par le général de Gaulle de la Croix de la Libération le 13 mars 1943, à Henri Frenay : « Patriote ardent, au courage exceptionnel a, dès la première heure, mis son activité totale au service de la Résistance française. Toujours à la pointe du combat, s'est attaché à forger les armes de la délivrance en créant, malgré les pires dangers, une organisation de propagande et de lutte contre l'ennemi, qui a acquis des titres impérissables à la reconnaissance de la Nation. »

Au fur et à mesure, et avant même qu'ils eussent plaidé, la position des syndics s'amenuisait jusqu'à l'indécence. N'avaient-ils pas fait écrire dans les pièces de procédure que *Combat* était une « œuvre anonyme » et qu'il s'agissait d'un détournement d'actif ?

Le tribunal rendait son jugement le 14 novembre 1984[1]. En résumé, il décidait que c'était sans droit que les syndics avaient proposé « ce bien » à la vente et que c'était sans droit qu'ils avaient déposé ce titre à l'INPI. Enfin, il donnait acte à Henri Frenay et à Claude Bourdet de leur droit moral et du retour du titre au président de la Fédération des amicales Combat, en l'occurrence H. Frenay. On en trouvera le texte intégral en annexe[2], que nous croyons devoir publier afin que nul n'en ignore, comme il est dit dans les actes judiciaires.

1. *Le Quotidien de Paris* du 15 novembre 1984 et *Le Monde* du 16 novembre 1984.
2. Voir annexe 1.

Ce jugement ne fit pas l'objet d'un appel, ce en quoi les syndics s'honorèrent. Cependant des appétits furent déçus. On le verra dans un des chapitres suivants.

Nous fûmes tout à notre joie. Je reçus alors des lettres des anciens de Combat que je garde précieusement, en espérant qu'un jour, en les lisant, mes deux filles Esther et Jessica comprendront pourquoi elles m'ont autant touché, et pourquoi en quittant le Palais de Justice, après le prononcé du jugement, j'avais la gorge nouée.

2.

La tentation

On se souvient des circonstances qui avaient conduit un grand nombre d'anciens journalistes du journal *Combat* à se constituer en association, sous la présidence de Jean Lacouture.

Le 12 juin 1985, Jean Benoît, membre du bureau provisoire de l'association, adressa, à Henri Frenay et Claude Bourdet, un compte-rendu de la réunion qui s'était tenue le 10 mai 1985 et au cours de laquelle ces éminents journalistes avaient décidé la création d'un « prix Combat » destiné à récompenser « le meilleur reportage de l'année, paru ou non paru [*sic*] et conforme à l'esprit de liberté et de vérité qui a fait la raison d'être et le prestige de *Combat* ».

Accompagnait ce compte-rendu une lettre dactylographiée de ce journaliste qui remerciait Henri Frenay rien moins que de son « appui » dans la procédure de sauvegarde du titre « Combat », et sollicitait son accord au sujet du projet de ce « prix Pulitzer » à la française !

Naturellement H. Frenay y répondit immédiatement, en manifestant au préalable combien il avait été sensible à l'attachement dont témoignèrent à l'égard de son titre les journalistes qui, naguère, avaient écrit dans les colonnes de *Combat*.

Tout en rejoignant l'association sur le fond — la survivance du titre —, il souligna que le projet se heurtait à des difficultés d'ordre juridique, administratif et financier qui n'étaient ni résolues, ni même abordées dans le texte qu'il avait reçu et demanda le report de tout vote après une discussion sérieuse à l'automne. H. Frenay devait en effet, comme chaque été, quitter Paris pour la Corse.

Cette réponse brève, claire et précise était à l'image de son auteur qui s'embarrassait peu de mots et de formes, et qui allait dans un style fulgurant à l'essentiel : définir le but à atteindre, préciser les moyens et arrêter la stratégie. Ceux qui ont lu les œuvres d'Henri Frenay ou l'ont connu me comprendront...

C'est alors que fin août de la même année, H. Frenay reçut une lettre circulaire signée de Jean Lacouture, convoquant ses destinataires — sans les préciser, sans doute pour ménager à chacun la surprise — à une assemblée générale le 26 septembre, destinée à concrétiser notamment la création de ce « prix Combat », dont la présidence devait être proposée à Claude Bourdet. Il était de surcroît envisagé de créer une « Fondation Combat » qui, elle, serait présidée par H. Frenay ! Là encore la réponse ne se fit pas attendre, car dès le 3 septembre, Henri Frenay écrivait à Jean Lacouture :

Le 3.9.1985
M. Jean Lacouture
aux bons soins de M. Jean Benoît

Sous votre signature, mais avec comme nom d'expéditeur, M. Jean Benoît, je reçois un exemplaire d'une lettre circulaire datée (timbre de la poste) du 29 août 1985 convoquant ses destinataires (pour moi inconnus) à une assemblée générale des anciens journalistes de *Combat* le 26 septembre prochain.

Cette lettre me fait part des projets de votre association (que je connaissais déjà par la correspondance reçue en juin dernier de M. Jean Benoît) au sujet du titre « Combat ».

Le 15 juin j'ai répondu à M. Jean Benoît faisant de sérieuses réserves sur le fond et la forme de vos projets. Ma lettre, approuvée sans réserve par mon ami Claude Bourdet, vous a certainement été communiquée. Cependant à lire votre envoi du 29 août on pourrait en douter.

Puis-je vous rappeler notamment qu'en ma qualité de Président de la Fédération nationale des amicales Combat je suis propriétaire de ce titre et que prétendre en disposer sans conversation et accord préalables est pour le moins... étrange.

Il est vrai que vous poussez la sollicitude jusqu'à arrêter le rôle que joueraient Claude Bourdet et moi-même dans le dispositif que vous avez imaginé. J'en suis... touché.

Parlons sérieusement. Je vous demande expressément d'annuler la réunion que vous avez envisagée ou pour le moins de rayer le problème de l'avenir du titre « Combat » de l'ordre du jour de cette assemblée générale.

Je vous recevrai volontiers à partir du début octobre pour parler de vos projets. Je suis sûr que Bourdet se joindra à nous. Gardons-nous des improvisations. Nous trouverons un terrain d'entente car notre but est le même ; faire vivre ce titre si possible et protéger le capital moral qu'il représente.

Croyez-moi, sincèrement vôtre.

Frenay.

Il serait exagéré d'écrire que l'auteur de cette lettre fut surpris de ne plus entendre parler ni de Jean Lacouture, ni de ce projet. Sans doute tomba-t-il aux oubliettes, mort-né...

Et l'on ne pourra que regretter, comme trop souvent en France, que des idées généreuses et intéressantes ne puissent trouver leur aboutissement, faute d'esprits constructifs. Encore une fois l'imagination demeurera stérile, car si elle est nécessaire, elle n'est jamais suffisante.

Qu'il me soit permis, sans froisser quiconque, de mettre au compte de la velléité l'absence de certains grands noms dans les rangs de la Résistance, tant que, parfois, la force contraignante des événements ne les y a pas entraînés...

Henri Frenay fut ensuite amené à se préoccuper de multiples autres problèmes parmi lesquels, et ce n'était pas le moindre, la santé de son épouse Chilina qui inquiéta au plus haut point. Il se serait sans doute consacré à ce projet avec Claude Bourdet, puisque tous deux avaient trouvé l'idée intéressante et en avaient longuement débattu en ma présence un soir de juin. J'ai conservé de cette conversation qui s'était tenue au domicile des Frenay une impression de tolérance exemplaire. Ni l'un ni l'autre des deux anciens dirigeants de Combat — pourtant de sensibilité de gauche — ne voulait risquer de heurter leurs anciens compagnons ou la mémoire de ceux qui n'étaient plus là. Or laisser une association pour laquelle ils avaient tous deux la plus grande estime, mais assez marquée politiquement, devenir dépositaire de « Combat », leur apparaissait comme une forme de trahison de l'esprit même du Mouvement. Et chacun de rechercher une formule à laquelle tous auraient pu adhérer sans réserve.

De même lorsque H. Frenay accepta d'écrire ses mémoires sous le titre évocateur *La nuit finira*, il prit soin de recueillir préalablement l'accord unanime de la Fédération des amicales Combat, réunie pour la circonstance.

C'est tout dire des scrupules d'Henri Frenay et de Claude Bourdet.

Comment des étrangers à cette fraternité d'armes et de larmes eussent-ils pu comprendre et mesurer le dilemme de ces deux hommes, dépositaires d'un bien aussi précieux ? Mais s'agissait-il seulement de cela ? Comment pouvaient-ils oublier en ces instants André Bollier, assassiné à Lyon le 17 juin 1944 sur les presses du *Combat* clandestin, ou Berty Albrecht, les suppliciés de Cologne et les autres, tous les autres, connus ou inconnus. Tous ceux qui avaient donné, animés par le même idéal, leur confort et leur vie, et qui ne vivaient plus que dans la mémoire...

Oui, même pour Claude Bourdet, journaliste avant tout, *Combat* n'était plus le journal clandestin ou celui de l'après-guerre ; il était devenu une longue cohorte d'hommes et de femmes qui d'un même cœur avaient fait le « sacrifice du matin ».

Henri Frenay devait toutefois réfléchir à ce projet puisqu'il me demanda une ébauche cohérente. Malheureusement, d'autres événements dont il sera question plus loin nous en détournèrent. Cette lettre à Jean Lacouture avait été certainement oubliée par son auteur ; pas par son destinataire semble-t-il, on s'en apercevra à la fin de ce chapitre.

Lorsque Henri Frenay s'éteignit sereinement le 6 août 1988 dans sa maison de Porto-Vecchio si chère à son cœur, face à ce paysage sublime qui avait servi de cadre à l'écriture de *La nuit finira*, la presse entière évoqua sa disparition avec émotion et solennité. Pour ne citer que les journaux et magazines nationaux, *Le Monde*, sous la signature de Jacques Ruffié, professeur au Collège de France, y consacra quatre colonnes se terminant par ces phrases : « Malraux a écrit que la mort transforme la vie en destin. Henri Frenay nous quitte mais il était depuis longtemps entré dans l'Histoire[1]. »

Pour Henri Vernet du *Quotidien de Paris*, H. Frenay « est entré, à son tour, au Panthéon du " peuple de la nuit[2] ".

Henri Amouroux, dans *Le Figaro*, termine ses cinq colonnes par cette appréciation : « L'Histoire immédiate a été ingrate pour Frenay. Elle parle dix fois plus d'hommes qui ont fait mille fois moins. Mais, lorsque tout se décantera, on verra que cet officier intègre et pur fut, dans la pauvreté et la solitude de l'automne 1940, l'un des seuls patriotes français à penser la Résistance et à la penser autrement qu'en amateur ou en poète. En organisateur et en homme de foi[3]. »

Libération consacrera à la disparition de Frenay une pleine page sous la signature de Roger Faligot et Rémi Kauffer, auteurs ensemble ou séparément d'un grand nombre d'ouvrages historiques dont *Les Résistants*[4], mine de renseignements et de révélations. L'article est sobre, précis et souligne la noblesse de ce caractère scrupuleux, décidé et désintéressé[5].

Quant à *France-Soir*, il s'interroge : « Son nom signifie-t-il quelque chose pour les jeunes générations ? Et pourtant H. Frenay fut l'une des figures les plus pures et les plus héroïques de la Résistance intérieure... Il fut toujours le défenseur acharné de l'esprit de cette Résistance dont il avait été l'ouvrier de la première heure[6]. »

Dans ce concert qui ne pouvait qu'être unanime et que l'on a volontairement abrégé, une seule fausse note commise dans *Le Nouvel Observateur* sous la signature de Jean Lacouture qui distilla, avec une science peu consommée, erreurs historiques et partialité en les accompagnant d'une causticité qu'on ne lui connaissait pas, se trompant même en voulant se gausser du portefeuille ministériel attribué à

1. *Le Monde* du 9 août 1988.
2. *Le Quotidien de Paris,* 9 août 1988.
3. *Le Figaro* du 9 août 1988.
4. *Les Résistants,* Fayard, 1989.
5. *Libération* du 9 août 1988.
6. *France-Soir* du 9 août 1988.

H. Frenay et dont il ignorait le nom et la nature[1]. Jean Lacouture se bornait à grossir des péripéties (les mêmes dont il sera question à propos du téléfilm sur Jean Moulin, réalisé par Lambert et Périsson eux-mêmes téléguidés par Daniel Cordier), utilisant la forme elliptique pour forcer le trait et caricaturer Combat et son chef.

Le polémiste fut incapable d'analyser l'œuvre de H. Frenay autrement que par prétendue référence à de Gaulle, ce qui naturellement révélait une vue un peu courte, le chef de la France libre n'ayant jamais perçu totalement ce qu'était et voulait la Résistance intérieure. L'auteur feignait de n'avoir rien vu de positif dans l'œuvre de Frenay, se laissant cacher la forêt par quelques arbres. Ces mêmes arbres qui n'existent plus depuis longtemps pour tous les historiens et que curieusement aujourd'hui seuls des gaullistes aveuglés et quelques manipulateurs crypto-communistes entretiennent sans que l'on sache très bien lesquels sont dupes des autres.

L'article entraînait la protestation de Chilina Frenay et la réponse d'Henri Noguères, avocat, ancien président de la Ligue des droits de l'Homme et surtout historien de la Résistance. Cet éminent auteur traita l'article « d'injuste et irritant » et, après en avoir fait la critique, écrivait : « Or rien de tout cela ne correspond à une vision objective de l'histoire. Et rien de tout cela ne doit occulter cette simple vérité : Henri Frenay a très certainement été le personnage le plus important de toute la Résistance intérieure française...[2] »

Il serait difficile, sauf à sombrer dans l'angélisme, de ne pas lier la plume vitriolée de Lacouture à ce qui lui était apparu peut-être comme une rebuffade ou un camouflet, trois ans plus tôt, lors de la tentative avortée de création de la Fondation et du prix.

Sans doute pourra-t-on regretter que des esprits aussi rodés à l'analyse ne puissent parfois parvenir à s'élever à la hauteur de leur sujet. L'effort était-il trop grand, voire

1. *Le Nouvel Observateur* du 12-18 août 1988. Ce qui démontre que Jean Lacouture n'avait pas lu *La nuit finira*. C'est son droit personnel, moins celui du chroniqueur nécrologue.

2. *Le Nouvel Observateur* du 20 octobre 1988.

impossible ? Mais après tout, comme le faisait observer H. Noguères, cela n'était navrant que pour les lecteurs du magazine, privés d'une vérité qu'ils avaient « le droit de connaître ».

Certes le coup porté dans un article nécrologique peut surprendre, mais s'en étonner serait faire fi de la nature humaine peu encline à la grandeur d'âme. En la circonstance, il n'est pas évident que la réputation d'Henri Frenay en ait été la plus atteinte.

Il me tient à cœur de relater à présent une autre péripétie qui, bien que très différente de la précédente, connut, elle, une issue judiciaire.

On n'a pas oublié que le tribunal de Paris avait reconnu un droit moral personnel à H. Frenay et à Cl. Bourdet sur le titre « Combat ».

Grande fut donc la surprise d'Henri Frenay d'apprendre incidemment, à la mi-décembre 1986 (vraisemblablement par Louis-Marie Horeau, ancien journaliste de *Combat* et dont la vigilance est toujours restée en éveil), que Jean-Claude Goudeau qui cumulait les fonctions de directeur général, directeur de rédaction et directeur de la publication du journal *Minute*, envisageait début 1987 de faire paraître un hebdomadaire qui devait s'intituler *Nouveau Combat*. H. Frenay reçut anonymement le numéro zéro de ce journal dont il était évident qu'il s'apparentait à l'extrême droite, baptisée droite nationale et dont *Présent* et *Minute* étaient les deux fleurons. L'analogie du graphisme du « nouveau » titre avec l'illustre *Combat* était frappante. Goudeau avait même trouvé habile d'inclure dans la première lettre de « Combat », là où se trouvait la croix de Lorraine, une torche ou un flambeau dont on ne savait pas très bien si la flamme devait éclairer ou au contraire brûler... Et enfin la modestie des lettres de « Nouveau » par rapport à la majesté de « Combat » qui s'étalait sur toute la page — et en rouge — démontrait, à l'œil le moins averti, la volonté évidente de ce journaliste de s'approprier purement et simplement le titre prestigieux, encore empreint de sa charge émotionnelle et historique.

Il est assez étonnant de constater le goût de l'extrême droite française pour tous les symboles de la Résistance qu'elle avait rarement soutenue (à quelques exceptions notoires près) et qu'elle avait fréquemment combattue. Un autre exemple encore plus stupéfiant celui-là : l'appellation Front national — Mouvement de la Résistance suscité et animé par le parti communiste — qui devait être reprise par Jean-Marie Le Pen et ses amis pour dénommer un parti politique aux idées radicalement opposées, sans qu'à ma connaissance nul ne s'en soit sérieusement offusqué.

On comprendra sans peine la réaction immédiate d'Henri Frenay. S'il n'avait pas été question pour lui — ni pour Claude Bourdet — de laisser l'Association des journalistes, présidée par Jean Lacouture, faire n'importe quoi à la hâte, il pouvait encore moins être envisagé, ne fût-ce qu'une seconde, de laisser Goudeau, transfuge de *Minute*, s'approprier le titre.

Du coup, H. Frenay écrivit à J.-Cl. Goudeau une lettre aussi précise qu'à l'accoutumée :

Le 18 décembre 1986.

Monsieur,

Je viens d'apprendre, documents à l'appui, que vous avez l'intention de faire paraître sous votre responsabilité un hebdomadaire dont le titre serait « le Nouveau Combat ».

La date de parution serait au début de l'année 1987.

Au cas où vous ne seriez pas informé, je tiens à vous faire savoir que je suis (en 1941) le fondateur du Mouvement de Résistance « Combat », et du journal du même nom qui en était l'expression. En outre, tant à titre personnel qu'en ma qualité de président de la Fédération nationale des Amicales Combat je suis en droit d'interdire l'usage et l'exploitation de ce titre.

Je suis sûr par ailleurs que mon ami Claude Bourdet qui bénéficie d'un droit moral sur ce titre et « l'Association des journalistes de Combat » se joindraient à moi pour agir si vous ne m'écrivez pas explicitement votre renonciation à l'usage de ce titre. J'attendrai votre lettre jusqu'au 24 décembre prochain...

Frenay.

Pour toute réponse et à la veille de Noël, le 24 décembre 1986, Goudeau représenté par Me Henri-René Garaud fit délivrer à Henri Frenay et à Claude Bourdet une assignation pour le vendredi 26 décembre à 10 heures, devant le juge des référés, saisi selon la procédure d'heure à heure en cas de d'extrême urgence alléguée. Sans doute espérait-on surprendre H. Frenay et Cl. Bourdet, et donc la justice.

Il était demandé au juge de déclarer nulle l'opposition présentée en forme de mise en demeure par Henri Frenay le 18 décembre 1986, à M. Jean-Claude Goudeau, de l'usage et de l'exploitation du titre du journal *Nouveau Combat ;* il était en outre sollicité l'autorisation, pour une société dénommée Nobapresse SA (Nouveau Combat pour une presse libre) dirigée par Goudeau, de faire paraître l'hebdomadaire qu'elle avait créé et qu'elle entendait diffuser à 300 000 exemplaires dès le 7 janvier 1987 sous le titre *Nouveau Combat.* Il est piquant de relever le tirage annoncé qui correspond très exactement à celui de *Combat* clandestin en 1944[1].

Et cette assignation révélait que Goudeau avait — lui aussi — déposé le titre « Nouveau Combat » à l'INPI le 12 août précédent !

Naturellement, la partie adverse fit tout ce qui était en son pouvoir pour s'opposer au renvoi de l'affaire au lundi 29 décembre, mais ne fut pas suivie ! Il fut donc possible de

1. *Le Nouvel Observateur* du 14 décembre 1989, au sujet du tirage officiel du journal *Gazeta* dans les pays d'Europe de l'Est libérés de l'occupation soviétique et du communisme, qualifie de « tour de force incroyable » le tirage officiel et public d'un journal à 550 000 exemplaires en fin 1989 dans des pays libérés. Il est dommage que le magazine n'ait pas semblé avoir perçu le caractère encore plus prodigieux du tirage du journal *Combat* clandestin à 300 000 exemplaires en pleine Occupation, lorsque la Gestapo et la Milice pourchassaient les résistants qui avaient les plus grandes difficultés à trouver des rotatives et du papier. Combien de Français le savent aujourd'hui ?

préparer une défense. Les débats furent houleux. Goudeau était présent et accompagné de son avocat, conscient de la lourde tâche qui l'attendait et convaincu de son bon droit. Son comportement le révélait amplement. Pour faire bonne mesure, la salle d'audience se remplissait d'amis de Goudeau au regard hostile et qui manifestaient bruyamment dans les couloirs. Ils en aurait fallu davantage pour entamer la sérénité du magistrat.

Puisque son client était demandeur au procès, Me Garaud, « le prestigieux animateur de " Légitime Défense " », comme devait l'écrire Goudeau, plaida le premier. Aucune confusion, selon lui, entre *Nouveau Combat* et *Combat*. A cela s'ajoutait le dépôt du titre à l'INPI. Deux arguments qui devaient, à son avis, emporter la décision.

Je plaidai à mon tour pour Henri Frenay, Claude Bourdet et la Fédération nationale des Amicales Combat, rappelant les circonstances de la création du Mouvement de Résistance et du Journal, dont le numéro 1 fut distribué — clandestinement, on s'en doute — en décembre 1941 (après avoir succédé à d'autres titres cités précédemment).

Force était d'évoquer ces cinquante-huit numéros clandestins parus, la mort d'André Bollier, martyr de la presse, les difficultés, les souffrances, l'espoir qui avaient accompagné chaque parution. Henri Frenay n'avait-il pas déclaré le 21 mai 1944, à la veille de la Libération : « Les Français se battent dans la Résistance avec fureur et âpreté. Ils se battent dans le domaine de l'esprit par cette admirable presse clandestine, écrite et diffusée au prix du sang, et qui maintient, intacte, dans la nuit de l'oppression, la liberté de la pensée française. »

Le souffle de cette pensée devait effleurer chacun, car le silence était grand dans la pénombre de ce prétoire qui revivait l'obscurité des premiers temps de l'Occupation et la solitude de ces précurseurs, quand tous les corps constitués et les partis politiques se taisaient. La mémoire de Berty Albrecht nous interpellait lorsque je donnais lecture de l'article d'Henri Frenay paru dans *Combat* du 28 août 1943 et intitulé « Vie et Mort d'une Française ». Car c'est elle qui dactylographia les premiers bulletins de propagande modestement tirés à dix-huit exemplaires, et qui ensuite trouva le premier imprimeur. Parurent enfin le numéro 59, le 21 août 1944, vendu en kiosque dans Paris insurgé, et les autres pendant trente ans, revêtus des signatures prestigieuses. Enfin devait être rappelée la tentative des syndics et des notaires de vendre à l'encan le titre « Combat » quelques années plus tôt, et le sort qui fut réservé à cette démarche indigne.

En conclusion, je demandai que soit prononcée l'interdiction d'utilisation du titre projeté avec la typographie et la calligraphie prévues. Après quoi, Louis-Marie Horeau, secrétaire général de l'Association des journalistes de Combat, représentant Jean Lacouture qui ne s'était pas dérangé, s'associa à notre requête.

Le procureur de la République ne manifesta pas le désir de prendre des réquisitions. L'affaire fut donc mise en délibéré. Le vice-président Aquenin devait rendre, dès le 31 décembre 1986, une ordonnance parfaitement et complètement motivée. Celle-ci sera datée du 2 janvier 1987 en raison des fêtes. L'ordonnance faisait droit à notre thèse puisqu'elle interdisait à Nobapresse de faire paraître son journal sous le titre *Combat,* sans adjonction d'un terme autre que l'adjectif « Nouveau ». Elle exigeait que ce terme soit imprimé en caractères rigoureusement identiques à ceux de *Combat* et excluait tout dessin à l'intérieur du mot *Combat.* On trouvera en annexe 2 le texte intégral qu'il n'est pas inutile de publier afin de prévenir de nouvelles velléités ou tentations [1].

Claude Bourdet me manifesta sa satisfaction par téléphone chez Henri Frenay, car souffrant il ne pouvait quitter son appartement. Quant à Henri et Chilina Frenay, ils me ménagèrent une petite fête. Les bons moments étaient revenus.

Apparemment, Jean-Claude Goudeau ne sembla pas comprendre cette décision de justice, puisque *Le Monde* daté du 3 janvier 1987 rapporta l'intention de celui-ci d'appeler son journal *Le Combat.*

Nouvelle lettre d'Henri Frenay valant mise en demeure

1. Voir annexe 2.

qui entraîna la surprenante demande de Goudeau de le rencontrer au plus vite. Ce qui fut fait dès le samedi 3 janvier. Je participai à cette réunion au cours de laquelle Goudeau sembla réellement désireux de trouver une issue honorable. Il eut même le bon goût de rire, sans trop se forcer, lorsque je lui suggérai d'appeler son journal *Mon Combat*[1].

Rien ne sortit de cette discussion, tant il était évident que seul le vocable « Combat » l'intéressait et qu'aucun autre terme ne pouvait être, valablement selon lui, accolé à ce mot. Le dictionnaire et notre imagination épuisés, Goudeau nous quitta en ayant décidé de changer son titre et en nous soumettant *Le Chardon.*

C'est ainsi qu'Henri Frenay et moi-même eûmes la primeur de ce titre éphémère, que nous avons bien involontairement vu naître. Goudeau tint parole et le confirma téléphoniquement le lendemain.

Le Chardon sortit en kiosque le 7 janvier avec deux articles consacrés à « l'Affaire » du titre, dont un en première page qui constitue la plus belle illustration de la fable du Renard et des Raisins : « Il est des titres qui portent malheur... et puisque *Combat* a la scoumoune, nous baptisons notre hebdo *Le Chardon...* »

On pouvait y voir l'ancien titre rêvé par Goudeau fièrement rayé de rouge, et remplacé par le nouveau dans lequel, malgré tout, Goudeau crut utile d'agrémenter le C d'un petit dessin. Rappel inconscient de la croix de Lorraine...

Ce journal ne devait pas connaître un destin fulgurant. Jean-Claude Goudeau réintégra *Minute* et tout rentra dans l'ordre. *Combat* demeurait dans la mémoire des vivants et des morts à l'abri de toute tentation.

1. Traduction de *Mein Kampf.*

LES PRÉMICES

Voici quelques extraits de discours ou de documents propres à illustrer les chapitres qui vont suivre.

« *Pourquoi nous devons organiser les FTP*[1].

« *Avant d'entrer dans l'analyse du sujet, nous recommandons aux responsables de se souvenir que les documents éducatifs sur la ligne politique du parti leur sont exclusivement réservés et qu'aucune communication n'en doit être faite aux militants et sympathisants de base non agréés par le CC*[2] *comme responsables* [...] *Ce genre de formation nous permet des réalisations concrètes de lutte et d'action directe contre les armées allemandes et les groupes fascistes français, mais ce n'est pas notre objectif définitif et surtout exclusif.*

« *L'embryon FTP actuel est la manière de départ de notre future armée rouge et de notre police de structure...* »

Note du comité central
du Parti communiste français, 1943.

1. Francs-Tireurs et Partisans.
2. Comité central.

« *Le maréchal Staline est le chef d'État le plus populaire non seulement en Union soviétique, mais sans doute dans le monde entier.* »

Pierre Cot à l'Assemblée consultative,
le 21 décembre 1944.

« *J'ai vu ce qu'il* [*cet immense pays*] *a fait avec le communisme et par le communisme et j'ai conclu non pas que le régime appliqué à l'Union soviétique devait être appliqué dans notre pays, où les conditions sont différentes, mais que, pour relever la France, il était peut être bon que nous nous inspirions dans une large mesure de certaines méthodes qui pourraient et qui pourront, j'en suis persuadé, nous permettre de construire chez nous une démocratie véritable, c'est-à-dire une démocratie populaire.* »

Pierre Cot, Assemblée nationale,
le 3 décembre 1947.

« *La mort de Staline est un immense malheur pour l'humanité. Comment lui rendre l'hommage qu'il mérite ? Dans les jours accablants de sa mort, il est difficile d'exprimer le sentiment qui nous étreint, la douleur que l'on éprouve... Je laisserai à d'autres la tâche d'éclairer les aspects multiples de son immense création scientifique, de montrer Staline comme penseur incomparable à tout autre, enrichissant et développant l'enseignement de Marx et Lénine, architecte extraordinaire du Monde nouveau, organisateur du Premier État Socialiste. Je pense maintenant à sa profonde humanité, à son amour de la paix. Avant tout, je veux parler de son humanité. Parmi ses qualités et ses dons, ce trait de caractère m'a toujours paru particulièrement éminent.* »

Article signé Pierre Cot
dans la *Pravda* du 9 mars 1953.

« *Il y a quelques semaines, l'immense majorité des Français ignorait encore quel avait été le véritable organisateur de la Résistance. Des raisons de prudence interdisaient de nommer celui que la Gestapo avait pris, torturé, et dont ignorons encore le destin. Celui qui fut tour à tour* " *Rex* ", " *Max* ", *et porta bien d'autres noms encore au temps de la clandestinité, était mon vieil ami Jean Moulin, mon collaborateur le plus intime.*

. . . .

« *En 1933 il devint mon chef de cabinet. Depuis cette époque, nous devions rester en contat étroit et fraternel, en communion complète de pensée politique...* »

« *... On connaît le rôle de Jean Moulin et de cette équipe [Meunier et Chambeiron] dans l'organisation de la Résistance. Ce qu'on sait moins c'est leur activité en faveur de la démocratie.*

. . . .

« *Grâce à lui le Conseil de la Résistance groupe non seulement les délégués des mouvements autonomes de Résistance mais les représentants des grands partis démocratiques et ceux des organisations ouvrières. Il ne pouvait être question dès lors d'organiser le* " *gaullisme* " *en parti politique et de supprimer les bases de l'organisation démocratique...*

« *... le plus vaillant des Français fut aussi le plus clairvoyant des républicains.*

« *... s'il ne devait pas revenir nous essaierions de mener a bien la tâche entreprise avec lui...* »

« *En politique, comme en montagne, nous étions de la même cordée.* »

Pierre Cot, hebdomadaire *Action*
du 15 juin 1945.

« *Je n'ai jamais senti de différence dans nos opinions.* »

Lettre de Pierre Cot à Laure Moulin
au sujet de Jean Moulin.

« *Le chef de la Résistance en France était un certain Jean Moulin. Le public ignore son nom. En décembre dernier, Moulin s'est décidé à se rallier aux forces gaullistes. Mais à contrecœur.* »

Déclaration de Pierre Cot au diplomate
H. Freeman-Matthews début 1943, répertoriée
851-01-31113 aux Archives américaines.

« *Le communiste, s'il aime son parti, prendre ses responsabilités, ce qui ne veut nullement dire qu'il devra clamer sur tout les tons qu'il est communiste, bien au contraire.* »

La Vie du Parti,
4e trimestre 1941.

3.

Agent Moulin

BIEN qu'ayant participé très étroitement aux grands événements de 1940 à 1945, Henri Frenay s'était longtemps refusé à écrire ses souvenirs. L'homme n'aimait pas « les profanations ». Il s'en était expliqué au début d'une lettre de vingt-sept pages très denses qu'il avait adressée au colonel Passy le 13 juillet 1950. Celui-ci lui avait en effet communiqué le manuscrit de son troisième tome de mémoires, *Missions secrètes en France,* en lui demandant ses observations.

Henri Frenay répugnait à « passer au microscope ces actions dont l'ensemble fut une épopée », par crainte de commettre « une mauvaise action », puisque « la force des peuples repose souvent sur des légendes... »

« Et puis, disait-il, la Résistance, la vraie, celle des premières années, celle que peu d'hommes ont connue, est pour moi comme un jardin secret où parfois, seul je pénètre. On ne m'en voudra pas de n'y faire pas entrer sur mes traces la foule des dimanches. »

Il avait délibérément ignoré la quasi-totalité des livres parus sur la Résistance pendant vingt ans, n'ayant aucun goût pour l'esprit ancien combattant, lui qui précisément avait suggéré au général de Gaulle qu'il ne formât pas de ministère des Anciens Combattants. Il fut d'ailleurs suivi puisque l'éphémère gouvernement du 21 novembre 1945 fut le seul après la guerre à n'en point comporter.

Néanmoins, la lecture de l'ouvrage de Passy lui fit découvrir des documents et des faits qu'il ignorait puisqu'ils lui avaient été délibérément occultés.

Après avoir consulté quelques amis fidèles, qui tous

l'encouragèrent à user de l'hospitalité qui lui était ainsi offerte, il se décida à formuler ses observations. Fatalement, il en vint à l'action et la personnalité de Jean Moulin, puisqu'il comptait au nombre de ceux qui l'avaient le mieux connu, en dehors de son entourage d'avant-guerre.

C'était en effet auprès de lui que Moulin se rendit en juillet 1941 (après l'invasion allemande en URSS) pour y quêter les seules informations sur la Résistance intérieure qu'il fut en mesure d'emporter à Londres, via Lisbonne[1].

Et ce n'est un mystère pour personne que Moulin devait s'opposer, à son retour en France, à tous les mouvements de Résistance y compris Combat, et à tous les autres délégués du général de Gaulle, puisqu'il prétendait régenter les mouvements de manière inacceptable, et les contrôler à sa guise, par le biais entre autres des répartitions financières.

Il se heurta également violemment et férocement à Pierre Brossolette, ainsi qu'à tous les autres responsables qui avaient une vision du terrain, ce qui n'était évidemment pas le cas de la France libre à Londres.

Il s'opposa à tous, ai-je dit. Certes non, puisqu'il obtint toujours le concours actif des communistes et de leurs compagnons de route qui le lui ont bien rendu depuis[2].

Or le livre de Passy traitait évidemment de ces questions et soulignait certains aspects du comportement de Moulin dont la légende ne pouvait sortir magnifiée. Précisément celle qu'Henri Frenay voulait sauvegarder en n'écrivant pas son point de vue.

Entre autres scènes, Passy révélait en effet qu'en sa présence Rex (Moulin) s'était tellement emporté dans un appartement de l'avenue des Ternes à Paris contre Brossolette qu'il hurlait au sens littéral du terme. En effet, Brossolette avait été envoyé en mission en France avec Passy (mission Arquebuse-Brumaire). Les deux hommes avaient réalisé sur le terrain la fausseté des points de vue que Moulin avait fait adopter à Londres. Brossolette souhaitait donc en

1. On devait savoir par la suite que cette entrevue fut préparée pour Moulin par l'agent soviétique, Noël Field.

2. Voir en annexe 3 un échantillon d'articles de *L'Humanité* de janvier et mars 1947.

atténuer les effet désastreux, ce que Moulin n'acceptait pas.

« J'essayai, écrit Passy, d'intervenir pour calmer le ton des discussions car des Allemands habitaient dans l'immeuble, mais ce fut peine perdue, et Rex continua de vociférer pendant que Pal [Ayral] et moi regardions cette scène avec stupéfaction et épouvante [...] J'avoue que je n'avais qu'une seule envie, partir, car j'avais l'impression de me trouver sur un baril de poudre [...] Une grande vague de dégoût me saisit et seul l'air frais du dehors me ranima un peu. Je remontai, seul avec Rex, l'avenue des Ternes. Il était complètement calmé, mais plein d'une haine froide contre Brossolette [...] Je retirai de cet entretien la certitude morale que Rex était fortement endoctriné par ses adjoints, Meunier et Chambeiron, qui m'apparaissaient comme de curieux personnages. Ceux-ci en effet ne perdaient jamais une occasion de jeter de l'huile sur le feu, sans que l'on pût clairement comprendre le mobile qui les poussait. Avaient-ils dès cette époque partie liée avec les communistes [1] ? »

Même les discussions parfois très vives, entre Henri Frenay et Jean Moulin, ne devaient pas atteindre ce degré de violence.

Henri Frenay manifesta d'abord sa répugnance à parler de Moulin pour tous mort héroïquement, comme d'ailleurs Brossolette qui préféra le suicide au risque de parler sous la torture. Mais son devoir commandait de surmonter cette répugnance pour évoquer ce qui, sauf sur un point, avait fait l'objet d'ardentes et parfois violentes controverses entre Moulin et lui. C'est ce point nouveau qu'Henri Frenay s'attacha à développer précisément et mathématiquement, pourrait-on dire, pour la première fois.

Pendant la guerre, Henri Frenay avait toujours gardé estime et respect à Moulin, comprenant et admettant l'opposition d'idées et le débat, même s'il prenait parfois un tour vif et peu amène. Le 10 mai 1943, dans un rapport à Londres, Henri Frenay écrivait au sujet de Moulin : « J'avais confiance comme encore maintenant en ses capacités et sa droiture. » Et connaissant le chef de Combat, nul ne doutera de la sincérité de son appréciation.

1. In *Missions secrètes en France*, Plon, 1951, chapitre 4.

Ce qu'Henri Frenay ignorait et découvrait en 1950, par le manuscrit du livre de Passy, c'était la duplicité de Moulin qui écrivait sciemment dans le même temps des rapports mensongers à Londres et fortement déplaisants tant par le ton employé que par la teneur et la présentation des faits. Ce fut donc à cela qu'il réagit en s'interrogeant, comme Passy d'ailleurs, sur les motifs d'un tel comportement.

Et en analysant les faits qu'il connaissait enfin pour la plupart, en découvrant les textes qu'il lui était donné de lire pour la première fois, en examinant les conséquences des actes et des décisions de Moulin, Henri Frenay fut, le premier, stupéfait de comprendre ce qu'il s'était même refusé à envisager quelques années ou quelques mois plus tôt, lorsque les journaux communistes revendiquaient Moulin comme un des leurs [1]. Il faut savoir qu'en 1950 et a fortiori en 1942-1943, nul ne connaissait vraiment celui qui avait été surnommé le « Préfet rouge », lorsqu'il était en poste à Rodez en 1937, et pire encore « Moulin rouge » à Amiens, en 1935.

Henri Frenay venait de comprendre, parce qu'il avait eu la lucidité de s'attacher aux faits, et à eux seuls, sans parti pris ni voile pudique jeté sur la mémoire du disparu. C'est donc dans cette lettre qu'Henri Frenay expliqua que Jean Moulin n'avait eu de cesse d'obtenir pour lui-même des pouvoirs de plus en plus grands, dans le même temps où il diminuait l'influence matérielle et morale des mouvements, recommandait la création du Conseil national de la Résistance (CNR), en préparant ainsi la résurrection de la IIIe République — baptisée IVe — et dans laquelle le parti communiste, grâce à lui, devait jouer un rôle de premier plan.

Il poursuivait : « Jean Moulin avait été avant la guerre le chef de cabinet de Pierre Cot, communiste déguisé en radical, prototype accompli des actuels fellow-travellers [2].

1. Notamment lors des procès de René Hardy en 1947 et mai 1950. Les journaux communistes prenaient violemment à partie l'accusé dont ils réclamaient la tête, l'accusant d'avoir trahi le rendez-vous de Caluire. Voir annexe 3.

2. Compagnons de route. Appellation donnée aux alliés politiques des communistes en Angleterre. L'expression a été inventée par Trotski en 1923 (*papoutchiki*).

Qui a-t-il choisi pour le seconder, c'est-à-dire pour user de ces pouvoirs dictatoriaux, que nous avons si durement combattus ? Ils étaient trois : le colonel Manhès, l'actuel président de la Fédération nationale des déportés et internés résistants et patriotes, organisation communiste ; Meunier et Chambeiron, tous deux actuellement députés communistes [...] Jean Moulin, selon moi, a été en France l'homme du parti communiste. »

Cette révélation, car c'en était une, avait certainement bouleversé Henri Frenay, qui aurait sans nul doute préféré conserver l'image du préfet jacobin et jaloux de son autorité, communément admise.

Le colonel Passy répondit à cette longue lettre et publia l'échange de correspondance (annexes XXIV et XXV de son livre). Je ne retiendrai ici que le dernier paragraphe de la réponse de Passy qui commence ainsi : « En ce qui concerne les partis politiques et la création du CNR, vous avez pu voir ce que j'en pensais déjà dans les rapports que j'adressais au général de Gaulle, au retour de ma première mission en avril 1943. J'ai précisé ma pensée dans ce livre... tout en me gardant de porter un jugement personnel sur l'opportunité des décisions qui furent prises à l'époque, car je ne connus jamais l'intégralité des motifs qui les déterminèrent. *Vous verrez toutefois, dans le quatrième livre de « Souvenirs » que je suis en train d'écrire, que je suis amené à publier des documents qui montrent que vous avez probablement raison...* [1] »

Malheureusement ce quatrième tome n'a jamais été publié, et n'a peut-être jamais été terminé ! Mais les documents évoqués par Passy existent. Ils seront forcément connus dans leur totalité un jour, comme ceux qui dorment dans certaines archives.

Personne ne fit grief à Henry Frenay de cette appréciation, même pas ceux qui aujourd'hui clament leur indignation.

Le colonel Passy qui avait été le chef du BCRA (Bureau central de renseignements et d'action, ancêtre du SDECE devenu DGSE) à Londres, et qui occupait de ce fait une place de choix aux côtés du général de Gaulle, ne manqua pas

1. C'est l'auteur qui souligne.

d'envoyer au chef de la France libre, qui se morfondait alors à Colombey-les-Deux-Églises, un exemplaire dédicacé de son ouvrage. Nul doute que le général le lut, ainsi que la lettre d'Henri Frenay et la réponse de Passy. Il ne réagit pas. Sa seule réponse, si c'en est une, fut de présenter Moulin dans ses *Mémoires de guerre*, comme un gaulliste convaincu[1]. Puis revenu au pouvoir, de faire entrer l'urne contenant les cendres présumées de Jean Moulin au Panthéon le 16 décembre 1964, c'est-à-dire quelques mois avant les premières élections présidentielles au suffrage universel direct de la Ve République.

Certains y auront vu une reconnaissance par de Gaulle de l'appartenance de Moulin au gaullisme, et donc un désaveu implicite de la thèse d'Henri Frenay.

Je ne peux pour ma part qu'y voir une récupération définitive de l'homme par le gaullisme, son chef ayant toujours cru qu'en dehors de sa Résistance, il n'y avait rien et que tout avait germé de son appel. Il est vrai que Malraux, son ministre de la Culture, avait rectifié en déclarant : « Entre les communistes et nous, il n'y a rien. » Ce en quoi il n'avait pas tout à fait tort à l'époque.

En scellant la dalle du Panthéon, de Gaulle pensait faire de Moulin, pour l'éternité, le symbole de la Résistance gaulliste. La cérémonie grandiose était destinée à clore le débat puisque la Patrie reconnaissante accueillait en ce jour son grand résistant gaulliste.

On ne m'empêchera pas d'y voir, par-delà la grande Histoire, un message codé à l'adresse des communistes qui, rappelons-le, se satisfaisaient pleinement depuis 1960 de la politique algérienne et de la politique étrangère du général de Gaulle. Le message passa puisque François Mitterrand, déjà candidat en 1965, ne réussit pas au second tour en 1974 à faire porter sur son nom tous les suffrages communistes, tant s'en faut. La leçon sera entendue. De l'union de la gauche de 1972 à la rose du Panthéon de 1981, une autre histoire sera écrite. Peut-être ce qui précède en est-il une des clefs ?

En tout cas le discours du Panthéon fut l'œuvre d'André

1. *Mémoires de guerre — L'Appel*. Plon, 1954.

Malraux, ancien communiste rallié à de Gaulle. Cynisme, dérision ou habileté suprême ?

Les années passèrent. De Gaulle abandonna l'Élysée avant de mourir l'année suivante. Pour la première fois la France fut dirigée par un étranger à la Résistance qui, du coup, sembla s'éloigner de cette période de son histoire — malgré la présence pendant quelque temps de Jacques Chaban-Delmas à Matignon. Mais de nombreux livres paraissaient qui traitaient de la Résistance, dont ceux de Marie-Madeleine Fourcade[1], et de Laure Moulin, la sœur dévouée et aimante[2].

Henri Frenay venait de prendre sa retraite et, poussé par la curiosité, mit ses loisirs à profit pour beaucoup lire. Il constata que son « jardin » n'était plus secret et avait même été envahi. Divers personnages lui apparurent dépeints sous des traits peu ressemblants. Le hasard voulut que Charles Ronsac, directeur littéraire d'Opera Mundi le pressât alors d'écrire ses mémoires.

C'est de cette conjonction que devait naître en 1973 le premier livre d'Henri Frenay *La nuit finira* dont la presse unanime salua la parution et qui fut un succès de librairie. J'ai eu le privilège de parcourir le livre d'or constitué par Chilina Frenay à partir des lettres émouvantes reçues par l'auteur. Elles émanent d'hommes et de femmes illustres, mais aussi d'inconnus, jeunes souvent, qui furent bouleversés à la lecture de ce grand et beau livre. Elles mériteraient d'être publiées et feraient pâlir d'envie bien des auteurs à succès.

Toutefois Henri Frenay ne s'était décidé à l'écrire qu'après avoir consulté les anciens de Combat, qui l'y avaient tous encouragé.

Et en conclusion de son livre, dans l'épilogue, l'auteur voulut apporter un commentaire sur ce qui lui était apparu comme la trahison de l'esprit de la résistance. Non, ces hommes et ces femmes n'avaient pas lutté pour la plupart afin de blanchir les sépulcres ou ranimer les anciens partis disqualifiés par la défaite ou la collaboration. A ce gâchis, il y avait diverses raisons qui toutes trouvaient leur source dans

1. *L'Arche de Noé*, Fayard, 1968.
2. *Jean Moulin*, Presses de la Cité, 1969.

un fait psychologique fondamental : à Londres, le général de Gaulle et ses services n'ont absolument pas compris le phénomène nouveau qu'était la Résistance française incarnée par les mouvements.

L'erreur majeure, l'erreur funeste vient de De Gaulle qui avait interposé entre la France et lui un écran. Et cet écran, Jean Moulin, était un homme partisan dans lequel il n'avait vu lui qu'un serviteur de l'État. Henri Frenay posait onze questions cruciales et toutes liées entre elles, auxquelles nul n'a jamais voulu répondre complètement et globalement. Pour lui les réponses étaient commandées par la logique du principe : rechercher à qui profite « le crime ». Et là, personne ne s'est trouvé pour le contredire : l'action entière de Jean Moulin a servi le parti communiste, même si parfois cela devait passer par le service de De Gaulle. C'est ce qui explique que ce parti ait sans cesse magnifié Jean Moulin, même au détriment des héros de la Résistance officiellement communistes.

Dans certains milieux gaullistes et aussi communistes, ce qui est révélateur, cet ouvrage déchaîna des tempêtes. La légende s'effritait.

Jean Moulin crypto-communiste ?

Certains affirmant que si cette allégation était vraie, « il ne subsisterait que l'image d'un fourbe[1] ». Deux réactions devaient alors conduire Henri Frenay à se pencher, historiquement cette fois, sur le sujet. Celle de Francis-Louis Closon, compagnon de la Libération, qui publia fin 1974 un livre, *Le Temps des passions,* dans lequel il écrivit cette phrase que je cite car elle est à l'image du débat actuel : « Que trente ans après, la violence s'accroisse au point d'attenter à l'honneur de l'homme et de l'authentique héros que fut Jean Moulin, je n'ai d'autre explication à donner que celle d'un ressentiment qui voisine la haine... »

Pas d'autre explication, par conséquent, que la haine pour son compagnon. A l'argument on oppose l'imprécation, l'invective ou l'insulte.

Mais d'autres, pour ne pas partager l'opinion d'Henri

1. Claude Serreulles, discours du 17 juin 1975 au Panthéon.

Frenay, tinrent un autre langage, tel Claude Serreulles[1] également compagnon de la Libération dans son discours au Panthéon : « ... Je suis convaincu de la sincérité d'Henri Frenay, je suis persuadé qu'il ne demandera pas mieux, dans l'avenir, que de se pencher avec plus de soin sur ce problème et d'en mesurer mieux la gravité. Je suis persuadé que l'hypothèse qu'il a imaginée et dont il a fait en fin d'ouvrage une accusation, il peut parfaitement, avec la même loyauté dont il a si souvent fait preuve, l'abandonner et revenir sur ce qui a pu être son erreur [...] C'est pourquoi mon vœu en terminant, est de souhaiter ardemment qu'un réexamen se fasse dans la sérénité et je peux assurer Henri Frenay qu'il trouvera, chez tous les témoins survivants, un concours entier pour l'éclairer et pour lui permettre, dans l'intérêt de tous, de dégager la vérité... »

Si les invectives de Closon laissèrent Henri Frenay indifférent, la peine sincère manifestée par Serreulles l'invite à réfléchir et à étudier le cas Jean Moulin avec l'œil de l'historien le stimulèrent et le décidèrent. Il étudia donc consciencieusement pendant deux ans, réunissant, amassant patiemment témoignages et documents, les confrontant les uns aux autres pour ne retenir que les certitudes. Et le fruit de ce travail d'historien parut au troisième trimestre 1977 sous le titre *L'Énigme Jean Moulin*[2].

C'est la pièce maîtresse du dossier, que l'on ne saurait ignorer. Les arguments s'enchaînent si merveilleusement et de manière si probante que l'on se demande, en refermant l'ouvrage, s'il subsiste réellement une énigme. Impossible de le paraphraser ou de le résumer ici, chaque page apportant une réelle révélation.

Il ne peut que convaincre, car toutes les prémisses étant irréfutables, la conclusion s'imposait : Jean Moulin était bel et bien l'homme partisan qu'Henri Frenay avait percé à jour en 1950. Membre du PC, sous-marin, compagnon de route

1. Claude Serreulles assura l'intérim de la présidence du CNR après la disparition de Moulin, avant la nomination de Bidault.

2. *L'Énigme Jean Moulin*, Éd. Robert Laffont, octobre 1977. Réédité en janvier 1990.

ou agent soviétique (membre du GRU, Services secrets de l'Armée soviétique, comme le laissera entendre l'historien soviétologue Pierre de Villemarest)[1] ? Ou encore Peter Wright, ancien directeur du MI 5 (Services secrets britanniques), qui a publié ses mémoires aux États-Unis sous le titre *Spycatcher* (Dell International Edition, août 1988), et qui écrit :

« En 1964 nous décriptâmes un message qui prouvait sans doute possible que Labarthe avait durant cette période travaillé en tant qu'espion soviétique [...] Je découvris qu'un autre politicien français, Pierre Cot, ministre de l'Air du gouvernement Daladier d'avant-guerre, était également un espion soviétique [...] J'obtins l'autorisation de fournir à la DST les renseignements prouvant que Cot et Labarthe étaient des espions soviétiques. Ils étaient âgés mais encore actifs sur le plan politique et cela me paraissait une bonne précaution. J'allais à Paris, au siège de la DST au début de 1965. Je fus reçu par Marcel Chalet, sous directeur du Service [...] Il était violemment anti-communiste et pourtant admirait Jean Moulin, lui-même communiste plus que tout autre [...] Malheureusement, Labarthe mourut d'une crise cardiaque pendant que Marcel [Chalet] l'interrogeait, et on laissa Cot en paix... »

Il sera donc intéressant de lire un jour les mémoires complets de Marcel Chalet à ce sujet, car nous ne doutons pas que son estime pour ses compatriotes lui fera à terme renier son adhésion à ce vers de La Fontaine : « Il est bon de parler et meilleur de se taire », curieusement placé en épigraphe de ses entretiens avec Thierry Wolton récemment parus.

En tout cas, Henri Frenay est mort sans avoir de certitude, mais en évoquant ces diverses hypothèses dans son livre. Les travaux et les recherches se poursuivent dans les archives, et permettront bientôt de trancher entre ces quatre solutions. Néanmoins, le dernier état des informations parvenues à Henri Frenay, avant sa disparition, permettait d'incliner vers l'agent[2].

1. In *GRU, le plus secret des services soviétiques*, Stock 1988.

2. On lira dans la nouvelle édition de *L'Énigme Jean Moulin*, parue début 1990, revue et augmentée, les notes inédites de l'auteur et les implications de Moulin avec Noël Field, l'espion soviétique bien connu...

C'est ce qui expliquerait deux points importants :

— l'irruption subite de Moulin auprès d'Henri Frenay en juillet 1941 (après l'invasion allemande en URSS) alors que Moulin était en retrait — et c'est un euphémisme — de *tous* les mouvements de Résistance ou réseaux français. Et les protagonistes de cette entrevue côté Moulin, ce que Henri Frenay ignorait à l'époque ;

— l'apparente distance que Moulin s'imposait parfois à l'égard des communistes déclarés.

Imagine-t-on aujourd'hui les membres du PC connaissant le nom des agents soviétiques ? Cela eût été encore plus irréaliste en temps de guerre.

Il serait cruel après la parution de cette nouvelle édition de répondre à Claude Serreulles qui pouvait se boucher yeux et oreilles en 1975, mais qui ne le peut plus aujourd'hui. Lorsqu'il envoya le 2 juillet 1975 à Henri Frenay le texte de son discours du 17 juin 1975, Serreulles, pour contester la thèse esquissée dans l'épilogue de *La nuit finira,* opposait notamment ces deux derniers arguments qu'il considérait comme majeurs.

« Pourquoi [Moulin] n'a-t-il pas nommé au CGE un membre du parti communiste[1] ? »

« Pourquoi, parmi ses proches amis et ses confidents politiques, ne relève-t-on aucun membre présent ou futur du parti communiste ? »

La deuxième question peut amuser aujourd'hui. Quelle naïveté, alors qu'il est maintenant établi que les véritables proches et confidents, les amis, les correspondants, le maître à penser Pierre Cot étaient — ou devinrent — communistes ou agents soviétiques...

Que l'on relise les quelques citations mises bout à bout en tête de ce chapitre et que l'on n'objecte pas qu'il s'agit d'extraits tronqués et déviés de leur sens : les discours et les rapports entiers seraient encore plus accablants pour leurs auteurs. *L'Énigme Jean Moulin* balaie cette question qui, dans sa candeur, devient désastreuse pour la thèse de celui qui la posait.

1. Comité général d'études créé par Moulin et chargé de réfléchir sur les futures institutions.

Quant à l'autre question-argument, Serreulles avait cru pouvoir lui-même y répondre de bonne foi dans le corps de son discours du 17 juin 1975 :

« Autre exemple, le Comité général d'études... Dans son livre, Closon rappelle que Pierre-Henri Teitgen proposa à Jean Moulin d'accueillir au sein du Comité général d'études un juriste ou un économiste communiste. C'est un fait d'observation que le CGE n'en compta aucun. Jean Moulin aurait pu, à tout le moins, désigner un homme à lui, c'est-à-dire « un homme du parti communiste », pour être *secrétaire*[1] de cet organisme important. Eh bien il n'en fut rien. C'est *Pierre Kaan*, un éminent et très indépendant philosophe, *qu'il appela* à ce poste... »

C'est la même affirmation que l'on retrouve sous la plume de Cordier (préface, page 286) :

« En outre, on ne parle jamais de Pierre Kaan, un de ses adjoints [de Moulin] en zone libre puis en zone occupée, qui assura la liaison avec le CGE et le secrétaire général du Comité de Coordination ZO et qui était chargé de ses multiples contacts en zone occupée. Or, *Pierre Kaan, qui joua un rôle écouté à ses côtés,* était un universitaire qui *comme lui était engagé* avant tout, dans la lutte contre le nazisme, en faveur des droits de l'homme, et à qui personne n'a jamais attribué d'autres mobiles. »

C'est encore René Hostache qui croit pouvoir constater que Jean Moulin ne plaça aucun communiste au CGE[2].

Mais que révèle dans le livre de ses Mémoires[3] Charles Ronsac qui, militant communiste avant-guerre, fut un ami intime de Pierre Kaan et de son épouse ?

Que Pierre Kaan fut un membre actif du parti communiste et journaliste à *L'Humanité* à partir des années vingt... En 1925, il se lie d'amitié avec Boris Souvarine dont il partage les idées. Souvarine, qui avait alors 30 ans, s'était trouvé à l'origine de la scission du parti socialiste de Jaurès pour avoir

1. C'est l'auteur qui souligne.

2. *Le général de Gaulle, Jean Moulin et la création du CNR,* Éditions La Bruyère, 1989.

3. *Trois Noms pour une vie,* Éd. Robert Laffont, 1988.

été le rédacteur de la motion désormais célèbre du Congrès de Tours en 1920 pour l'adhésion à la IIIe Internationale. Souvarine avait fait partie du secrétariat du nouveau parti communiste et avait siégé au présidium de cette Internationale aux côtés de Lénine, Trotski, Zinoviev, Kamenev et Boukharine. Il devait ensuite prendre ses distances avec l'URSS dans sa quête d'un marxisme pur, en quelque sorte débarrassé de la raison d'État stalinienne.

En février 1926, Souvarine fonde avec Pierre Kaan qui avait suivi le même parcours le « Cercle Marx et Lénine », groupement très actif dont l'objet était de rassembler les communistes pour « fortifier leur culture et leur préparation révolutionnaire dans l'esprit du marxisme ». Parallèlement, Pierre Kaan collabore au *Bulletin communiste* dirigé par Souvarine. A l'automne 1931, il s'oppose à l'adhésion des membres du Cercle à la SFIO, jugée sans doute trop éloignée de l'idéal marxiste. Lors des émeutes de février 1934, le Cercle est très actif et multiplie les réunions où Pierre Kaan se montre particulièrement militant.

Présenter Pierre Kaan comme politiquement neutre ou « indépendant » constitue pour le moins une contre-vérité. Et Pierre Kaan, qui ne se départira jamais de ses idées fondamentales, sera précisément choisi par Moulin pour devenir un de ses secrétaires, et comme le rappelait Claude Serreulles, sera nommé secrétaire du CGE par Moulin avant d'être arrêté, déporté et de mourir en mai 1945 en Bohême... après la reddition de l'Allemagne[1].

Voilà donc le penseur politique très écouté de Moulin, et comme lui engagé, qui sera placé par lui au cœur du CGE ! Cela, Henri Frenay l'ignorait et croyait lui aussi relever très honnêtement qu'il n'y avait aucun communiste au sein du CGE ; il se trompait comme Serreulles, mais il n'avait pas craint de l'écrire comme un argument contraire à sa thèse.

N'ayons pas la cruauté d'insister sur l'argumentation de Claude Serreulles, reprise par Cordier qui connaissait la

1. Rappelons que Moulin avait installé au secrétariat du CNR Pierre Meunier assisté de Robert Chambeiron, tous deux proches des communistes.

lettre de Serreulles et le discours du Panthéon (cités par lui en note b chapitre II page 772, tome I de *Jean Moulin, l'inconnu du Panthéon*). Pas plus que nous n'insisterons sur une des dernières émissions historiques télévisées d'Alain Decaux consacrée à l'affaire de Caluire. Le futur ministre de Michel Rocard déclarait avec la même assurance, pour démontrer que Moulin n'était pas communiste, qu'il n'y avait pas de représentant du parti communiste en même temps que du Front national (à l'époque mouvement d'obédience communiste) au Conseil national de la Résistance pour ne pas faire double emploi. Or le Front national y était représenté par Villon et le parti communiste par Guilloux (André Mercier). Sans compter le représentant de la CGT, Saillant, et de Libération Sud, Pascal Copeau.

L'Énigme Jean Moulin connut donc un immense retentissement tant en France qu'à l'étranger. Aucun historien ne traite plus de Jean Moulin et de ces événements sans s'y référer. Certains fonctionnaires, détenteurs de secrets qui ne peuvent encore être levés, se sont émerveillés qu'Henri Frenay ait reconstitué le puzzle par la seule puissance du raisonnement. Ce livre est réédité, augmenté de notes inédites. A chacun de juger, mais sur pièces. Henri Frenay n'était pas homme à se laisser défier impunément. Il a relevé le gant et l'a fait dans l'honneur. Qui plus que lui avait conquis le droit de porter un jugement sur la Résistance, sur Moulin et son action ?

Et tout compte fait, ne vaut-il pas mieux pour la mémoire de Jean Moulin qu'il apparaisse comme un partisan, un idéologue marxiste, œuvrant pour ses idées plutôt que comme un préfet arriviste et autoritaire, jeté dans la Résistance parce que révoqué par Vichy, et jaloux de ses prérogatives mises au service d'une ambition démesurée ?

C'est Claude Bourdet, qui ne partage pas la conviction d'Henri Frenay sur ce point, qui souligne pourtant « le parcours préétabli suivi méthodiquement par Moulin ». Henri Frenay a eu l'immense mérite historique de le baliser. N'en avait-il d'ailleurs pas le devoir ?

4.
La fable

Il est des fables qui courent Paris et que certains journalistes et commentateurs reprennent sans les vérifier. Comme si les articles des uns intoxiquaient les autres...

Je me suis efforcé de lire l'ensemble de la presse au moment où sortaient en librairie les deux premiers tomes du brûlot de Cordier. Le tapage médiatique sans précédent orchestré autour de ces monuments d'erreurs et de mensonges méritera qu'on s'y arrête et qu'on s'interroge sur sa cause et sa signification.

Mais au-delà de l'admiration béate pour l'empilage critiqué par d'aucuns dans les livres de Cordier — qui répond en fait à la nécessité du camouflage —, il a été colporté une légende que tous ont reprise sans même se donner la peine de la vérifier. Il est vrai qu'elle était séduisante.

Et son propagateur, sans aucun doute berné, sera Pierre Assouline qui sera suivi d'autres plumes aussi prestigieuses. Tout commence en effet dans le magazine *Lire* [1].

L'article s'ouvre sur ces mots : « Attention, chef-d'œuvre », et poursuit : « Rien n'est avancé qui ne s'appuie sur des archives et des témoignages trois fois recoupés [...]. Après la guerre, Daniel Cordier, qui a politiquement évolué vers la gauche des droits de l'homme [2], consacre sa vie à l'art... Depuis 1945, il a tourné la page. Pour lui la guerre est vraiment finie... »

1. *Lire*, n° 169, octobre 1989.
2. Cordier dans sa préface rappelle avec honte son propre passé, c'est-à-dire son antisémitisme, sa lutte contre la démocratie, son mépris de la République et sa haine pour ses représentants.

Et l'article enchaîne de manière très opportune sur une interview de Cordier qui répond à la question du journaliste :

« — Mais qu'est-ce qui vous a pris de vous lancer dans une pareille aventure ?

« — Depuis la Libération, j'ai complètement décroché... »

Et enfin, après certaines coquetteries aimables du genre : « On n'imagine pas aujourd'hui à quel point les gens de ma génération, engagés politiquement, ont souffert des anciens combattants (de la Première Guerre mondiale[1])... Nous en avions cinq millions sur le dos, plus les veuves ! L'horreur... » (nous ne saurons jamais ce qui lui est apparu « horrible » : cinq millions d'hommes sur le dos... ou les veuves !), justifie son entreprise dans les termes qui suivent, et que je vais reproduire puisque la presse entière s'est jetée goulûment sur ce conte :

« — Pour moi, tout à commencé en 1977. J'avais été invité à participer à un débat sur Jean Moulin aux " Dossiers de l'Écran ". J'avais accepté de m'y rendre car Henri Frenay y était également. Or il venait juste de publier *L'Énigme Jean Moulin,* un livre dans lequel il l'accusait d'avoir été crypto-communiste. Au débat, j'étais trop déconnecté de toute cette histoire pour lui répondre correctement. Je me suis révélé incapable de lui porter la contradiction autrement qu'en termes passionnels. Je me suis senti humilié de ne pas pouvoir défendre la mémoire du patron.

« — Quand vous lui lanciez à la figure : " Tissus de contre-vérités ! ", et autres " témoignages manipulés ! ", il vous clouait dans votre fauteuil par une réplique cinglante : " Qu'en savez-vous, vous qui n'étiez que l'intendance ?... " »

Le lecteur se reportera pour la suite de l'interview au magazine, car celui-ci mérite d'être conservé.

Je m'en voudrais toutefois d'ôter la parole à Cordier, surtout à un moment aussi dramatique de son existence.

Pierre Assouline : « C'est au lendemain de cette soirée des

1. N.d.A.

“ Dossiers de l’Écran ” que vous vous êtes donc attelé à cette tâche ? »

Daniel Cordier : « Le débat intérieur, la tempête sous un crâne a duré trois semaines... »

De son côté, Georges Suffert écrit dans *Le Figaro-Magazine* du 14 octobre 1989 : « Un soir il accepte de siéger aux “ Dossiers de l’Écran ”. D’abord il se tait et écoute les témoins prestigieux raconter la Résistance à leur manière. Soudain il éclate : pour lui, tout le monde triche et il ne l’accepte pas. Lorsqu’il sort du studio, il part faire le tour du monde en voilier pour se mettre les idées au net... »

C’est enfin *Le Point* du 23 octobre 1989, sous la plume de Jacques Duquesne qui ne relate plus l’odyssée du voguant ermite : « Il en garde aujourd’hui encore le souvenir d’une terrible humiliation. Sorti des studios, il s’enferme chez lui face à une photo de Jean Moulin... C’est à ce moment-là que la vie de Daniel Cordier bascule... »

Ce sera *Le Monde* du 28 octobre dans la langue sobre de Laurent Greilsamer : Daniel Cordier « transmué en historien après avoir entendu, en 1977, Henri Frenay traiter Jean Moulin de crypto-communiste ».

Et encore *Paris-Match* du 2 novembre sous la plume de Robert Serrou : « Homme de l’ombre, il n’en serait jamais sorti si, un jour de 1977, il n’avait participé aux “ Dossiers de l’Écran ”. L’émission était consacrée à un livre d’Henri Frenay, patron du Mouvement de résistance Combat, et il s’était senti humilié de ne pouvoir répondre que par des banalités, faute de pouvoir exhiber des preuves. Il commence donc par écrire un livre passionnel... »

Tous ces commentaires ne sortaient pas des limites de la stricte objectivité.

Mais j’allais oublier Jean Lacouture, qui, ne se sentant plus bridé par les limites de la nécrologie, va pouvoir d’une plume assurée se joindre au chœur dominant qui sonne la curée contre Henri Frenay. Ce sera *Le Nouvel Observateur* du 19 octobre, dans la foulée immédiate de *Lire :* « En 1977, pourtant, l’Histoire le rejoint. Il [Cordier] est invité à participer à une émission consacrée à un livre d’Henri Frenay dans lequel le fondateur de Combat dénonce [*sic !*]

Jean Moulin comme crypto-communiste. » On aura reconnu le style et la mesure du prince de la biographie qui, par pudeur sans doute, ne verra plus Cordier humilié, mais simplement « bouleversé ».

Le titre de l'article était : « Un contre-réquisitoire en six volumes : Pour l'honneur d'un ami ». Six mille pages pour répondre aux deux cent vingt-neuf de *L'Énigme Jean Moulin*... En réalité, dirons-nous, seulement six mille pages ! Car ainsi que nous le verrons, cet empilage n'a qu'un but : occulter sous la masse ce qui est important et qui n'est pas dit. Ces livres sont admirables et révélateurs par ce qu'ils ne disent pas. Ils furent enfin disponibles en librairie. La préface du premier tome comporte un dernier chapitre intitulé « Histoire d'un livre », dans lequel l'auteur décrit le difficile accouchement littéraire. On y retrouve bien sûr la même fable : le jeune secrétaire avait tourné le dos... « jusqu'à ce mois d'octobre 1977, où mon attitude changea brusquement après l'émission des " Dossiers de l'Écran " consacrée à Jean Moulin... Ma participation en 1977 aux " Dossiers de l'Écran " ruina cette promesse, changea ma vie du tout au tout et me convainquit de devenir historien... »

Et Cordier croyait utile de poursuivre :

« D'autre part, n'ayant pas relu les documents que je possédais, j'étais évidemment incapable de soutenir un débat avec Frenay (ou avec quiconque) et plus encore d'infirmer ce qui, dans ses accusations, m'apparaissait erroné. Je le vis bien le soir de l'émission où, en dehors de protestations passionnées qui n'ont aucune valeur historique (du type : " c'est un tissu de contre-vérités "), j'avais été incapable d'articuler le moindre argument sérieux. L'impossibilité où je m'étais trouvé de participer efficacement à ce débat, m'avait infligé une humiliation douloureuse... Je dus admettre, après quelques jours de réflexion et d'hésitation, que j'étais le seul survivant de l'équipe de Jean Moulin [*sic*] à avoir connu en détail l'ensemble de sa mission, à posséder ses archives, et donc à pouvoir répondre aux allégations de Frenay... C'est à partir de ce point de vue critique... que je lus quelques ouvrages sur la Résistance, puis consultai mes archives... »

Le moment est donc venu de relater cette émission de

télévision, dont chacun sait, sauf Lacouture, qu'elle s'articule autour d'un film et jamais d'un livre, quand bien même serait-il d'Henri Frenay...

Mais auparavant, on me permettra de livrer le texte de la lettre qu'Armand Jammot, le producteur et organisateur des « Dossiers de l'Écran » a adressée le 13 décembre 1989 au fils d'Henri Frenay :

Cher Monsieur,

C'est très volontiers que je vous communique, comme je vous l'ai promis au cours de notre entretien téléphonique, les informations concernant les conditions dans lesquelles nous avions, mes collaborateurs et moi, préparé et réalisé l'émission des « Dossiers de l'Écran » du 11 octobre 1977, consacrée à Jean Moulin.

La décision de préparer cette émission a été prise par moi, au moins quinze mois avant la date de la diffusion, puisqu'il a fallu, au préalable, mettre en chantier le film, destiné à illustrer notre émission, réalisé par Henri Calef. Il paraissait tout à fait évident que « Les Dossiers de l'Écran », qui, depuis dix ans, avaient consacré de très nombreuses émissions à l'histoire de la résistance et de ses héros, se devaient d'évoquer la figure de Jean Moulin.

Lorsque le film a été réalisé et prêt pour la diffusion, il a fallu faire le tour des invités possibles pour obtenir leur accord.

Il est donc tout à fait exclu qu'il ait pu y avoir, comme certains l'ont, paraît-il, prétendu, le moindre rapport, autre que fortuit, entre la diffusion de cette émission et la sortie en librairie du livre de votre père.

Je vous rappelle les noms des personnalités qui ont participé à cette émission :

M. Henri Frenay, votre père ;

M. Jean-Pierre Levy, fondateur du mouvement Francs-Tireurs ;

M. Raymond Aubrac, l'un des responsables du mouvement Libération ;

M. Daniel Cordier, secrétaire de Jean Moulin ;

le colonel Passy, ancien chef du service de renseignements de la France libre ;

M. Pierre Villon, responsable du Comac — membre du bureau permanent du CNR ;

M. Christian Pineau, mouvement Libération-Nord ;
M. Francis Closon, l'un des collaborateurs de Jean Moulin.
Je vous prie de croire...

On aura compris que le livre *L'Énigme Jean Moulin* paru lui aussi en octobre 1977 ne pouvait avoir été choisi comme thème du débat ; comme on aura compris que cette parution était tout aussi étrangère à la participation de Cordier à l'émission, puisqu'il écrira d'ailleurs avoir reçu et lu *L'Énigme* deux jours auparavant, alors que sa présence sur le plateau avait été confirmée bien plus tôt.

Son affirmation à Pierre Assouline, selon laquelle il avait accepté de s'y rendre car Frenay (l'auteur de *L'Énigme*) y était, est donc fallacieuse. En réalité, Cordier, qui avait déjà décidé d'écrire comme on le verra, cherchait à sortir de l'anonymat où l'avait naturellement confiné le rôle qui avait été le sien pendant la guerre, tellement subalterne et effacé que bien peu le connaissaient. Il lui fallait jouer dans la cour des grands. L'éclairage de sa participation s'en trouve donc modifié.

Joseph Pasteur qui anime l'émission devait d'ailleurs annoncer après le générique :

« Il y a plus d'un an que les " Dossiers de l'Écran " ont demandé à Henri Michel, président du Comité d'histoire de la Deuxième Guerre mondiale et à Henri Calef, metteur en scène de *Jericho* qui fut un des premiers films tournés sur la Résistance de l'après-guerre, de réaliser pour notre émission un portrait de Jean Moulin... »

Puis Joseph Pasteur évoqua l'actualité qui faisait coïncider l'émission avec la sortie du livre d'Henri Frenay et cita des extraits de presse du jour. Il présenta ensuite les invités : à sa droite Henri Frenay, dont il rappela qu'il était le fondateur de Combat et de l'Armée secrète, à sa gauche J.-P. Levy. Puis les autres participants.

Le film, assez court, intitulé *La Grande Figure de la Résistance,* fut ensuite projeté ; tous s'accordèrent à le trouver mauvais, à l'exception de Daniel Cordier, toujours enclin à l'émotivité extrême, s'agissant de Moulin.

Le débat s'engagea à partir du film, l'ensemble des

débatteurs, y compris Villon[1], critiquant la tonalité du film qui montrait encore, et toujours, les seules dissensions entre mouvements ou avec Moulin, faisant de l'exception la règle, et passant sous silence tous les aspects constructifs de la Résistance. A telle enseigne que les Allemands auraient vraiment perdu leur temps à pourchasser des hommes qui n'avaient rien de mieux à faire qu'à se réunir sans cesse pour s'opposer violemment. Après des échanges fort courtois sur des points d'histoire ou le caractère de Moulin, Cordier prit longuement la parole pour regretter les absences dans le film de Bidault qui joua un rôle très important auprès de Moulin, et de Meunier et Chambeiron qui furent déterminants dans la constitution du CNR. Cordier rappela la discrétion de Moulin, « la grande pudeur de ses sentiments », et rappela que pour sa part il n'avait eu qu'une fonction d'exécution, jamais de responsabilité politique : « J'étais l'homme de base, le combattant silencieux. » Et il ajouta : « Je connaissais Moulin après sa journée, ou avant sa journée. »

Guy Darbois, au standard téléphonique, centralisait les appels des téléspectateurs. Le « gros des fiches » était en forme de menaces à l'égard d'Henri Frenay, du style : « Je vous interdis d'attaquer Jean Moulin. » Ce qui ne sembla pas impressionner Henri Frenay outre mesure. Puis vint le moment tant attendu où Christian Pineau relata les heures qui ont fait à jamais sa célébrité : la cérémonie sinistre du rasage du moribond défiguré présenté comme Moulin et dont nous verrons ultérieurement les questions qu'elle peut susciter.

On aborda ensuite les questions de fond : l'opportunité de la création du CNR. Passy rappela son opposition, ainsi que celle de Brossolette et des mouvements. Il expliqua que la thèse de la légitimité du général de Gaulle à l'égard des alliés était erronée puisque les Américains et les services secrets britanniques étaient parfaitement informés de la réalité en France. Ressusciter les partis était selon lui une plaisanterie. Seul Moulin l'avait recommandé à de Gaulle.

Jean-Pierre Levy abonda dans son sens. Il n'y avait pas

1. A l'époque de la guerre membre du parti communiste.

lieu de ressusciter des partis qui n'existaient pas et des gens qui ne méritaient pas d'être remis en place. Quant à Raymond Aubrac, il reconnut l'hostilité dominante de l'époque envers les partis, en nuançant son point de vue a posteriori.

Cordier reprit alors très longuement la parole sur ce sujet, lui qui n'avait jamais eu de responsabilité politique, marquant l'évolution de la pensée de Moulin, insistant sur l'action de Morandat, sur les partis qui devaient entrer au CNR. Il apparut comme très documenté, extrêmement sûr de lui. Il cita et passa au crible des rapports de Moulin, à telle enseigne qu'il déclara : « Je m'excuse de citer tous ces documents, mais c'était mon travail. » Et il poursuivit, tel un docte professeur, connaissant parfaitement son sujet.

Seul Villon, après lui, reconnaîtra que les communistes avaient compris « la nécessité extérieure » du CNR et l'avaient acceptée. Pineau condamna la directive de Londres ordonnant la séparation de l'Armée secrète des Mouvements. Ce en quoi Passy était parfaitement d'accord. Quant à Henry Frenay, il s'étonna que Cordier ait cité deux rapports inconnus de tous, et exposa méthodiquement, mais très brièvement, pourquoi les Mouvements ne voulaient pas se trouver « sous les ordres de vieux fossiles qui n'étaient pas résistants » et que l'on installait au CNR. Était-ce le seul moyen de résoudre le conflit de Gaulle-Giraud ? Non, à l'évidence.

C'est alors que Closon lança la première attaque contre Henri Frenay au sujet de Moulin. Le chef de Combat répliqua posément en citant Laure Moulin, Raymond Tournoux[1], Gilberte Brossolette, Pierre Cot. A l'évidence, Henri Frenay s'était préparé à ce débat, sachant que Closon serait en face de lui. Jean-Pierre Levy intervint et déclara : « Henri Frenay se trompe. Je ne peux pas attaquer son argumentation dans le détail... Mais nous ne sommes pas ici pour parler de cela, mais pour parler de la Résistance... »

Puis Villon déplora cette discussion. Il nia la relation

1. In *Jamais dit*, Plon, 1971.

épistolaire constante pendant la guerre entre Cot et Moulin [1]. Il affirma que Cot était radical et non communiste, et enchaîna sur ce qui devait apparaître comme un guet-apens : Nena Cot lui avait téléphoné pour contester la correspondance échangée entre Moulin et son défunt mari, alors aux USA (sauf deux messages anodins), et qu'Henri Frenay relatait dans son livre.

Aubrac, lui, avait reçu, « il y a une heure », une lettre de Nena Cot, où elle affirmait que Moulin n'avait jamais tenu son ancien ministre informé de ce qui se passait à l'intérieur de la France. Tout cela lu sur un ton dramatique... Passy qui regretta que ce sujet ait été abordé par Closon s'entendit répliquer par celui-ci : « Il faut savoir qui on a mis au Panthéon ! »

Henri Frenay prit la parole et refit la genèse de *L'Énigme*, rappelant, avec le sourire, la correspondance avec Passy en 1950, le livre de Closon, la supplique de Serreulles, l'intérêt historique de la question (le CNR et ses conséquences) :

« Peut-on m'en vouloir d'avoir après une recherche patiente, objective, donné d'un homme que je respecte profondément, dont j'admire autant que quiconque, que chacun d'entre vous le courage et l'héroïsme, était-il impensable de dire que cet homme-là avait une pensée politique ? »

Cordier le coupa et surenchérit : lui aussi avait téléphoné à Nena Cot qui lui avait dit la même chose. Pas de correspondance entre Cot et Moulin. Nous sommes au cœur de la polémique. Les producteurs et réalisateurs de l'émission comprendront qu'il soit nécessaire, pour établir la vérité, de citer maintenant fidèlement la fin de ce dialogue, afin de ne pas être taxé de manipulation ou de partialité.

Henri Frenay : « On a pu me faire beaucoup de griefs. On a pu dire que j'étais un caractère incommode. On a pu dire que j'étais un homme excessif, autoritaire, tout ce qu'on voudra. Personne n'a dit que j'étais un menteur. J'affirme de la manière la plus formelle, et j'ai noté, en sortant de chez

1. Alors que Pierre Cot l'avait reconnue dans un article paru dans le journal communiste *Action* le 15 juin 1945, avant de le confirmer verbalement à Henri Frenay en 1976 (voir exergue du chapitre 4).

Pierre Cot, dans la première réunion, et je citerai les dates, car j'ai noté en sortant — j'ai l'habitude de tenir les dossiers à jour et j'ai tenu les détails de la conversation —, qu'il m'a dit en propres termes qu'il a été en rapport quasiment hebdomadaire avec Jean Moulin pendant toute la clandestinité. J'ajoute qu'il m'a même donné le nom de la personne par laquelle ils communiquaient. Cette personne s'appelle Mme Dangon. J'ai simplement relevé, par le plus grand des hasards, en lisant le bouquin de Charles Tillon, dans un bas de page, qu'il se trouve qu'il y a une homonymie entre Mme Dangon, dont Pierre Cot m'a dit qu'elle servait de liaison entre lui et Moulin, et l'imprimeur qui était sur le point d'imprimer *L'Humanité* clandestine s'il en avait reçu l'autorisation, des autorités d'occupation. Il s'appelait l'imprimeur Dangon. Est-ce un homonyme ou pas ? En tout cas, j'affirme de la manière la plus solennelle que Pierre Cot m'a dit cela. Mme Cot n'assistait pas à l'entretien et en disant cela, je veux mesurer mes propos, elle commet une grave et lourde erreur. »

Daniel Cordier : « Non, écoutez, elle ne commet pas une grave erreur. Parce que tout ce livre est un tissu de contre-vérités et il faut tout de même le dire ce soir. *Je voulais apporter des documents ; on m'a dit que ce n'était pas le lieu. Mais je pouvais apporter un paquet de documents,* car enfin c'était mon poste, c'était ma fonction, et à chaque page quasiment il y a un document, car tout de même, ça c'est une vérité, ce sont pas des entretiens que l'on a eus, non au magnétophone, mais simplement que l'on a griffonnés derrière. Parce que si l'on prend un exemple, vous manipulez toujours les témoignages. Par exemple, Pierre Meunier vous dit que Moulin n'était pas communiste. Immédiatement vous dites : ah oui, mais tout de même il a été directeur du cabinet de Thorez, et quand on connaît les communistes, etc. Ben alors, si Moulin était communiste, je suis très étonné qu'il m'ait pris, moi qui étais Action française à ce moment-là. »

H. F. : « Vous voulez que je vous réponde. Je ne veux pas vous faire de peine. Vous avez des tas de documents, je vous supplie... »

D. C. : « Mais je vous les donnerai. Mais je vais les publier, mais je vais les publier... »

H. F. : « Étudions-les ensemble, et j'affirme de la manière la plus solennelle que si des documents sont opposés aux miens, qu'ils me montrent, ce que je ne crois pas, que j'ai été dans l'erreur, de la manière la plus solennelle, je dis que cette erreur, je la reconnaîtrai aussi publiquement que j'ai affirmé mes convictions actuelles. Maintenant, si vous n'étiez pas au courant, je suis désolé, je ne veux pas vous faire de peine, mais, mon cher Cordier, vous étiez l'intendance. »

D. C. : « Mais tout à fait. »

H. F. : « Vous étiez l'intendance, et les problèmes politiques ce n'est pas à vous qu'ils étaient confiés. Ils étaient confiés à Manhès, Meunier et Chambeiron. »

D. C. : « Je regrette. Je voyais tout de même les documents. Parce qu'en ce moment, il ne s'agit pas de témoignages trente-cinq ans après, il s'agit des documents de l'époque. Écoutez, votre manipulation, je peux vous en donner un exemple. Je ne sais pas à quelle page ça se trouve. Quand vous citez ce document tronqué, dont j'ai parlé tout à l'heure, qui est un rapport de Moulin du 15 décembre, vous dites d'abord que c'est un télégramme. Vous dites qu'il a envoyé ça... »

H. F. : « Parce que les historiens l'ont appelé ainsi... »

D. C. : « Bon. Mais vous n'avez pas fait votre travail. »

H. F. : « Ah ! »

D. C. : « Non, non, mais je regrette, *La nuit finira* est un livre, un témoignage et d'ailleurs un livre bien écrit sur la guerre, et intéressant sur la guerre. C'était le témoignage d'un homme. Aujourd'hui, vous avez prétendu vous approcher de la vérité, c'est-à-dire faire une œuvre d'historien. »

H. F. : « Oui. »

D. C. : « Or, je regrette, ce n'en est à aucun titre. Je continue... »

H. F. : « Oui. »

Joseph Pasteur : « Soyez bref, monsieur Cordier, s'il vous plaît. »

J.-P. Levy : « C'est important, il faut qu'il le dise ! »

D.C. : « Sur ce télégramme, enfin sur ce rapport tronqué,

qui est très important, puisque Moulin dit qu'il ne veut pas des partis, mais des personnalités représentatives des partis, vous ajoutez le commentaire suivant : Comment se fait-il que Moulin, six semaines après, ait pris le contre-pied et soit revenu en France en imposant les partis com[1]. Est-ce qu'il a évolué ? Sa pensée a évolué comme on se plaît à le dire. Je crois plutôt que connaissant la pensée de De Gaulle et du BCRA, il n'a pas voulu les prendre à contre-pied, enfin en opposition, n'est-ce pas, et qu'il a donné cette pensée qui n'était pas la sienne, pour revenir après. Or, je vous signale que dans *La nuit finira*, vous racontez, le 16 novembre, votre dîner avec de Gaulle qui est la première personne qui vous a parlé de sa volonté de créer le CNR. C'est vous qui le dites… »

H.F. : « Oui, enfin… » (avec un sourire).

D.C. : « Alors, mais je regrette, c'est vous qui racontez. Et vous vous êtes opposé à lui avec la fameuse phrase : Eh bien, Frenay, la France choisira entre vous et moi… »

J. Pasteur : « Monsieur Cordier, je sais que vous pouvez citer d'autres exemples… Non, non mais ça je n'en doute pas. »

Et l'émission s'acheva non sans qu'Aubrac ait eu le temps de protester et d'affirmer solennellement qu'il n'était pas communiste[2].

Cordier avait déjà l'intention d'écrire avant d'arriver sur le

1. D.C. a voulu dire très certainement « communiste » et s'est arrêté, sentant venir le lapsus.

2. Raymond Aubrac, membre du Mouvement Libération d'Emmanuel d'Astier de la Vigerie — compagnon de route des communistes — fut nommé à la Libération commissaire de la République à Marseille. Tous l'ont présenté comme allié ou compagnon de route des communistes, voire comme communiste, aussi bien Claude Bourdet dans *L'Aventure incertaine*, Henri Noguères dans *Histoire de la Résistance*, Pierre Hervé, le grand éditorialiste de *L'Humanité* le confirmera. Faligot et Kauffer le soulignent à plusieurs reprises dans leur ouvrage *Les Résistants* (Fayard 1989) et racontent comment le couple Aubrac a hébergé dans sa propriété de Soisy-sous-Montmorency, Hô Chi Minh en 1946 lors des négociations de Fontainebleau. Et Claude Bourdet rappelle qu'Hô Chi Minh qui s'appelait encore Nguyên Ai Quoc avait fait ses premières armes politiques au sein du PC Français. Hô Chi Minh sera choisi par les Aubrac comme parrain de leur fille…

plateau. Il l'a révélé au cours de l'émission. Ce n'est donc pas l'indignation qui l'y a poussé. Pas plus que ce n'était celle-ci qui l'avait poussé à accepter de participer à l'émission.

Et c'est Cordier qui a tenté avec quelques autres de faire tomber Henri Frenay dans un piège, en le traitant, par une femme interposée, de menteur. Nous noterons que Nena Cot comme son fils — restés étrangers à cette polémique — n'ont rien fait contre Henri Frenay après la sortie de *L'Énigme*, et que nul ne conteste plus la véracité scrupuleuse des propos de Pierre Cot rapportés par Henri Frenay dans son livre.

Cot et Moulin ont été en relation quasi hebdomadaire — nous le savons par ses déclarations dans *Action* — comme vraisemblablement ils l'étaient tout aussi secrètement avec André Labarthe. L'un était donc aux USA, l'autre auprès de Giraud et le troisième au cœur du dispositif de Gaulle.

Mais ce qui importe maintenant est de savoir pourquoi Aubrac-Villon-Cordier avaient tenté de faire passer Henri Frenay pour menteur sur un point qui pouvait apparaître comme secondaire : les relations entre Cot et Moulin entre 1940-1941 et 1943, et pourquoi la réponse d'Henri Frenay les a laissés pantois et a coupé court à leur montage. Henri Frenay l'explique dans ses notes inédites publiées en 1990, en complément de la réédition de *L'Énigme*. Il importait de dissumuler la liaison permanente entre les deux hommes, car celle-ci éclaire tout. Et il fallait dissimuler les agents de liaison. Qui sont-ils ?

Pierre Cot a connu Germaine Dangon longtemps avant d'épouser, en 1936, Louisa Phelps, dite Nena, née à Caracas et dont les opinions communistes s'affirmèrent avec les années. Mme Dangon recevait fréquemment Pierre Cot en Savoie et conserva son mobilier lors de son départ aux USA en 1940. Avant-guerre, Mme Dangon organisait les campagnes électorales de Pierre Cot, et reprit ce rôle en 1946 et 1951, époque où les listes Cot étaient patronnées par les communistes. Marc Jacquier, ami de Cot, écrivit[1] : « Elle nous distribuait les rôles. »

1. *Pierre Cot 1895-1977* — plaquette hors commerce, publiée en 1979.

Cordier définira Mme Dangon, dans son tome II, comme « la grande amie » de Pierre Cot. Quant à Georges Dangon, son mari, il était avant la guerre l'imprimeur de *L'Humanité.*

Lorsque Marcel Tréand et Denise Ginollin se rendirent en juillet 1940 à la « Propagandastaffel » pour le compte du parti communiste, afin d'obtenir l'autorisation de faire reparaître *L'Humanité,* ils avaient fait appel à Dangon pour en assurer l'impression et lui avaient remis une somme de 50 000 francs. La première visite à Paris de Jean Moulin, le 17 novembre 1940, sera pour les Dangon, comme le relate Henri Calef dans son livre *Jean Moulin* paru en 1980.

Le second agent de liaison sera Noël Haviland Field, espion soviétique bien connu, qui repose encore au Panthéon des héros de la classe ouvrière à Budapest, dont les relations personnelles avec Moulin n'ont pas encore été clairement et précisément établies.

On comprend sans peine maintenant que la comédie de la « lettre » ait fait long feu, et que le seul nom de Dangon prononcé pour la première fois par Henri Frenay, ait fait froid dans le dos à ses contradicteurs qui ont alors préféré ne pas insister, car ils ignoraient ce qu'Henri Frenay aurait encore pu ajouter.

Mais tout ceci démontre que Cordier était fort documenté et « armé » pour ce débat qui s'est retourné contre lui parce que le pétard lui a éclaté à la figure. Cordier n'est pas tombé dans un traquenard. C'est lui, avec les autres, qui était en embuscade. Ils n'ont pas réussi leur coup, et c'est pour cela que Cordier a pu se sentir humilié. La phrase sur « le chargé d'intendance » ne se voulait pas et n'était pas blessante. Elle servait simplement à remettre les choses et les gens en place. D'ailleurs Cordier l'a approuvée : « Tout à fait », sera-t-il contraint de répondre.

Le psychodrame n'a existé que dans sa tête : « Tempête sous un crâne. » Il s'en est voulu, lui qui cherchait la consécration d'être ravalé à son rang, qui n'était certes pas inexistant, mais qui n'était pas celui dont il avait rêvé. A vingt ans, on se satisfait du poste de secrétaire ; l'âge aidant, l'ambition rétrospective se fait jour et l'action même modeste de bien des acteurs de la Résistance a tendance à s'embellir, à s'enjoliver. La chute fut d'autant plus cruelle que Cordier, fortune faite, frayait dans la haute société, mais comme marchand, pas comme grand résistant. Or vient un moment où l'argent ne suffit plus : il faut les honneurs. Cordier a trop répété cette phrase : « Je n'ai pas fait carrière sur les cadavres de mes camarades », pour que cela soit innocent. Il ne l'a pas fait, dit-il, après la guerre — à supposer que quiconque ait pu le faire — car en réalité, il ne l'aurait pas pu, son rôle ayant été trop subalterne. Il avait cru, les années passant, se hisser sur le grand pavois, et son entrée était ratée. Sa vanité en était affectée. Le secrétaire restait le secrétaire, mais il deviendrait l'historien — l'historiographe même, comme on le verra plus loin.

Cela ne serait pas bien grave. Combien par exemple ont été décorés non pour leur mérite, mais au bénéfice de leur seul entregent... Ce qui est grave, en revanche, c'est sa tentative de salir, par la calomnie, la mémoire de celui qui vient de nous quitter, et au passage l'honneur d'autres grands héros. Je crains que l'Histoire, la vraie, ne le lui pardonne jamais.

« L'impertinent est un fat outré. Le fat lasse, ennuie, dégoûte, rebute ; l'impertinent rebute, aigrit, irrite, offense : il commence où l'autre finit », notait avec justesse La Bruyère à propos d'un autre.

C'est néanmoins la pitié, celle qu'aurait eue Henri Frenay, qui nous gagne...

Viendra le temps où les secrétaires des grands hommes, des chefs d'État, nous expliqueront la politique du monde telle que leur maître l'a vécue. Chaque peuple a les historiens qu'il mérite. Il existe en tout cas un illustre précédent qui n'est pas sans quelque analogie. Lorsque le général Eisenhower arrive à Prestwick en Écosse, au mois de juin 1942, il aura le choc de sa vie à la vue de son chauffeur, la jeune et pulpeuse Mrs. Kay Summerby. Une idylle naîtra et Kay restera à son service personnel jusqu'au printemps 1945 ; elle fera partie de son secrétariat particulier et écrira plus tard ses mémoires qui connurent un grand succès médiatique et de librairie aux USA. On en tira même un feuilleton télévisé...

Revenons à Daniel Cordier. Son ascension comme historien fut décidée et favorisée par M M. Bédarida et Azéma. Elle fut accélérée par la création, le 6 octobre 1986, à Bordeaux, de l'Institut Jean Moulin qu'il ne faut pas confondre avec le Club du même nom qui a été fondé en 1958, nous verrons en quelles circonstances[1]. Cordier a été nommé membre fondateur et archiviste historien lors de la réunion du conseil d'administration de l'Institut du 15 novembre 1986.

Cette agitation artificielle devait trouver son exutoire, puisque Cordier ne se décidait pas à publier ne serait-ce que son premier tome ! Il fut trouvé le 9 juin 1983.

L'Institut d'Histoire du temps présent organisa alors une journée d'études consacrée au CNR. Vaste programme... Daniel Cordier y fit une courte conférence. Nous signalons au passage que malgré ses promesses réitérées lors des « Dossiers de l'Écran » de 1977, Cordier ne communiqua aucun document dont il avait fait état et qui étaient et demeuraient inconnus de tous. On ne manquera pas de s'interroger sur cette abstention volontaire, et on ne pourra que formuler les plus expresses réserves sur ceux-ci lorsqu'ils apparaîtront, même « abîmés par l'humidité » après avoir été mis dans des « boîtes en fer enterrées dans un jardin, chez des amis à Bordeaux[2] ».

Revenant à la conférence de Cordier, nous ne retiendrons des interventions que celles de certains des participants au colloque de juin 1983, auquel Henri Frenay n'avait pas cru utile d'assister :

Henri Noguères : « Après avoir entendu mon ami Cordier ce matin, je ne l'ai [Moulin] pas entièrement reconnu. »

Christian Pineau : « Ce matin, Daniel Cordier a mis en cause un certain nombre de représentants des militants de la Résistance, en particulier Pierre Brossolette... Il m'a fait dire un certain nombre de choses que je ne pense pas avoir dites, et m'a mêlé à une action qui n'a pas été la mienne.

1. Il existe aussi un Cercle du même nom dont Marie Kaan était secrétaire.

2. Déclaration de Cordier à Pierre Assouline, *Lire* d'octobre 1989.

C'est flatteur, dans un certain sens, mais la vérité est que je n'ai pas eu dans la constitution du CNR le rôle qui m'est prêté...

« Ce qui me paraît le plus grave dans la déclaration de Daniel Cordier, c'est qu'il puisse exister quelque part des archives inconnues... Cordier parle... d'un télégramme de mai 1942 ; en mai 1942, je ne possédais pas de radio. Je ne vois pas comment j'aurais pu envoyer un télégramme... Je suis bien obligé de me demander qui a fait ce télégramme, et comment il est venu là ! »

Eugène Claudius-Petit : « J'avais ce matin le sentiment que la Résistance était jugée par l'administration de la Résistance... Je regrette que tous ces renseignements aient été de temps à autre émaillés de jugements portant sur des choses dont il n'est pas évident qu'il [Cordier] les ait parfaitement connues... »

Mme Gilberte Brossolette. « J'entends faire les plus expresses réserves sur la conférence de Daniel Cordier. »

Quant à Pierre Meunier, il approuva sans réserve la conférence, mais on s'en serait douté, à l'instar de Charles Tillon, d'André Manuel, et bien sûr de Jean-Pierre Azéma et Françoise Bédarida. Il en alla de même de Fernand Grenier, l'ancien représentant du parti communiste à Londres.

Que devait curieusement objecter Cordier, en réponse à ces critiques sévères ?

« Je suis surpris de l'émotion exprimée par mes anciens camarades, comme si j'avais défiguré l'action de la Résistance. Je ne suis pas un historien professionnel[1]... »

On en resta là, mais je ne peux m'empêcher de citer Éric Roussel[2] qui, évoquant ce que je considère comme la journée des dupes, écrit de Cordier : « Juin 1983, dans le grand amphithéâtre de la Sorbonne, les anciens de la Résistance sont là pour rendre hommage à Jean Moulin... Soudain la salle sursaute : à la tribune, un curieux petit homme, mince, à la chevelure de neige, s'exprime avec une passion mal contenue... Dans les travées son nom commence

1. Brochure, *Jean Moulin et le CNR*, Éditions du CNRS, 1983.
2. *Le Figaro littéraire*, 30 octobre 1989.

à circuler : Daniel Cordier. Bientôt on sait qu'il fut secrétaire de Jean Moulin... »

Ainsi, en dépit des « Dossiers de l'Écran » et de l'agitation de ses clubs et instituts divers, Cordier demeurait un inconnu pour les anciens de la Résistance...

Cela lui devenait sans doute intolérable. Nous allons donc suivre ses entreprises pas à pas, jusqu'à la gloire médiatique de la fin 1989.

LA CALOMNIE

« *Peu importent les torrents de boue ou d'injures que l'on a répandus sur certains des dirigeants intérieurs ou extérieurs de la Résistance. Il reste de leur devoir de dire ce qu'ils ont fait et pourquoi ils l'ont fait, car nul ne sait ce que l'avenir réserve et si d'autres hommes n'auront pas bientôt à prendre leur suite. A ceux-là, qui ne viendront pas comme nous sommes venus, qu'avec leur bonne volonté, nous devons raconter nos expériences. Peut-être sauront-ils tirer un profit de nos réussites et même de nos erreurs.* »

Colonel Passy.
Réponse à Henri Frenay, 1950,
in *Missions secrètes en France*,
tome III, annexe XXV.

« *La calomnie, monsieur ! Vous ne savez guère ce que vous dédaignez ; j'ai vu les plus honnêtes gens près d'en être accablés. Croyez qu'il n'y a pas de plate méchanceté, pas d'horreurs, pas de conte absurde, qu'on ne fasse adopter aux oisifs d'une grande ville en s'y prenant bien : et nous avons ici des gens d'une adresse !... D'abord un bruit léger, rasant le sol, comme hirondelle avant l'orage, pianissimo, murmure et file, et sème en courant le trait empoisonné. Telle bouche le recueille, et piano, piano, vous le glisse en l'oreille, adroitement. Le mal est fait ; il germe, il rampe, il chemine, et rinforzando de bouche en bouche, il va le diable...* »

Beaumarchais,
Le Barbier de Séville.

5.

Le ballon d'essai

1983 fut décrétée année Jean Moulin : c'était le quarantième anniversaire de sa disparition. Pour clore cette année commémorative, le Comité d'organisation avait décidé la réalisation d'un film dont la production incombait à l'Institut national de l'audiovisuel (INA). Tout naturellement, Henri Frenay, comme d'autres acteurs vivants de cette période de guerre, fut sollicité pour témoigner.

L'INA précisait que l'interview constituerait « un élément essentiel du film et un témoignage pour l'histoire à verser aux archives audiovisuelles ». L'interview dura dix heures réparties en plusieurs séances de mai à septembre 1983, d'ailleurs fort éprouvantes puisqu'elles avaient lieu dans une cabine minuscule sans fenêtre, et dans la chaleur des spots. Le ministère de la Justice se serait incontestablement ému si des inculpés de crimes odieux avaient été interrogés dans de telles conditions de « confort » ! Mais Henri Frenay en avait vu d'autres, et à part le fait qu'il ne put conserver son veston, l'interview se déroula vaillamment.

Manifestement ses interviewers n'étaient pas animés d'un esprit d'historiens, car ils reposaient sans cesse les mêmes questions, sous des formes différentes, cherchant à l'évidence à faire dire, la fatigue aidant, ce qu'ils voulaient entendre, fût-ce au détriment de la vérité.

On se souvient que je n'ai fait la connaissance d'Henri Frenay qu'en octobre 1983, c'est-à-dire après la signature de son « contrat » (le 9 mai) et après les interrogatoires auxquels il avait cru devoir se prêter de bonne grâce. Je n'aurais pas manqué autrement de le mettre en garde contre les conditions générales figurant au verso de cette « lettre d'engagement » qui constituaient un véritable piège pour toute personne non juriste et non avisée de certains procédés journalistiques.

Or Henri Frenay n'avait alors aucune pratique juridique, et si l'on excepte le procès en diffamation qu'il avait gagné en 1946 contre *L'Humanité* qui se livrait à de violentes campagnes contre le ministre qu'il était, il n'avait jamais eu affaire à la justice.

Que disaient ces conditions générales ? En substance, que l'interview pouvait être utilisée en extraits, ce qui est normal au vu de sa longueur. Mais aussi que l'INA pouvait « effectuer, conformément à l'usage, les coupures et montages nécessaires à l'organisation de son plan de programmes ».

Coupures, montages, découpages sont des procédés couramment utilisés dont on mesure le caractère délicat et nécessairement arbitraire. Va-t-on conserver tel passage plutôt que tel autre ? Dans quel ordre l'utilisera-t-on et après quelle autre déclaration ?

Car chacun sait que grâce au charcutage, il est possible de faire dire ce que l'on veut à l'interviewé et de faire croire n'importe quoi au spectateur. Des émissions comiques avec des hommes politiques ont pu être montées à partir de ce principe. Ce qui fait qu'à ce jour, aucune personne avisée n'accepte ce type d'engagement, sans s'assurer préalablement un droit de regard sur l'œuvre terminée. C'est cette précaution qu'Henri Frenay n'avait pas prise, se livrant aux mains de deux réalisateurs inconnus, Bernard Lambert et Alain Périsson.

Voilà pour la genèse de ce téléfilm historique dont le titre devait être *Jean Moulin, un homme de liberté.*

A cela vint s'ajouter le fait que le conseiller historique du film, l'historien Jean Cherasse, devait être, de son propre aveu, peu à peu écarté de ses responsabilités : « ... Ce travail, dont je devais être le " tuteur historique ", déclarera-t-il, m'échappa. Je commençais avec les témoins certains entretiens que je ne pus terminer et le montage (c'est-à-dire le choix ultime des morceaux ou des fragments d'interviews) fut effectué sans que je puisse intervenir ni donner un point de vue. Je le regrette très sincèrement, car on aurait encore pu sauver ce téléfilm, compte tenu de la richesse des éléments recueillis. Voilà pour la triste histoire de cette aventure dérisoire, dont je conserve un bien mauvais souvenir... »

On saluera au passage l'incontestable courage de cet historien.

Mais tout n'était pas perdu pour tout le monde, puisqu'il apparut au visionnage du film que le meneur de jeu, le véritable conseiller était Daniel Cordier, l'ancien chargé de « l'intendance » ainsi légitimement qualifié lors des « Dossiers de l'Écran » de 1977 par Henri Frenay.

Et ce fait avait été soigneusement dissimulé à Henri Frenay, au point que pour éviter toute rencontre entre les deux hommes — ce qui n'aurait pas manqué d'éveiller la vigilance du chef de Combat — Cordier était lui interviewé à son domicile, devant des meubles et tableaux de prix, lui permettant ainsi d'afficher des poses avantageuses. Au lieu de l'écran blanc réservé habituellement aux photos d'anthropométrie judiciaire choisi pour Henri Frenay. Au surplus, il est évident que Cordier avait connaissance des « interrogatoires » d'Henri Frenay alors que la réciproque n'était pas vraie. Le jeu était donc truqué.

Le film achevé fut projeté le 13 décembre 1983 à 20 h 30 sur TF 1, alors première chaîne publique, et reçut un accueil glacial de la critique. Pour n'en citer qu'une parmi d'autres : « ... L'émission s'enlise dans l'anecdote et sombre dans une mise en scène d'une morne impudeur. Certains témoins — pas tous et c'est pis ! — sont filmés assis sur une chaise, seuls, sur un fond nu, comme à l'interrogatoire... Des fictions grand-guignolesques évoquent la présence de l'occupant... " Jean Moulin n'a nul besoin d'une gloire usurpée ", disait Malraux. Avait-il mérité cette biographie bâclée [1] ? »

Je dirai pour ma part à la décharge des réalisateurs qu'eux au moins n'avaient pas oublié que la France était occupée en 1942-1943 notamment, et qu'ils se sont sentis obligés de le

1. *Le Nouvel Observateur,* 9 au 15 décembre 1983 ; article de Christine Deymard.

rappeler par des scènes de fiction « grand-guignolesques » puisque tout le film était axé sur les dissensions entre certains chefs de la Résistance, plutôt que sur la lutte contre le nazisme. Il n'y a pas d'autre explication au décalage évident que provoquent ces scènes de fiction qui ponctuent les déclarations « saucissonnées » des témoins. Mais surtout ce film dénaturait totalement l'œuvre et l'action d'Henri Frenay, le présentant de manière indigne au point que l'on pouvait se demander, après l'avoir vu, comment le général de Gaulle avait pu l'appeler dans son premier gouvernement et l'avoir reconnu comme son compagnon.

En dépit des vives réactions de son épouse et d'anciens dirigeants de Combat, Henri Frenay aurait volontiers renoncé à toute protestation ou manifestation publique de mécontentement et laissé ce film tomber dans un légitime oubli. Il refusa même un droit de réponse sur TF1, suggestion que lui firent les réalisateurs. En effet, il ne pouvait être question pour lui de réagir à tous les livres, articles ou films consacrés à la Résistance, préférant laisser aux historiens le soin de décanter les divers points de vue. Imagine-t-on la quantité de livres ou d'articles notamment, traitant de cette période d'histoire, et dans lesquels s'égrènent erreurs, omissions ou encore approximations ?

Le « jardin secret » d'Henri Frenay avait été abondamment piétiné et souvent profané...

Mais quelques jours plus tard, il apprit que le film devait être diffusé en cassettes destinées en particulier aux établissements scolaires pour l'enseignement de l'histoire. Assurément, le problème changeait de nature et de dimension. S'engagea alors une longue et patiente correspondance avec Jacques Pomonti, alors président de l'INA, et dont on verra plus tard les relations privilégiées avec Cordier au Club Jean Moulin. Jacques Pomonti se bornait à transmettre les lettres d'Henri Frenay à son « Cher Daniel » (Cordier), dont il répercutait ensuite les réponses. Rien n'en sortira, sauf cette phrase extraite d'une lettre que le président de l'INA adressa le 29 mars 1984 à Henri Frenay, et que je livre ici, car elle en dit long sur les véritables mobiles et la « rigueur historique » des réalisateurs :

Il est, parmi les réflexions que vous développez et qui relèvent, ce qui est bien normal, de votre subjectivité, un argument qui doit être pris en compte. Il correspond, en effet, à une erreur que Daniel Cordier reconnaît et justifie « par les inconvénients de l'expression orale ». Il s'agit de la fusion entre les mouvements de Résistance se faisant naturellement à la base, fusion à laquelle Emmanuel d'Astier souhaitait s'opposer. En dépit de l'hostilité du réalisateur et des difficultés techniques qu'il y a à retoucher un film, je propose de rectifier ce point erroné en faisant disparaître votre nom.

Hostilité donc du réalisateur à corriger une erreur historique reconnue par tous, de Frenay bien sûr à Cordier, en passant par le producteur, l'INA. Hostilité à ne pas laisser le spectateur savoir que l'idée de la fusion des mouvements de Résistance, n'en déplaise à ceux qui en créditent à tort Jean Moulin, appartenait à Henri Frenay, hostilité à dire qu'Henri Frenay s'en fit l'ardent défenseur auprès de Moulin, lorsque celui-ci, alors inconnu et ignorant de la Résistance française, demanda à le rencontrer en juillet 1941 à Marseille chez le docteur Recordier.

Hostilité enfin à admettre qu'Henri Frenay avait lutté de toutes ses forces pour unifier la Résistance, alors que le téléfilm, par la bouche de Cordier, l'accusait du contraire.

Mais cela n'était pas suffisant. D'autres déclarations de Cordier, extrêmement graves, émaillaient ce film, défigurant ainsi le chef de Combat, et le Mouvement tout entier.

La rancune est chose tenace chez certains. Me revient à l'esprit cette phrase de La Bruyère : « Je ne sais s'il y a rien au monde qui coûte davantage à approuver et à louer que ce qui est plus digne d'approbation et de louange, et si la vertu, le mérite, la beauté, les bonnes actions, les beaux ouvrages, ont un effet plus naturel et plus sûr que l'envie, la jalousie et l'antipathie. »

Satisfaction n'ayant pas été donnée à Henri Frenay sur les autres points litigieux, un procès s'engagea qui se plaida le 20 juin 1984. J'étais allé le matin même accueillir Henri Frenay à Orly, puisqu'il avait décidé d'interrompre son séjour en Corse pour assister à l'audience.

Quel en était l'enjeu ?

A l'évidence éviter la désinformation dans l'enseignement officiel de l'Histoire. Or que montrait ce film ? Un Jean Moulin dont le seul but et le seul rôle se bornaient à s'affronter à Henri Frenay et à Combat (plutôt qu'à l'Allemand), étant bien souligné au passage le prétendu « pétainisme » d'Henri Frenay, ses prétendues « compromissions » avec Pucheu en 1942, sa prétendue « opposition » à la fusion des mouvements. De plus, et pour faire bonne mesure, on dissimule qu'Henri Frenay a inventé et créé l'Armée secrète pour prétendre un peu plus loin, sans crainte d'ailleurs de la contradiction, qu'il s'en est senti « dépossédé » lorsque le général Delestraint sera nommé à sa tête. On omettra aussi de rappeler que c'est Henri Frenay qui avait proposé le choix Delestraint à Londres en s'effaçant lui-même « sur l'autel de l'unité ».

Enfin, Cordier ira jusqu'à dire (et écrire plus tard) que Henri Frenay et Combat ont commis le crime majeur de vendre des renseignements aux Anglais et aux Américains, ce qui en dit long sur les arrière-pensées de Moulin et de son entourage [1].

Tout ceci sans nuances, sans explications, sans véritable débat de fond. De sorte que le spectateur — surtout jeune et peu averti — ne peut que ressentir antipathie — et c'est un euphémisme — pour cet Henri Frenay, ainsi présenté comme l'empêcheur de « comploter en rouge ».

Je demandais en substance au Tribunal la suppression dans le film de tout passage ou déclaration afférents aux cinq points litigieux et subsidiairement l'insertion d'un texte écrit de mise au point dont la rédaction était laissée au tribunal.

Georges Kiejman, dont on devait apprendre cinq ans plus tard qu'il était l'avocat de Cordier, plaida pour l'INA, Lambert et Périsson, les deux glorieux réalisateurs. Sa plaidoirie, brillante, revenait à encenser Henri Frenay (res-

1. Voir à ce sujet les développements du chapitre 7.

pect et admiration) et à affirmer sans relâche que sa gloire était telle qu'aucune atteinte à son honneur ou à sa dignité n'avait, et ne pouvait avoir été commise. Et il soulignait qu'il ne s'agissait pas d'un film sur la Résistance, s'agissant de la vie de Jean Moulin ; que ce film ne recherchait pas la vérité absolue et qu'enfin il était loisible de lire les ouvrages d'Henri Frenay où celui-ci expliquait ce qui n'était pas dans le film. Georges Kiejman devait en cette circonstance commencer sa plaidoirie — comme il la terminera devant la Cour en novembre 1987 — par le rappel de « ce qu'un petit nombre de juifs français, comme lui, devaient à des hommes comme Henri Frenay[1] », car « s'il n'avait pas l'âge de combattre, il avait celui de fuir ». On voudra bien se souvenir de cette citation qui aura, comme on pourra le voir, son intérêt fin 1989.

Le tribunal qui était encore présidé par M. Drai, rendit son jugement le 13 juillet 1984, au moment où survenait la chute du gouvernement Mauroy. Le Premier ministre de l'époque avait été nommé, par décret du 24 avril 1983, président du Comité de commémoration. Il devait d'ailleurs déclarer le 28 avril, en accueillant les membres de ce comité : « Il n'est pas question de céder à la tentation de l'hagiographie ou de l'image d'Épinal, Jean Moulin ne l'aurait pas voulu. Il n'est pas question d'ignorer tous ceux qui ont milité [*sic*] dans la Résistance, tous ceux qui ont travaillé avec Jean Moulin... », après s'être illustré de manière scandaleuse le 16 septembre 1981 à l'Assemblée nationale, trois mois après son installation à Matignon en lançant ces phrases indignes : « Vous savez quels sont ceux qui dans les heures sombres où le pays roulait vers le gouffre, se sont rassemblés pour que la France retrouve un jour sa dignité et sa liberté. Vous savez qu'une certaine grande bourgeoisie et ceux qui défendent les plus gros intérêts ont choisi de suivre le gouvernement de Vichy pour prendre leur revanche. »

Pierre Mauroy déclencha ce jour-là un grave incident parlementaire qu'à n'en pas douter le Président Mitterrand dut sévèrement lui reprocher. C'est ce même incident qui

1. Cité dans *Le Matin de Paris* du 22 juin 1984.

inspirera à Alain Griotteray, député du Val-de-Marne, un très intéressant petit ouvrage [1].

Toujours la même antienne, aussi stupide historiquement que politiquement tendancieuse et qui conduit tant les gaullistes que la gauche à revendiquer Moulin comme un des leurs.

On remarquera à ce sujet que Moulin est le seul homme en France qui, n'appartenant pas officiellement au parti communiste, n'a *jamais* été critiqué par lui, mais au contraire a toujours été magnifié, à quelque moment que ce soit.

Encore faut-il rappeler qu'en 1947 et en 1950, lors du second procès Hardy, les communistes dans leurs divers journaux et pamphlets avaient présenté Moulin comme un des leurs [2]... Mais sans doute furent-ils rappelés à l'ordre, ce qui permit, en 1964, lors de l'entrée de l'urne contenant ses cendres présumées au Panthéon, sa récupération par André Malraux dont on connaît le gaullisme tardif, et donc par le général triomphant, au faîte de son pouvoir.

Je ne peux m'empêcher de ressentir une certaine pitié pour les dirigeants communistes, dont on sait l'attachement affiché aux valeurs de la Résistance, alors que connaissant la vérité, ils ne peuvent encore la révéler. Quelle frustration lorsqu'il faut démentir, rarement toutefois et du bout des lèvres. A moins que ce ne soit de la délectation perverse teintée de l'orgueil que ressent le « donateur » anonyme ?

Le jugement fut donc rendu sur fond de départ des quatre ministres communistes. Je ne porterai pas d'appréciation sur celui-ci que le lecteur pourra lire in extenso en annexe 4, sauf ce qui suit et que je me crois autorisé à écrire, puisque la libre formulation ne saurait m'en être contestée par ceux-là mêmes qui l'ont consacré avec autant d'éclat. Certes ce jugement se termine, et c'était bien le moins, par un hommage — en termes finement choisis — à la dignité et la considération légitimement dues à la personne d'Henri Frenay (dont était rappelée l'action lucide et courageuse). Mais pour le faire succomber dans toutes ses demandes, et le

1. *1940 — La Droite était au rendez-vous,* Éd. Robert Laffont, 1985.
2. Voir en annexe 3.

condamner aux dépens du procès (il est vrai qu'il existe des précédents célèbres puisque la veuve de Jaurès fut condamnée en son temps aux dépens du procès de l'assassin du leader socialiste), il fallait bâtir une sérieuse dialectique. Le tribunal estima donc que « les termes des conditions générales fixées par l'INA en mai 1983 permettaient aux réalisateurs de procéder comme ils l'avaient fait (liberté reconnue d'opérer un choix parmi les éléments sonores et visuels recueillis) ; que la notion d'entretiens séparés, la nature particulière de l'œuvre à réaliser (?) et l'exclusion de tout débat ou discussion polémique entre les participants à cette œuvre constituent autant de causes d'exclusion d'une quelconque responsabilité contractuelle du producteur ou des réalisateurs du film, et qu'admettre la demande *même subsidiaire* [1] d'Henri Frenay (la projection d'un texte de mise au point) reviendrait à ouvrir, par la voie judiciaire, le débat polémique entre acteurs d'événements historiques passés, *débat qui a été, dès l'origine refusé* [2] ».

Le tribunal renvoyait même les téléspectateurs à certaines pages de *La nuit finira* qu'à l'évidence ils sont censés posséder et avoir lu avant de voir le film !

Mais ce qui devrait le plus surprendre est la manière dont le tribunal évacuait l'aveu de Cordier et dont il a été question plus haut. Comment pouvait-il s'y prendre pour ne pas donner satisfaction, au moins sur ce point à Henri Frenay, puisque Cordier, imputant la responsabilité aux « inconvénients de l'expression orale » avait admis *l'erreur historique évidente* contenue dans ses propos [3], ce dont le producteur Pomonti convenait également ? Très simplement et très laconiquement :

« Qu'il suffit de relever que l'opposition de Henri Frenay à la thèse [*sic*] exprimée par Daniel Cordier ne doit pas en contredire la libre formulation dans le cadre imposé par les réalisateurs du film et accepté, dès l'origine, par tous les participants. »

1. C'est le tribunal qui souligne.
2. C'est l'auteur qui souligne.
3. C'est l'auteur qui souligne.

Et de conclure :

« Qu'aucune dénaturation des propos tenus par les uns ou par les autres n'a été rapportée en preuve avec *l'évidence suffisante* [1] qui permette d'imposer l'instauration de débats ou de mises au point ou d'alimenter des controverses historiques... »

Ainsi, alors que Cordier avait écrit son accord à Pomonti pour supprimer une erreur historique majeure et évidente contenue dans ses propos, alors que Pomonti le proposait à Henri Frenay, le tribunal a passé cela sous silence dans son jugement et a évoqué, même devant l'unanimité contraire des opinions, une prétendue « opposition de thèses » qui n'existait pas et dont il ne fallait pas contrarier la libre formulation !

Bon appétit, messieurs Faurisson, Roques et autres dignes historiens... Les portes de l'impunité vous ont été ouvertes, à l'abri des trublions, pourvu que vous ayez pris soin de faire signer un « contrat » par lequel vous exclurez par avance toute « polémique » [2]...

Alors que l'ensemble des décisions de justice s'était auparavant attaché non à rechercher ou imposer une vérité absolue, mais à sanctionner les contre-vérités absolues mises au compte de la « liberté d'expression », ce jugement refusait de sanctionner dans les propos de Cordier une contre-vérité admise par celui-là même qui les avait tenus et reconnue par le producteur du film qui la propageait.

Enfants qui devez apprendre l'histoire, l'INA vous fournira les cassettes du film que vous regarderez à loisir. Et vous retiendrez qu'en 1942-1943, les Résistants n'avaient d'autres préoccupations que de s'opposer entre eux et à Jean Moulin,

1. C'est l'auteur qui souligne.

2. J'étais trop optimiste en pensant qu'un contrat serait nécessaire pour assurer l'impunité des faussaires. La preuve en est rapportée par un jugement de la 17e chambre correctionnelle de Paris de la fin décembre 1989, qui vient de relaxer un colleur d'affichettes du style : « Les chambres à gaz, c'est du bidon », au motif que la négation de l'Holocauste constitue une « opinion divergente partagée par certains historiens ». La jurisprudence instaurée par le jugement Frenay / INA n'a pas fini de faire parler d'elle.

tandis qu'Henri Frenay lançait un appel à la Résistance sous « le patronage » de Pétain, effectuait une « démarche » auprès de Pucheu, s'évertuait à empêcher la fusion des mouvements, était « dépossédé » de l'Armée secrète en « trahissant » le général de Gaulle !

Je donne en prime le jugement qui en consacre la libre et légitime formulation. Vous pourrez le lire et peut-être vous en délecter comme, à n'en pas douter, Daniel Cordier, qui y a vu la revanche d'un certain soir de 1977, au sortir des « Dossiers de l'Écran », où il avait fait, de son propre aveu, piètre figure.

La bataille en appel fut décidée puisque les termes du jugement fournissaient des motifs supplémentaires. Elle fut toutefois freinée d'un commun accord entre Georges Kiejman et moi-même, pour laisser se dérouler le premier procès Barbie et ne pas risquer de fournir des sujets de polémiques supplémentaires à son défenseur.

Nous passions, Henri Frenay et moi, des après-midi ensemble à travailler, rédiger, argumenter. Les heures semblaient des minutes, et ce fut, pour ce qui me concerne, une grande fierté d'entrer ainsi avec un de ses héros dans les arcanes de cette Résistance qui m'avait toujours fasciné. Très vite, d'ailleurs, nous nous retrouvions loin du procès, conversant sur de multiples autres sujets. Pendant ces années, nous avions dû terminer le procès contre les syndics de faillite, et nous opposer à l'appropriation de *Combat* par Goudeau, ce qui ne manquait pas d'un certain piquant.

Me Nicolas Gaultier, avoué à la Cour, fut un soutien discret et efficace pendant cette période.

Et ce n'est que le 10 novembre 1987 que Georges Kiejman et moi-même, soit plus de trois ans plus tard, nous retrouvâmes devant la première chambre de la cour d'appel de Paris présidée par M. Averseng. Celui-ci avait été nommé deux ans plus tôt (le 11 octobre 1985) président de la première chambre de la cour d'appel de Paris, tandis que M. Drai en avait été nommé premier président le 2 juillet 1985.

Une anecdote me revient à l'esprit. Après les attentats terroristes de l'automne 1986, le Palais de Justice était sévèrement gardé et chaque visiteur fouillé. Lorsque le tour d'Henri Frenay arriva, le policier lui fit lever les bras et le palpa au corps... « Vous n'êtes pas plus fort que la Gestapo. Ce n'est pas là qu'il faut chercher », observa Frenay. Et il montra au policier éberlué qu'un revolver se dissimulait aisément le long de l'avant-bras, dans la manche. On imaginera la physionomie du jeune gardien de la paix face au vétéran...

Henri Frenay m'accompagnait donc à cette audience. Nous étions seuls face à une troupe nombreuse composée des réalisateurs, de journalistes acquis à la cause adverse, d'amis dont le rappel avait été battu. Il fallut un certain courage, auquel je rends hommage à Georges Kiejman, pour serrer la main d'Henri Frenay. Ce dernier venait de tenter loyalement et courtoisement de saluer un des réalisateurs, lequel ostensiblement et avec une outrecuidance remarquable, avait refusé cette main tendue. Le climat n'était pas à la sérénité...

Les techniciens de l'INA s'affairaient à la mise en place des appareils de projection. Celle-ci eut lieu dans un silence pesant ; il était d'autant plus palpable qu'Henri Frenay regardait tour à tour chacun dans l'assistance. Après une légère pause qui permit de se ressaisir, les plaidoiries commencèrent. Étant appelant, j'avais la parole le premier. Puis la partie adverse, Georges Kiejman rappelant la reconnaissance que l'enfant juif qu'il avait été portait à Henri Frenay, et enfin l'avocat général représentant le Parquet, c'est-à-dire la Société : M. Boulley-Duparc. Celui-ci procura à Henri Frenay et à moi-même une immense satisfaction. Dans une langue sobre et précise, il se rangea résolument à notre thèse. Le film était scandaleusement outrageant pour Henri Frenay dont il défigurait l'image. Les réalisateurs avaient outrepassé leurs droits, et le film devait donc être amputé des passages litigieux qui étaient grossièrement erronés et parfois insultants. Justice devait être rendue à Henri Frenay, dont l'œuvre immense au service de la France ne pouvait être ainsi ternie et salie dans l'enseignement de l'Histoire aux enfants.

Pendant ces réquisitions frappées au coin du bon sens,

puisque prononcées à chaud et immédiatement après la défense des réalisateurs, je voyais des visages se fermer. Je ne pus m'empêcher de tracer un parallèle entre l'honneur — solitaire — de ce haut magistrat qui laissait sa conscience s'exprimer librement, et celui des premiers Résistants — tout aussi solitaires — qui se manifesta dès 1940 lorsque tout était perdu et que rien ne permettait d'espérer. Ainsi va la France : il s'élèvera toujours une voix discordante pour récupérer le flambeau de l'honneur. M. Boulley-Duparc, dont ce fut un des derniers réquisitoires avant son admission à la retraite en décembre 1987, fut cette voix ce jour-là. Qu'il me permette de lui dire qu'Henri Frenay lui en fut reconnaissant et ne l'a pas oublié. Le combat pour la liberté d'Henri Frenay n'avait pas été totalement vain.

La Cour se retira et rendit son arrêt le 15 décembre 1987. J'invite à se reporter à cette décision[1] d'une page. Outre qu'elle déboutait à nouveau Henri Frenay et le condamnait aux dépens (encore), elle avait refusé de tirer les conséquences de l'aveu de Cordier en invoquant la notion « d'abstention expresse » sur laquelle les juristes et les philologues pourront disserter à l'avenir : « Considérant que Monsieur Henri Frenay estime que cette concession [l'offre de M. Pomonti] est à elle seule inacceptable ; qu'ainsi, tout en insistant sur l'erreur de M. Cordier, il s'abstient expressément d'en réclamer la rectification [*sic*]. »

Cela était faire fi des écritures de procédure, de la plaidoirie, des réquisitions de l'avocat général... Certes Henri Frenay avait trouvé cette seule rectification proposée insuffisante et comme telle inacceptable à elle seule, comme n'importe quel plaideur, créancier d'une somme d'argent aurait trouvé inacceptables les propositions amiables et pour solde de tout compte de remboursement partiel. Mais était-ce une raison pour le priver de ce minimum dont l'évidence était admise par tous les protagonistes ?

L'amertume me submergeait. Je rentrai pour annoncer la nouvelle à Henri Frenay qui, je dois le dire, n'en fut pas autrement surpris. Il est vrai qu'il avait sur moi l'avantage de

1. Arrêt du 15 décembre 1987, voir annexe 5.

l'expérience des hommes. C'est lui qui me consola. Non qu'il eût fallu donner à Henri Frenay satisfaction en raison de la dette contractée à son égard par la Nation, mais devrais-je dire en dépit de celle-ci. Car s'il n'était pas au-dessus des autres, et n'avait jamais pensé l'être, il était au moins leur égal en droits, chacun ayant le devoir sacré d'y veiller.

Plus que la motivation encore, ce furent des circonstances extrinsèques à cet arrêt qui me bouleversèrent. Néanmoins Henri me rappela qu'il existait des défaites dans l'honneur qui grandissent davantage que d'amères victoires.

Restait la lie : je dus la boire lorsque le soir même un des réalisateurs du film ne put résister au plaisir de me téléphoner, manifestant sa joie indécente et proférant des menaces physiques dont je dois à la vérité de dire qu'elles eurent le don de me stimuler, ce dont j'avais bien besoin. A l'évidence le boulet était passé trop près pour que la « victoire » leur fût sereine !

Henri Frenay mit un point d'honneur à régler les dépens. Et l'annonce de sa Grande-Croix ne manqua pas de lui apparaître comme une forme de compensation, ce qui suscita chez lui l'hésitation à en accepter la remise. Nous le verrons également.

Le premier président de la cour d'appel, M. Drai, fut appelé à présider la Cour suprême : la Cour de cassation, le même jour où M. Averseng était nommé conseiller à la Cour de cassation. Henri Frenay l'apprit par la presse quinze jours avant de disparaître. Il eut le temps de se réjouir de ne pas avoir soumis à la censure suprême cet arrêt qui devait hâter sa fin.

Vint ce qui devait être l'année du bicentenaire de la Révolution. Et qui passera à la postérité comme celle des massacres du peuple en Chine et en Roumanie communiste, et aussi comme celle de la libération des peuples de cette doctrine barbare et rétrograde. Doctrine dont Pierre Cot, le maître à penser de Jean Moulin, vantait le caractère progressiste et inéluctable pour l'humanité tout entière, et pour laquelle Moulin et lui-même avaient bien œuvré.

Je vis la désinformation et la simplification réductrice et

déformante à l'œuvre dans les établissements scolaires, et cela entra pour une grande part dans ma décision d'écrire ce livre. En cela j'étais fidèle à l'enseignement d'Henri Frenay : la nuit finira même si l'aube est encore loin, pour peu que certains le veuillent et le clament.

Cette triste affaire n'était cependant qu'un ballon d'essai. Je devais le découvrir l'année suivante, comme on va le voir dans ce qui suit. Je m'en voudrais toutefois d'achever ce chapitre sans rendre un hommage au recteur de l'académie de Tours-Orléans. En effet les candidats au baccalauréat 1983 eurent à traiter comme sujet d'histoire un texte extrait de *La nuit finira* (condensé des pages 184 à 186) :

> *Commentaire de document :* Mémoires de résistance, de HENRI FRENAY.
>
> « Insensiblement, depuis juillet 40, j'ai beaucoup évolué. En ce printemps 1942, après tout ce que nous avons vu et vécu, je me rappelle avec étonnement la dernière ligne de mon premier manifeste (du 27 juillet 1940) : “ Puisse le Maréchal Pétain vivre assez longtemps pour assister au couronnement de notre œuvre. ”
>
> Mais à cette époque, s'engager dans la lutte contre le nazisme et espérer en Pétain n'était nullement contradictoire et de Gaulle, à Londres, n'était qu'un inconnu dont la propagande officielle défigurait les traits.
>
> Puis les événements ont marché... Au fur et à mesure que le Gouvernement du Maréchal cédait aux exigences allemandes et que, dans l'ordre intérieur, il prenait des mesures d'inspiration nazie, le fossé, lentement mais régulièrement, s'est creusé entre lui et nous...
>
> Parallèlement à cette prise de conscience politique qui transparaît de plus en plus dans nos journaux et gagne en profondeur dans les rangs de la Résistance, s'est opéré un rapprochement avec les Forces Françaises Libres et leur chef, le Général de Gaulle. Dès la fin du printemps de 1941, j'en avais ressenti le besoin... pour éviter la dispersion des efforts, l'émiettement de la Résistance en groupes et groupuscules... C'est autour de De Gaulle, pensais-je, qu'il faut se rassembler... placé dans la capitale du monde libre en guerre, visant comme nous à la libération et à la victoire : pouvant parler en notre nom, au nom des “ silencieux ”, personne mieux

que lui ne peut être le symbole et le porte-parole de la Résistance. »

Tout n'était donc pas perdu. L'enseignement comptait encore des maîtres qui incitaient leurs élèves à réfléchir plutôt qu'à lancer invectives, injures et mensonges, au service d'une idéologie douteuse. Et la fange à venir, même remuée par comparses et certains média subjugués, retournera là où elle aurait dû rester pour n'en jamais sortir.

6.

La falsification

HÉLAS, cette fange devait ressortir à nouveau à l'automne 1989 sous la forme d'ouvrages annoncés à grand tapage médiatique : les deux premiers tomes de *Jean Moulin l'Inconnu du Panthéon* de Daniel Cordier. Jamais auparavant une biographie inachevée n'avait suscité un tel engouement extatique. Il aurait été plaisant de citer l'ensemble de ces articles, signés parfois par de très honorables journalistes dont les compétences sont habituellement reconnues. Je ne le ferai pas. Car certains ayant compris depuis qu'ils avaient eux-mêmes été victimes d'une remarquable opération d'intoxication, il serait cruel de leur rappeler des louanges qu'apparemment ils regrettent aujourd'hui.

L'antienne la plus ressassée était : Daniel Cordier n'avance rien qu'il n'ait prouvé et recoupé par de multiples documents ou témoignages. D'autres, en revanche, insistaient sur le fait que seuls des documents ont été utilisés et comparés [1], les témoignages ayant été délibérément écartés. Ce qui d'ailleurs permet dès l'abord de s'interroger sur la valeur d'écrits postérieurs aux événements et émanant de témoins de l'époque : les livres de « mémoires » par

1. A ce sujet on pourra lire *Esquisse d'une philosophie du mensonge* de J. F. Kahn (Flammarion, 1989) et le judicieux chapitre intitulé « Où l'on découvre que le mensonge a sa propre science ». L'auteur y critique très subtilement le néo-positivisme — dans le domaine des sciences sociales — dont se réclame Cordier. Cette conception est forcément fallacieuse, écrit-il : « Derrière toute référence à la pure leçon des faits, il y a ce mensonge particulier d'une subjectivité qui se camoufle en objectivité. »

exemple. S'agit-il alors de documents ou de témoignages ?

La réponse donnée par Cordier à cette question est aussi simple qu'efficace : lorsque le témoignage écrit d'un acteur de ces événements sert sa thèse, il devient un document. Dans le cas inverse, il ne s'agit que d'un témoignage et sera donc considéré comme sujet à caution. Le procédé fonctionne à merveille et permet d'évacuer avantageusement tout ce qui gêne la démonstration souhaitée. Exactement comme si le chercheur scientifique avait d'entrée posé sa conclusion et accumulé ensuite pour la démonstration tous les arguments en faveur de sa thèse, en écartant délibérément ceux qui lui sont contraires. Cette méthode a toujours eu ses adeptes, le plus célèbre étant sans doute « le penseur » stalinien Lyssenko.

Dès le début d'octobre 1989, paraissent les premières interviews avant la sortie des livres de Cordier, planifiée elle en novembre, très exactement au moment même où s'ouvre à Beaubourg l'exposition de la donation Daniel Cordier (plus de 350 toiles de peintres contemporains).

La Rochefoucauld fournit cette définition : « Ce qu'on nomme libéralité n'est le plus souvent que la vanité de donner, que nous aimons mieux que ce que nous donnons. » Et encore n'avait-il pas connu les libéralités comme support publicitaire à la sortie d'un livre !

Le rideau se lève ainsi sur la plus grande falsification historique de la Résistance. Comment Cordier s'y prendra-t-il pour « régler ses comptes » avec Henri Frenay à la faveur d'une hagiographie de Moulin ?

L'entreprise est d'autant plus délicate que la cible est inattaquable : résistant de l'avant-première heure, fondateur de Combat, inventeur de l'Armée secrète, défenseur de l'unité des Mouvements, gaulliste pendant la guerre, indépendant d'esprit, courageux à l'extrême. Mis à part les attaques systématiques des communistes contre le ministre Frenay dans l'immédiat après-guerre — et aujourd'hui aussi dévaluées que leurs auteurs —, l'homme ne prête à aucune prise. Et ce d'autant moins que « l'historiographe » de Moulin est nécessairement conduit à lui reconnaître (comme Moulin l'avait fait en juillet 1941) la qualité de pionnier de la

Résistance intérieure. Il fallait donc trouver quelque chose de suffisamment choquant ou abominable aujourd'hui pour que tous les hommages fatalement rendus à Henri Frenay par Cordier lui-même ne puissent nuire à l'impact négatif que la « révélation » devait provoquer. Ainsi, ce sera même avec une certaine délectation que des mérites d'Henri Frenay pourront être reconnus, comme en contrepoint de la « révélation » odieuse. Et plus on rappellera ses réels faits d'armes, plus on soulignera du même coup l'ignominie de sa pensée « révélée ». Par ce biais, sournoisement, on pourra même se donner les gants immaculés de l'historien objectif soucieux de fournir au lecteur les éléments positifs et négatifs du personnage. Tout en sachant pertinemment que ce même lecteur ne pourra plus se départir de l'antipathie — et c'est un euphémisme — que lui inspirera dorénavant le héros, chaque fois que son nom sera cité. Chacun pourra en vérifier l'efficacité en s'interrogeant honnêtement sur ses sentiments personnels et profonds à l'égard d'Henri Frenay après la lecture de Cordier, avant de savoir que la « révélation » en question est entièrement fausse et ne relève que du fantasme de son auteur.

Ce mot est employé ici à dessein puisque Daniel Cordier s'est en effet targué d'avoir été antisémite viscéral. Et comme bien souvent on cherche à prêter aux autres ses propres tares, il y a là matière à réflexion pour les psychologues.

C'est donc pour ces raisons que Cordier va monter l'affaire dite du « Manifeste » qu'il attribue à tort à Henri Frenay, texte antisémite et profondément pétainiste qui aurait donc constitué la charte fondatrice de Combat. Et pour que cela soit bien clair, le texte tronqué de ce prétendu manifeste sera livré aux lecteurs dans les toutes premières pages de la préface où chacun s'accorde à le reconnaître, il n'avait strictement rien à faire, quand bien même serait-il d'Henri Frenay.

Avant d'analyser les motifs et les techniques de cette falsification, et d'asséner à Cordier la preuve finale de son faux, faisons un saut en arrière pour mieux présenter Daniel Cordier.

Très jeune — vers vingt ans — le jeune antisémite et

antirépublicain, s'embarque pour Londres où il rejoint les forces du général de Gaulle. Il confiera à Bernard Pivot qu'il s'y est morfondu dans des camps d'entraînement, craignant lors de l'été 1941 que la guerre ne cessât, sans qu'il ait pu se battre, et d'avoir à rentrer en France sous les sarcasmes sans avoir rien fait. Cette déclaration est suffisamment extravagante pour être soulignée : est-il une seule personne en France et en Angleterre — ou même dans le monde — pendant l'été 1941 pour croire que l'Allemagne nazie pouvait être abattue de manière imminente, que la guerre pouvait être rapidement gagnée par la seule Angleterre, et que la France serait libérée à bref délai ?

C'était pourtant l'état d'esprit du jeune volontaire qui sera parachuté le 26 juillet 1942 dans la région lyonnaise pour servir de radio-télégraphiste à Georges Bidault. Que se passe-t-il alors ? C'est lui qui le raconte. Il est choqué, même déprimé d'avoir à transmettre les messages radio d'un démocrate-chrétien, lui le militant d'Action française. Il rechigne intérieurement à servir un adversaire politique qui doit devenir son patron. Et puis le miracle se produit : Jean Moulin le voit : « Si vous êtes libre à dîner ce soir, nous dînons ensemble. »

Daniel Cordier avoue avoir été étonné que l'on puisse supposer qu'il avait autre chose à faire. C'est effectivement assez étrange. Cordier dira d'ailleurs qu'à ce moment-là, et c'est vraisemblable, il ignorait « les idées politiques » de Moulin et « son engagement politique à gauche », et précisera qu'il « n'a pas de réponse » à la question des motifs de cette invitation.

Mais pressé aimablement par Bernard Pivot qui l'interroge : « Spontanément il vous a cueilli [*sic*] et vous a proposé de devenir son secrétaire ? », il rétorque avec un rire mi-gêné, mi-confidentiel : « Ben, vous savez. Ça, je crois, c'était lui, c'était moi. Voilà ! »

Nous voici donc sur les cimes des relations Montaigne-La Boétie, qui ont fait dire à certains que Cordier avait été happé par Moulin pour des raisons controversées et ainsi détourné de sa mission.

« Désormais, écrira Georges Suffert, les deux hommes ne

se quittent plus entre deux missions, deux trains, deux chambres, Moulin enseigne à Cordier ce qu'il aime le plus au monde : la peinture[1]. »

C'est pourquoi Cordier avait naturellement confessé aux « Dossiers de l'Écran » de 1977 qu'il connaissait Moulin « après sa journée, ou avant sa journée » et qu'il avait été « fauché par Moulin dès le premier soir »[2]. Il se verra donc confier le secrétariat parisien de Moulin ; celui de Lyon, de loin le plus important à l'époque, étant assuré par son alter ego Tony de Graaff.

Quelques semaines avant sa mort[3], Tony de Graaff, qui avait lu un article du *Monde* paru le 7 novembre 1989 sous la signature de Chilina Frenay, avait tenu à la remercier de ne pas l'avoir « évincé » elle aussi de l'entourage immédiat de Moulin : « Je tiens à vous remercier pour la mise au point sans ambage que vous avez dû faire à Daniel Cordier. Vous avez parfaitement raison de dire que j'étais son alter ego, étant secrétaire de Jean Moulin à Lyon, alors que lui l'était à Paris. Mais on ne peut empêcher qui que ce soit de tirer la couverture à soi. C'est probablement dans le naturel humain. Depuis votre intervention, la radio, la télévision et la presse m'ont rendu la place que je méritais et que votre mari m'avait largement confirmée en me désignant comme son représentant personnel à Londres pendant la dernière partie de la guerre, et jusqu'au retour du dernier prisonnier. Je tenais à vous exprimer toute ma gratitude car l'histoire ne peut être l'Histoire si elle est truffée d'oublis ou de mensonges[4]. »

En janvier 1944, sur sa demande, Cordier rentre en Angleterre, en passant par l'Espagne. Il sera alors affecté au BCRA et participera avec la femme de Stéphane Hessel, Victoria dite Vitia, à la rédaction du livre blanc du BCRA. C'est ainsi qu'il aura accès à ces archives qu'il classera et pourra librement répertorier. Il est au cœur du noyau gaulliste.

1. *Le Figaro-Magazine* du 14 octobre 1989.
2. *Le Monde* du 28 octobre 1989.
3. Tony de Graaff est mort le 11 janvier 1990.
4. Lettre de Tony de Graaff à Chilina Frenay du 22 novembre 1989.

Après la guerre, il aura à s'occuper, comme délégué du BCRA, des œuvres d'art volées par les Allemands dans les musées français ou chez des particuliers, juifs pour la plupart et envoyés dans les camps d'extermination. Il devient marchand de tableaux, ouvre des galeries, et fournit les collectionneurs du monde entier, entretenant des relations étroites avec les milieux cosmopolites où il acquiert une grande notoriété, côtoyant le célèbre Petridès, le même qui alimentait la galerie d'art de Jean Moulin en 1943 à Nice.

Cordier reste donc dans l'ombre et se fait aussi discret que possible jusqu'aux événements relatés aux chapitres précédents[1]. Il entreprend alors sa « croisade anti-Frenay », pour reprendre l'expression de Henri Noguères. Et c'est donc en novembre 1989 que paraissent ses deux premiers tomes. Parallèlement est annoncée l'exposition de la donation Daniel Cordier au Centre Pompidou, où d'inauguration en interview, il sera enfin qualifié de « grand résistant[2] ». Depuis 1977, Cordier s'est en effet enhardi. A l'époque, face aux grands résistants tels Henri Frenay, Jean-Pierre Levy, le colonel Passy, Villon notamment, il devait se satisfaire de n'avoir été que « l'intendance » et de n'avoir tenu qu'un rôle très secondaire. Depuis, « l'intendance » avait enflé au point de lui faire perdre toute modestie et raison. A Bernard Pivot qui remarque sur le plateau d'Apostrophes le 3 novembre 1989 que nul ne connaît Cordier, celui-ci rétorque une nouvelle fois : « Je n'ai pas fait une carrière mondaine sur les cadavres de mes camarades. » Et lorsque B. Pivot ose : « Vous étiez dans l'ombre... » ; Cordier l'interrompt : « Non, j'étais au premier rang ! » Voilà comment un « deuxième classe de la Résistance » devient général ! Voilà donc Cordier dont le nom n'a jamais été cité — ou à peine, ou incidemment — dans les ouvrages sur la Résistance —, que personne n'a vu ni connu — à une ou deux exceptions près —, de s'autoproclamer devant Bernard Pivot, général

1. Et ceux qui seront relatés au chapitre concernant le Club Jean Moulin.

2. Journal télévisé de FR3, 1er janvier 1990.

« au premier rang » d'une Résistance, à laquelle par ailleurs il a lui-même déclaré ne pas avoir appartenu.

L'imposture est telle qu'elle aurait dû sauter aux yeux des journalistes, mais ceux-ci avaient, semble-t-il, trop à faire avec les « révélations » de Cordier. Que celui-ci me permette une pensée consolatrice, puisque si l'on en croit *France-Soir* du 9 novembre 1989, « l'auteur de la biographie controversée de Jean Moulin ne dort plus ». Il ne peut ignorer que le mémorial du Mont-Valérien abrite quinze cercueils dans lesquels reposent quinze braves, morts pour la libération de la France, dont celui de Berty Albrecht. Un seizième cercueil a été préparé qui accueillera la dépouille du dernier des Compagnons de la Libération. Comme Cordier est un des plus jeunes à avoir été reconnu dans cet ordre, tous les espoirs lui sont permis et son nom passerait dès lors à la postérité si, pour reprendre la formule de Bernard Pivot, « la chance — ou plutôt la malchance du point de vue de Sirius » faisait de lui le dernier survivant des Compagnons...

D'autant plus que dans cette hypothèse macabre, tous les autres témoins étant par définition disparus, le champ serait libre à toutes les affirmations et démonstrations. La gloire après tout peut attendre les années, comme certains poilus de la Grande Guerre, décorés lors des cérémonies récentes du 11 novembre.

Le premier tome des brûlots de Cordier contient une préface fleuve de trois cents pages dans laquelle, sans raison logique, sinon celle de la vindicte, l'auteur livre en pâture au lecteur de très larges extraits d'un « Manifeste » qu'il attribue sans hésitation, ni scrupule de conscience à Henri Frenay. Voici les termes qu'il emploie :

« Pour élargir le recrutement de son Mouvement de Libération nationale, Frenay avait rédigé, en novembre 1940, un manifeste. Ce texte, inédit, reste le plus instructif de ceux publiés à cette époque par la résistance non communiste et non gaulliste. En dépit de sa longueur, il faut le lire attentivement car il définit un état d'esprit qui le séparera politiquement de beaucoup d'autres mouvements, même après son ralliement à de Gaulle et même après sa propre évolution politique vers une idéologie socialisante [1]. »

Ainsi le texte tronqué, et volontairement tronqué — nous verrons pourquoi — qui est ensuite cité entre guillemets, est-il présenté comme étant d'Henri Frenay ; les notes 1, 2 et 3 qui émaillent le texte (une seule ne suffisait sans doute pas) renvoient à cette même mention de Cordier : « Henri Frenay, *La Libération nationale,* Londres, 10 juillet, 1941, BCRA, 376, p. 2. »

Bien que ce texte n'ait pas davantage d'intérêt dans le tome 2, il sera encore cité partiellement dans le chapitre intitulé : « 24 octobre. Jour J de la Collaboration », afin que le lecteur comprenne bien la pensée de l'auteur. « Ce texte, d'Henri Frenay... », écrit Cordier qui renvoie à la note 8 qui est ainsi rédigée : « Henri Frenay, *Manifeste Libération nationale* (ce document est publié en annexe du tome 1 du présent ouvrage). »

Que le lecteur ne se précipite pas sur le tome 1, en tout cas de l'édition originale, car il ne trouvera rien de cela en annexe. Et cela n'est pas fortuit, nous verrons pourquoi.

Tout ceci accompagné de commentaires odieux et indignes, tout autant que le texte faussement attribué à Henri Frenay.

Nous disons bien *attribué* parce que ce texte n'est pas signé. Cordier dans ses notes cite pourtant ses sources de référence : les archives du BCRA qu'il connaît bien, et pour cause, et fournit les dates, numéros et pages de classification.

1. Si l'état d'esprit de Cordier, pour reprendre son expression, avait été réellement d'éclairer ses lecteurs sur l'antisémitisme de l'époque, on ne pourra alors que s'étonner qu'il n'ait pas jugé opportun de rappeler qu'Emmanuel d'Astier de la Vigerie, journaliste politique dans un journal intitulé *1935* (parce que paru cette année-là), se faisait le chantre de Drumont, le théoricien français de l'antisémitisme. Et jusqu'en 1938, d'Astier professera son racisme à longueur de colonnes et prônera notamment le numerus clausus dans certaines professions. Son biographe Jean-Pierre Tuquoi (Ed. Arlea 1987) souligne : « Emmanuel d'Astier, devenu après guerre une figure marquante de l'extrême gauche, ne reniera jamais ces lignes fortement imprégnées d'antisémitisme... »

Curieusement Cordier n'en soufflera mot, alors que les articles d'Emmanuel d'Astier sont signés et publiés. Il préférera attribuer faussement à Henri Frenay un texte anonyme !

Il aurait pu se borner à reproduire ce texte en fournissant toutes explications sur sa présentation matérielle (manuscrit, dactylographié, signé ou non), sur la manière dont il était parvenu à Londres en juillet 1941, et dans ses commentaires personnels expliquer les raisons qui permettraient, selon lui, d'en attribuer la paternité au chef de Combat, puisque celui-ci n'est pas signé. C'est ce qu'aurait fait n'importe quel historien digne de ce nom. Cordier, en revanche, signe d'autorité le texte du nom de Frenay, c'est-à-dire qu'il rajoute sciemment le nom de Frenay, ce qui constitue tout simplement un faux.

L'article du Code pénal qui sanctionne les faussaires mentionne la publication, la diffusion ou la reproduction, par quelque moyen que ce soit, de nouvelles fausses, de pièces fabriquées, falsifiées ou mensongèrement attribuées à des tiers. Il est vrai que ce même article stipule que pour être punissable, un tel délit doit avoir troublé la paix publique. De ce point de vue, Cordier était tranquille : la paix publique n'était pas en péril et Henri Frenay n'était plus.

Revenons encore au prétendu « manifeste » attribué par Cordier à Henri Frenay [1]. Ce qui frappe dans ce document est son antisémitisme, son hostilité à la Grande-Bretagne, son pétainisme et son adhésion à la Révolution nationale.

Pouvait-il avoir eu pour auteur Henri Frenay ? J'indique tout de suite qu'il est aujourd'hui prouvé de manière incontestable que Cordier a commis un faux. La preuve en a été rapportée et se trouve maintenant aux Archives nationales afin qu'aucun historien sérieux ne puisse plus être abusé par ce texte. On trouvera plus loin le compte-rendu de mission qui a établi le faux et qui a été déposé aux Archives nationales.

Mais n'anticipons pas. Rappelons les faits... Après la reddition de son corps d'armée en juin 1940, Henri Frenay, qui s'est évadé de la colonne des soldats prisonniers mar-

1. On lira en annexe 6 le texte intégral de ce document tel qu'il existe aux Archives nationales. Le lecteur pourra y trouver les passages que Cordier ne cite pas dans ses livres ainsi que ceux qui n'ont pas été publiés par *Le Monde* du 7 novembre 1989. Je veux croire que ce journal a été abusé car il n'est pas coutumier de tels agissements.

chant vers la captivité pour cinq ans, regagne Lyon puis Marseille et de là Sainte-Maxime où il retrouve sa famille. C'est là que vont se cristalliser en lui les idées de révolte contre la soumission. Il écrira dans *La nuit finira* (page 28) : « Ô miracle ! Le 27 juillet, les journaux nous apprennent que Churchill a repoussé les avances allemandes. Il n'accepte aucune négociation, aucun compromis avec Hitler. Le Maréchal Pétain est lié par la Convention d'Armistice. Il ne peut donc ouvertement agir contre l'Allemagne, mais ses intentions ne sauraient faire de doute. Ce qu'il ne peut pas faire, nous le ferons ; ma détermination est prise. Le soir, seul dans ma chambre, je rédige un manifeste. Il dit pourquoi on ne peut et on ne doit accepter la défaite, pourquoi on ne peut et on ne doit afficher une mentalité de vaincu. Le combat n'est pas fini. Il est d'abord celui de l'esprit contre la barbarie et le paganisme en attendant et préparant le recours aux armes des Français pour leur libération. Ce texte, je ne l'ai plus. C'est pour moi un grand regret. C'était là cependant sa tonalité générale, certains peuvent en témoigner. *Je me rappelle seulement la dernière phrase :*

" ... Puisse le Maréchal Pétain vivre assez longtemps pour assister au couronnement de notre œuvre. " »

Et Henri Frenay note dans cette page émouvante de ses Mémoires : « C'est mon premier acte de clandestin. » D'ailleurs, dans l'épilogue de son livre, Henri Frenay rappelle à la première ligne « ce jour de juillet 1940 où, en cachette de ma mère, je rédigeais mon premier manifeste ».

Comme devait le remarquer Charles Ronsac : « On peut se tromper de jour, de mois même, pas d'événement... »

Ce Manifeste, Frenay va le montrer au docteur Recordier et à sa famille dès le début août 1940, « autour de la table de la salle à manger, devant un repas improvisé ». Les Recordier seront les premiers à le lire et la fille du docteur s'en souvient encore. Ils l'assurent de leur entier soutien.

Puis ce sont dans les jours qui suivent (deuxième quinzaine d'août) les futurs généraux Chevance-Bertin et Guinot et le futur colonel Teulières qui lisent ce manuscrit et s'engagent derrière Henri Frenay. Combat est en marche. Que dit le général Chevance-Bertin ? « Le lendemain de mon arrivée à Marseille, dans les derniers jours d'août 1940, je rencontrai Frenay. Il me dit ce qu'il voulait faire : créer une Armée secrète qui, le moment venu, chasserait l'ennemi. Il m'a demandé si je voulais en être. Je lui ai dit " oui ". A ce moment, il a sorti de sa poche le manifeste. C'était un texte court, très court. C'est la première différence avec celui qu'on prête aujourd'hui à Frenay. Ce texte était manuscrit et signé " Molin ", ce qui veut dire Mouvement de libération nationale. Ce texte part d'une constatation : la France est occupée et battue. Il fixe un but : libérer le sol de France. Comment ? par une Armée secrète. C'est ce dont parle ce texte. Et il en fixe justement l'organisation : en sizaines et en trentaines. On ne trouve pas ces mots dans le prétendu manifeste retrouvé aux Archives nationales. A l'époque, Pétain était l'objet d'une ferveur mystique. On n'aurait pas pu toucher les gens en disant : ce que nous allons faire, nous allons le faire contre le Maréchal. Personne ne nous aurait suivis. C'est pourquoi le manifeste se terminait par la fameuse phrase : " Puisse le Maréchal Pétain vivre suffisamment longtemps pour voir notre œuvre couronnée de succès. " Phrase, j'y insiste, antérieure à Montoire. Il est possible que le manifeste original existe encore. Il est du moins vivace dans la mémoire de quelques-uns. Le général Guinot, lui aussi l'un des tout premiers compagnons de Frenay, évoquait encore tout récemment devant moi le style exceptionnel, ramassé, de Frenay. Je peux encore vous citer le colonel Teulières qui, dès le départ, a installé ses fameuses sizaines tout le long de la côte, de Fréjus à Nice. Ces gens vivent encore. Ils savent ce qu'était le manifeste et le rôle qu'il a joué dans le lancement du Mouvement[1]. »

Remontons encore un peu les années. Henri Frenay est lié depuis 1935 à Berty Albrecht dont les idées socialisantes et progressistes ne sont un mystère pour personne. Elle aura sur le jeune capitaine une influence déterminante, lui ouvrant des horizons et des idées politiques étrangers à la caste

1. *Le Monde* du 25 novembre 1989. Interview du général Chevance-Bertin sous le titre : « La machination d'un deuxième classe de la Résistance ».

militaire de l'époque[1]. Dans son salon, Henri Frenay côtoie une intelligentsia aux idées de gauche tant française qu'étrangère. Il entendra des réfugiés, juifs pour la plupart, raconter les persécutions nazies, évoquer la barbarie qui s'est emparée de l'Allemagne et de l'âme de ses habitants. Il en sera révolté et choqué, car germaniste lui-même, il voue une profonde admiration à la culture allemande. Ce qui lui sera ainsi révélé l'incitera à demander son affectation au Centre d'études germaniques de Strasbourg où d'éminents professeurs, tels René Capitant, Redslob, Schlagdenhaufen lui enseignèrent ce qu'était le national-socialisme. Henri Frenay lit dans le texte *Mein Kampf* et *Le Mythe du XXe siècle* de Rosenberg, le théoricien du racisme.

En septembre 1938, à Toulouse, devant plusieurs centaines d'officiers de réserve, il donne une conférence sur l'armée allemande : « Un homme ou un peuple est très fort quand il entre en lice, armé d'un mythe, déclare-t-il, or le National Socialisme a fait découvrir au peuple allemand un ensemble de mythes : le mythe de la race, le mythe du soldat politique, le mythe du socialisme allemand qui éveillent tous des échos profonds dans l'âme populaire [...] L'armée allemande est animée d'une mystique aux dangereux effets. Elle partira demain, non plus comme à une guerre fraîche et joyeuse, mais comme à une croisade, chefs et soldats inspirés par une foi quasi religieuse. Écoutons à la radio un discours du Führer et, en entendant les hurlements de la foule, ce délire frénétique, cette hystérie collective, on comprendra ce que sera l'esprit de l'armée allemande de demain [...] Le Reich entier fermente en marge du monde civilisé... »

Au début de 1939, Henri Frenay parcourt les villes de la région et y donne une nouvelle conférence sur « l'idéologie nationale-socialiste à la conquête de l'âme allemande », qu'il conclut ainsi : « Ce que nous aurons à défendre, c'est un bien plus précieux encore que nos existences, nos foyers et la douce terre française. C'est la liberté de nos esprits, c'est

1. Ceci permet de comprendre pourquoi Berty Albrecht, la grande héroïne de la Résistance, ne pouvait pas être mentionnée par Cordier et ne le sera pas.

notre conception du monde et de la vie. Voilà ce qu'il faut dire et répéter autour de vous. Il n'y a plus que cela qui compte. »

Et c'est de ce terreau que devait germer le 27 juillet 1940 son Manifeste.

C'est pourquoi ce Manifeste ne pouvait être antisémite ou anti-républicain, ni faire référence à aucune des « valeurs » de Berlin ou de Vichy comme le fait le prétendu « Manifeste » cité par Cordier.

C'est aussi pourquoi le mot « boche » qui se retrouve dans le prétendu « Manifeste » de Cordier ne pouvait se trouver sous la plume d'Henri Frenay, car son combat fut anti-nazi, il ne fut jamais anti-allemand[1].

Et puis il y a la forme, le style de ce texte abominable présenté comme celui d'Henri Frenay. Le lecteur qui aura accepté de lire ce tissu de bêtises grandiloquentes au style obséquieux, et qui sera un tant soit peu familiarisé avec la plume d'Henri Frenay, ne pourra qu'être choqué par la légèreté de Cordier. Car celui-ci sait mieux qu'un autre, pour en avoir fait l'expérience, que la rhétorique d'Henri Frenay était percutante et ne s'embarrassait pas de fioritures. Il a lui-même confessé avoir été « troublé » par la logique de sa démonstration à propos de *L'Énigme Jean Moulin* dont il a écrit que le raisonnement « lui apparaissait sans faille » et convaincant.

Jeanne Hersch, dans un article paru en 1988, après la mort d'Henri Frenay, et donc bien avant la parution de *l'Inconnu du Panthéon,* écrivait en évoquant sa mémoire : « Il a toujours exigé de lui-même une parfaite netteté, dans son style écrit ou oral, dans sa démarche intellectuelle, dans ses décisions », et rappelle elle aussi la rédaction du vrai Manifeste le soir du 27 juillet 1940[2].

Que l'on relise *La nuit finira, Volontaires de la nuit, L'Énigme Jean Moulin,* et mieux encore les rapports de

1. A l'inverse de Moulin qui, lui, a employé le mot « boche » dans sa relation des faits de juin 1940 à Chartres, dans son opuscule *Premier Combat.*

2. « A la mémoire d'Henri Frenay (1905-1988) », *Commentaire* n° 44, hiver 88/89.

l'époque de guerre rédigés par Henri Frenay et cités en annexe de deux de ses livres, pour se convaincre définitivement que le même homme ne peut pas avoir été l'auteur du torchon de papier reproduit à l'envi par Cordier et présenté comme le document fondateur et recruteur de Combat.

Il y a encore dans ce texte une phrase qui à elle seule permet d'écarter toute paternité d'Henri Frenay. Imagine-t-on en effet Henri Frenay, encore seul, rédigeant un manifeste destiné à créer un mouvement de résistance qu'il avait donc fondé, dont il assurerait la direction, mais qui n'existait pas encore, écrire : « Nous faisons partie du mouvement de libération nationale » ?

Peut-on encore admettre que le jeune capitaine, admirateur de Churchill, lequel refuse toute négociation avec Hitler, puisse écrire de telles critiques à l'égard de l'Angleterre, à laquelle il ne se serait : « rallié » qu'à contrecœur et provisoirement...

En allant jusqu'au bout du texte abominable « retrouvé » par Cordier aux Archives, on ne manquera pas d'être frappé par des redites, notamment cette phrase que l'on retrouve au début et à la fin : « Tous ceux qui serviront dans nos rangs seront des Français authentiques. Les juifs serviront dans nos rangs s'ils ont effectivement combattu dans l'une des deux guerres. »

Il n'a pas pu échapper à Cordier qu'Henri Frenay ne pouvait pas être l'auteur de ce pathos aussi détestable dans le fond que dans la forme. Il va donc éliminer la répétition de la phrase, tant il lui est apparu impossible de faire croire à quiconque qu'Henri Frenay ait pu rédiger un tel charabia, lui dont le style était à son image : direct, précis et bref. Et le texte que publiera *Le Monde* sera également un « condensé » ainsi susceptible de « coller » au style d'Henri Frenay.

Et puis il y a des faits simples mais éloquents : beaucoup des premières recrues de Combat, et parmi les plus valeureuses, beaucoup des premiers adjoints d'Henri Frenay seront des juifs comme Jean-Guy et Jacqueline Bernard, Marcel Peck, Claude Raynal-Bernheim, Gugenheim, le docteur Fructus, Benjamin Crémieux, et bien d'autres. J.-P.

Levy, fondateur de « Franc-Tireur », confirme que « cet antisémitisme ne lui est jamais apparu »[1].

S'il est un homme que nul ne pourra jamais suspecter d'antisémitisme, ce sera Henri Frenay. Affirmer ou simplement insinuer le contraire, relève non pas tant de la calomnie, que de la simple bêtise et de l'ignorance, quand ce n'est pas de la perversité malfaisante.

Le véritable Manifeste d'Henri Frenay était bref (environ une page et demie), manuscrit (et non dactylographié) et ne s'embarrassait pas de considérations politiques. Le général Chevance-Bertin, qui a engagé toute sa vie sur la simple lecture de ce texte, s'en souvient parfaitement et a témoigné. Il rappelle aussi que le Manifeste qu'il a lu en août 1940 était — comme nous l'avons mentionné — signé « Molin » (contraction du Mouvement de libération nationale), alors que le document Cordier est parfaitement anonyme.

Quel sera le véritable argument de Cordier pour signer d'autorité ce texte du nom d'Henri Frenay en commettant ainsi un faux historique ? Il a lu, comme beaucoup, *La nuit finira* et se souvient de la dernière phrase du véritable Manifeste citée mot pour mot par Henri Frenay : « ... Puisse le Maréchal Pétain vivre assez longtemps pour assister au couronnement de notre œuvre. » Tombant sur un texte parvenu en juillet 1941 au BCRA — dont Cordier a classé les archives — dans lequel se trouve la phrase suivante : « Puisse le Maréchal Pétain avoir une vie suffisamment longue pour nous soutenir alors de sa haute autorité et de son incomparable prestige », il considère sans la moindre hésitation ou prudence d'historien qu'il s'agit du Manifeste égaré d'Henri Frenay.

A l'évidence ces deux phrases, mis à part le souhait de longue vie, n'expriment pas la même idée. D'un côté, il s'agit pour Pétain d'assister à la victoire, de l'autre on attend de lui un soutien effectif dans la lutte. La différence est de taille. Mais ce qui frappe plus encore est la méthode utilisée pour « crédibiliser » la publication du « Manifeste Cordier ». Henri Frenay formait ce souhait de longue vie en juillet

1. *Le Monde* du 28 octobre 1989, article de Laurent Greilsamer.

1940, à un moment où, en France, nul ne pouvait prévoir la collaboration avec l'Allemagne, ni la compromission de Vichy avec les nazis. Il terminait donc son Manifeste par cette phrase qui devait se révéler ô combien ironique quelques années plus tard (il aurait mieux valu pour le vieux Maréchal que le souhait d'Henri Frenay ne s'exauçât pas).

Malheureusement pour Cordier, le texte qu'il a fort opportunément « retrouvé » aux Archives ne se terminait pas par cette phrase. C'est vers la fin de ce long texte dactylographié et anonyme (très exactement la dizième phrase avant la fin) que se trouve l'autre phrase qui en appelle au soutien du vieux Maréchal et qui est fort différente. Qu'à cela ne tienne, *Le Monde* publiera le 7 novembre 1989, un article intitulé « Le manifeste de 1940 d'Henri Frenay » en annonçant de larges extraits. On pourra constater qu'à chaque coupure du texte, le journal utilise comme il est de règle, les points de suspension. Chaque fois, sauf une : à la fin. Ainsi le pseudo-« Manifeste » attribué par *Le Monde* à Henri Frenay — grâce à l'obligeance de Cordier — peut se terminer effectivement par la phrase du « manifeste » Cordier qui est différente de celle d'Henri Frenay. Et après cette phrase, les lecteurs du *Monde* n'auront vu aucun point de suspension, les confortant ainsi dans la croyance qu'Henri Frenay est effectivement l'auteur de ce texte. Pas plus qu'ils n'auront vu de points de suspension à la fin de la citation du même texte par Cordier au début de sa préface fleuve. Lui aussi s'arrête volontairement sur cette phrase pour que son texte « cadre » au plus près avec ce qu'Henri Frenay écrivait dans *La nuit finira*. Voilà pourquoi le « Manifeste » Cordier ne figure pas en annexe de son livre.

Ce qui étonne de surcroît est la présentation de ce faux « manifeste » par Cordier ; il écrit sans crainte de la contradiction : « Ce texte, inédit, reste le plus instructif de ceux publiés à l'époque... » Un texte publié qui serait inédit, voilà bien une notion digne de Cordier dont nous attendons qu'il nous indique où, comment et par qui ce texte a bien pu être publié, encore que cela ne soit que d'un intérêt mineur, puisqu'il ne s'agit pas du véritable Manifeste d'Henri Frenay, texte perdu et à l'évidence jamais publié. On voit mal en effet un chef de Mouvement clandestin publier la charte de son organisation par laquelle sont définies les structures de la lutte, l'ossature en sizaines et trentaines et la création de l'Armée secrète.

Reste un argument particulièrement important et volontairement conservé pour la fin. Le pseudo-« Manifeste » de Cordier mentionne l'entrevue de Montoire le 24 octobre 1940 entre Pétain et Hitler. Cela pose évidemment un autre problème à Cordier, puisque le véritable Manifeste a été rédigé le 27 juillet 1940 et passera à la postérité comme étant du 15 août 1940[1].

Comment un document rédigé fin juillet et connu en août 1940 pouvait-il évoquer un événement historique précis survenu trois mois plus tard ?

Il n'existe qu'une seule solution pour le Coryphée de l'Histoire désireux de faire passer ce texte comme étant le

1. Le texte du décret du 20 septembre 1946, faisant Henri Frenay chevalier de la légion d'honneur et rédigé par Georges Bidault, mentionne : « ... Auteur du premier appel à la lutte du 15 août 1940... »
A titre de simples exemples, voici la liste de quelques ouvrages ou articles écrits depuis la guerre et qui situent tous, à partir de sources diverses, le véritable Manifeste d'Henri Frenay en fin juillet ou août 1940 :
Combat, de Marie Granet et Henri Michel, PUF, 1957.
L'Aventure incertaine, de Claude Bourdet, Stock, 1975.
Envers et contre tout, de Jacques Soustelle, Robert Laffont.
Histoire de la Résistance en France, d'Henri Noguères, Robert Laffont, en réédition permanente.
Histoire de la Libération de la France, de Robert Aron, Arthème-Fayard, 1959.
Histoire de Marseille, Privat, 1973.
La France dans la Guerre américaine, de Claude Paillat et Francis Boulnois, Robert Laffont, 1989.
« Henri Frenay — un capitaine courageux », de Jean Gemahling, *Revue des Deux Mondes,* novembre 1989.
« A la mémoire d'Henri Frenay », de Jeanne Hersch, *Commentaire,* hiver 1988/1989.
On pourrait encore citer des dizaines d'ouvrages d'historiens ou de témoins de l'époque.

véritable Manifeste. Il faut, il est nécessaire, que le Manifeste soit rédigé après Montoire. Comme le jour précis ne peut être indiqué, il faut choisir un mois postérieur à Montoire. Ce sera donc novembre.

Voilà pourquoi Cordier écrit dans sa préface que le Manifeste a été rédigé en novembre 1940. Rien dans le texte « retrouvé » aux Archives ne lui permet pourtant de l'affirmer puisque les seules datations intrinsèques ou extrinsèques possibles sont Montoire (24 octobre 1940) et l'arrivée de ce texte à Londres (juillet 1941). Ce texte a donc été dactylographié entre ces deux dates, mais rien n'avalise novembre plutôt que décembre ou janvier par exemple.

Il faut revenir au chapitre précédent pour comprendre... Lors de ses interviews par Lambert et Périsson pour l'INA, Cordier avait déclaré : « Courant novembre [1940], Henri Frenay a écrit un très long manifeste pour le Mouvement de libération nationale qu'il compte créer... C'est un appel à la Résistance curieusement sous le patronage du Maréchal Pétain. »

Ce qui avait choqué Henri Frenay à l'époque du procès contre l'INA n'était pas l'allusion au souhait de longue vie formulé à l'égard du chef de l'État français qu'il avait lui-même rappelé dans *La nuit finira*, ni même la date, c'était le terme « patronage » dont la définition est : « la protection accordée par un homme puissant à un inférieur ». Ainsi que nous l'avions plaidé, aucune protection n'avait jamais été accordée, ni d'ailleurs sollicitée. Et le tribunal avait jugé que « l'utilisation du mot " patronage ", n'implique pas que Henri Frenay ait recherché et obtenu la protection du Maréchal Pétain pour engager et poursuivre son action dans la Résistance ».

Je dois avouer que je n'avais pas personnellement pris garde à la date de novembre 1940 qui m'était apparue comme secondaire au regard de la formule blessante « patronage » sur laquelle tout avait été focalisé. Seul Henri Frenay avait lui-même rectifié cette erreur de datation de Cordier dans son annexe 2 à sa lettre du 9 janvier 1984 à Jacques Pomonti, alors président de l'INA. Il avait rectifié : « août 1940 et non novembre », retenant la date à laquelle son Manifeste était passé à la postérité depuis le décret de Georges Bidault [1]. Et Cordier qui a eu cette lettre entre les mains a répondu de sa propriété de Juan-les-Pins le 8 février 1984 : « J'ai lu avec attention la lettre et les deux annexes qu'Henri Frenay vous a adressées le 9 janvier 1984 et que vous m'avez communiquées... » Cordier dans cette longue lettre — cinq pages dactylographiées — ne relève pas cette rectification de date ; il se contente d'indiquer de manière générale : « D'ailleurs, contrairement à ce que semble croire Henri Frenay, toutes les explications que l'on pourrait ajouter (et il y en a de très nombreuses qui ne sont pas celles auxquelles il pense) ne feraient que confirmer la signification de mes propos [...] C'est d'ailleurs ce que vous pourrez constater vous-même dans quelques mois en lisant l'ouvrage de trois mille pages dont je suis en train de corriger les épreuves... [2] »

Ces quelques mois se transformeront en quelques années, puisqu'il a certainement reculé devant une publication de son faux calomnieux du vivant d'Henri Frenay, alors que les épreuves typographiques étaient tirées selon ses dires dès février 1984.

Que dira Georges Kiejman lors du procès ?

« Il [Henri Frenay] reproche à Monsieur Cordier l'utilisation du terme " patronage ", considérant qu'on ne peut l'accuser d'avoir recherché, ni même obtenu la protection du Maréchal Pétain. Il convient tout d'abord d'observer qu'en laissant place à ces propos, les auteurs ont donné acte à Henri Frenay qu'il était le seul à avoir, en 1940, écrit un manifeste de résistant... »

Rien par conséquent en ce qui concerne la date, puisqu'elle n'était pas l'objet du litige. Et devant la cour d'appel, rédigeant des conclusions et reprenant les propos de Cordier

1. Voir en annexe 7, la première page de la rectification par Henri Frenay en annexe 2 de sa lettre du 9 janvier 1984 à J. Pomonti.

2. Il est encore à noter que dans l'interview globale d'Henri Frenay donnée à l'INA (et tronquée sur ce point par les réalisateurs), il rappelle qu'il a pris un soir à Sainte-Maxime son crayon pour rédiger en deux pages les raisons qu'il y avait à poursuivre la lutte, ce qui date encore le véritable Manifeste de fin juillet 1940, avant son affectation à Marseille en août 1940.

dans le téléfilm, j'indiquais qu'à l'automne 1940, Henri Frenay avait écrit un très long manifeste. J'avais personnellement été abusé par les déclarations de Cordier, dont je n'avais pas perçu la totale malignité puisque la date — qui est aujourd'hui d'importance pour l'authentification — ne présentait, dans le cadre strict du procès, aucune espèce d'intérêt. Je ne pense pas cependant que Cordier y attache quelque valeur que ce soit, lui qui récuse par avance tous les témoignages humains, surtout émanant dans un cadre juridique donné, d'un tiers qui n'était pas né à l'époque. Il serait en effet amusant qu'il utilise cette phrase détournée de son contexte précis et postérieure à sa propre déclaration pour valider cette dernière devant l'Histoire. Si tel était toutefois le cas, la cause serait entendue et sa mauvaise foi absolue et risible.

Quelle est la genèse de cette falsification ? Cordier avait eu connaissance de ce texte révoltant aux Archives, et pour cause puisqu'il a classé les archives du BCRA. Il voulait l'attribuer à Henri Frenay, ce qui lui permettait, sous couvert de l'Histoire, de régler ses comptes avec lui, comme le lui dira, avec un grand courage, Gilles Perrault lors de l'émission d'Apostrophes du 3 novembre 1989[1].

Mais Cordier n'a pas eu le même courage, puisqu'en dépit de ses promesses réitérées de 1977, il n'a montré aucun document à Henri Frenay et ne l'a pas interrogé sur l'authenticité de ce texte. Il prétendra plus tard, en réponse à Chilina Frenay qui dans un article[2] lui demandait sans aménité pourquoi il avait attendu la disparition du chef de Combat pour sortir ses livres et exhumer ce texte étranger à Henri Frenay, qu'il l'avait fait inviter sans succès, à venir débattre en compagnie d'historiens et de résistants de tous

1. Le hasard est une chose étonnante puisqu'il a commandé que le plateau d'Apostrophes du 3 novembre 1989 mette en présence la figure de Leopold Trepper, chef du réseau soviétique l'Orchestre rouge, et celle de Jean Moulin dont l'énigme commence à être percée. Que les deux hommes qui s'étaient clandestinement rencontrés pendant l'hiver 1940-1941, se soient « retrouvés » lors d'une émission littéraire, apparaîtra comme un clin d'œil dont l'Histoire est friande.

2. *Le Monde* du 7 novembre 1989. Voir annexe 8.

les aspects de ses travaux en cours, « y compris le Manifeste[1] ».

Cette affirmation de Cordier dans la presse est un mensonge pur et simple. Cordier fait allusion à la conférence à la Sorbonne du 9 juin 1983, dont il a été question ci-dessus. Or, celle-ci s'inscrivait dans le cadre très précis et limité de la création du CNR en 1943, et ne pouvait de quelque manière que ce soit déborder sur le Manifeste de 1940. Mais son mensonge est révélateur de son extrême embarras à se justifier devant l'ensemble de la véritable communauté historienne et des Résistants encore vivants, qui tous lui ont demandé la raison pour laquelle il n'avait jamais interrogé Henri Frenay, fût-ce par écrit, sur ce prétendu « manifeste » qu'il connaissait et dont il ne pouvait ignorer l'impact qu'il produirait.

Il est aisé en effet de prouver que, dès 1983, Cordier connaissait ce document d'archives et qu'il avait décidé d'en attribuer la paternité à Henri Frenay. Tout simplement parce que dès cette époque il était le seul à situer le véritable Manifeste en novembre, alors que des dizaines de livres et de témoignages le mentionnent en juillet et en août (avant Montoire). Or il va se garder d'en parler clairement et ouvertement et surtout de le produire, alors qu'il avait à s'expliquer sur le thème « patronage » de Pétain utilisé par lui dans le téléfilm. S'il n'avait eu aucun doute sur l'auteur de ce texte, il n'aurait pas manqué de l'évoquer et de le remettre à l'avocat de l'INA, qui est aussi le sien. Et pour le coup, l'expression « patronage » serait passée pour un doux euphémisme. Or sciemment il ne le fait pas, sachant bien sûr que le document n'est pas d'Henri Frenay et attendant avec un grand courage sa disparition[2]. La préméditation du faux est donc démontrée.

Il s'agissait donc bien d'un ballon d'essai qu'il lâchait, se pré-constituant ainsi à lui-même un « précédent » auquel il lui suffirait plus tard de se référer. Restait à attendre

1. *Le Monde* du 29 novembre 1989.
2. Corrigeant les épreuves de son livre en 1984, il ne le fera paraître qu'en fin 1989.

patiemment (?) la disparition de « l'auteur » présumé du texte, de quinze ans son aîné, pour exhumer ce texte en le signant le plus tranquillement du monde et faussement d'Henri Frenay.

Je ne connais pas d'exemple aussi parfait du proverbe selon lequel la vengeance est un plat qui se mange froid !

Et je repense non sans amusement à Georges Kiejman, ignorant comme moi-même cette arrière-pensée diabolique, commençant ici, terminant là, ses plaidoiries par le rappel de « ce qu'un petit nombre de juifs français, comme lui, devaient à des hommes comme Henri Frenay [1] ».

L'aurait-il dit s'il avait lu le texte attribué faussement par Cordier à Henri Frenay et dont les termes l'excluaient, lui, de la communauté nationale ?

Cordier a donc tenté d'attribuer faussement, de mauvaise foi et avec préméditation à un disparu la paternité d'un texte ignominieux. Cela est grave et le discrédite définitivement ainsi que l'ensemble de ses travaux. Certains journalistes sont d'ailleurs revenus sur leur première appréciation louangeuse...

Mais Cordier est allé encore plus loin sans le moindre commencement de preuve, dans une interview. A la question : « A l'époque ce manifeste avait-il été vraiment diffusé ? », Cordier ne craint pas de répondre : « Bien sûr qu'il a été diffusé. D'ailleurs Moulin le connaissait [2]. » Il nous dira peut-être un jour sur quel document il fonde ces deux affirmations aussi péremptoires, à moins qu'il ne considère sa parole comme suffisamment probante. Il a en revanche contre lui la propre sœur de l'intéressé, Laure Moulin, qui montre dans son livre un Jean Moulin très attentif à l'orientation des mouvements et aux « dérives » possibles de leurs fondateurs. Mais comme le souligne à juste titre Henri Noguères : « Ce n'est ni de Combat ni de Frenay qu'il s'agit mais d'un mouvement de la zone nord [3]. »

1. Cité dans *Le Matin de Paris* du 22 juin 1984.
2. *Le Point*, 23-29 octobre 1989.
3. Voir à ce sujet le remarquable article d'Henri Noguères : « Les biographies les plus longues ne sont pas forcément les meilleures », paru dans *Le Monde* du 15 novembre 1989.

Laure Moulin écrit à propos de cet autre Mouvement : « Moulin ne tarda pas à être au courant de ce mouvement dont il appréciait peu l'orientation à droite et surtout désapprouvait l'antisémitisme qu'il avait affiché à ses débuts... »

Est-ce à dire que Moulin aurait apprécié le pseudo-« manifeste » exhibé par Cordier ? Ou plutôt que ce document rédigé par on ne sait qui, se réclamant du Mouvement de libération nationale, et qui l'a agrémenté au passage d'opinions personnelles en vogue à l'époque dans certains milieux — comme celui de Cordier —, n'a rien à voir avec le véritable Manifeste d'Henri Frenay, que très certainement Moulin n'a jamais lu ?

Tout ceci jette une lumière crue et dérisoire sur la qualité historique des livres de Cordier, quelle que soit leur longueur qui a tant amusé l'historien Chaunu lors de l'émission d'Apostrophes. Je pense que cela lui est au fond indifférent. Le but à atteindre n'était-il pas, avant tout, de nuire à la mémoire du chef de Combat et à son Mouvement tout entier ?

On s'en doute, la parution des brûlots de Cordier souleva une tempête de protestations. Tous les anciens résistants critiquèrent vivement les procédés utilisés pour disqualifier Henri Frenay, Combat et donc la Résistance intérieure tout entière.

Le journal *Minute* qualifiait de faux le « Manifeste » Cordier[1].

La critique la plus argumentée parut dans une pleine page du *Monde* sous la signature d'Henri Noguères : « Les biographies les plus longues ne sont pas forcément les meilleures[2] ».

Le général Chevance-Bertin, qui vient de publier ses mémoires, écrivit un article sévère à l'extrême qu'il concluait ainsi : « Laissez-moi le redire après d'autres : les trois cents pages de l'indigeste préface-manifeste [de Cordier] sont

1. *Minute* du 8 novembre 1989, article de Pierre Faillant de Villemarest : « Un faux pour discréditer Henri Frenay ».
2. *Le Monde* du 15 novembre 1989.

entachées de nombreuses erreurs et nuisent à l'image de l'ensemble de la Résistance[1]. »

Claude Bourdet remarquait à propos de Cordier dans *Le Nouvel Observateur :* « Je ne crois pas l'avoir rencontré pendant la clandestinité... Je ne crois pas qu'il ait rencontré d'autres dirigeants ou cadres de la Résistance... », et condamnait sévèrement sa méthode[2].

Mireille Albrecht apportait avec émotion son témoignage dans un article plein de sensibilité qu'elle terminait par ces mots : « Daniel Cordier montre une image tellement déformée de la Résistance que cela tourne à l'absurde... Daniel Cordier s'abrite sous l'image héroïque de Jean Moulin, alors que je suis certaine que ce dernier n'aurait jamais autorisé son secrétaire à salir la mémoire des résistants[3]. »

Alain Griotteray apporta son soutien à la mémoire d'Henri Frenay[4].

Dans le même temps, Chilina Frenay, fort affectée avec son fils, par la calomnie de Cordier, recevait de toutes parts des témoignages de sympathie qui l'aidèrent à surmonter l'épreuve. Nous l'entourions affectueusement, l'assurant que nul n'approuvait Cordier et son entreprise, mis à part quelques journalistes avides de scandales et peu informés.

Il est de fait que seulement deux signatures volèrent au secours du coryphée de l'Histoire : d'abord celle du professeur Azéma, que l'on avait laissé à la Sorbonne en 1983 et qui considérait pour sa part que le « manifeste » Cordier pouvait être attribué de façon « quasi certaine » à Henri Frenay. On notera cependant son prudent recul. En revanche, Jean-Pierre Azéma affirme dans le même article avoir eu entre les mains la copie du « document dans son intégralité ».

A-t-il été trompé lorsque lui aussi l'arrête à la phrase qui commence par « Puisse le Maréchal Pétain », et se termine fort différemment de celle du véritable Manifeste de juillet

1. *Le Monde* du 25 novembre 1989.
2. *Le Nouvel Observateur* du 26 octobre 1989.
3. *Le Monde* du 25 novembre 1989.
4. *Le Monde* du 25 novembre 1989.

1940 ? Lui a-t-on dissimulé les neuf dernières phrases qui concluent le « document » des Archives ? A-t-il été lui-même victime de la falsification[1] ?

Le second — et dernier — témoignage de « moralité » émane, et cela n'étonnera personne, de Stéphane Hessel. Il sera cependant encore plus prudent qu'Azéma, puisqu'il se garde de donner son avis sur le « manifeste » Cordier, se bornant à écrire le bien qu'il pense de son ami, ce qui l'honore[2]. Et ensuite, silence radio de la part des amis de Cordier. Même les communistes, pourtant habituellement prompts à critiquer Henri Frenay, observèrent un silence prudent. Il est vrai qu'ils étaient assommés par la destruction du mur de Berlin.

Cordier multiplia donc les interviews et articles du style « Réponse à mes détracteurs[3] » dans lesquels il écrit : « Ces attaques, je n'y répondrai pas. Je n'ai rien à ajouter à la préface de mon œuvre... »

Hormis la modestie, c'est un peu court.

Nous fîmes pour notre part avec Chilina Frenay quelques mises au point dans les journaux, ce qui eut pour effet de calmer les esprits — et les journalistes — tandis que le général de Bénouville, dans *Le Figaro*, répondait à Cordier sur le ton qui convenait au sujet de sa mise en cause personnelle[4].

Un article de Chilina Frenay eut un très large écho. C'est sans doute celui qui fit mouche puisque bien qu'intitulé : « Questions à Daniel Cordier », il n'entraîna aucune réponse de sa part. Les lecteurs trouveront cet article important en annexe 8, car il pose en termes précis les questions que les journalistes et les historiens auraient dû adresser à Cordier. Cette polémique intéressa la presse étrangère, et pour la première fois l'*International Herald Tribune* lui consacra quatre colonnes :

1. *Le Monde* du 7 novembre 1989.
2. *Le Monde* du 25 novembre 1989. On retrouvera Stéphanne Hessel au chapitre qui traite du Club Jean Moulin.
3. *Le Nouvel Observateur* du 2 novembre 1989.
4. *Le Figaro*, articles parus dans les numéros datés des 2, 3 et 10 novembre 1989.

« Réouverture des blessures de la Résistance française[1] ».

Cet article soulignait la figure énigmatique de Moulin — « pas seulement pour Frenay » — et citait cette phrase de l'article de Chilina Frenay : « La Résistance a existé avant Jean Moulin pendant un an, pendant Jean Moulin et parfois malgré lui, pendant un an et demi, et, enfin, après Jean Moulin, pendant plus d'un an. » Mais cela est un autre débat que les historiens auront à étudier sérieusement.

Pendant ce temps, les anciens dirigeants de Combat se réunissaient pour arrêter une ligne de conduite. Profondément choqués par la bassesse de l'attaque, ils décidèrent d'y apporter une réponse digne, afin de ne pas fournir de nouveaux prétextes de polémiques à Cordier. Par-delà les divergences que les années avaient pu créer sur tel ou tel point, Combat se retrouvait soudé. J'ai conservé le souvenir de deux réunions particulièrement émouvantes autour du général de Bénouville et de Chilina Frenay. Certes, tous ne partageaient pas les conclusions d'Henri Frenay à propos de Jean Moulin et l'avaient fait savoir. Mais face à la calomnie et au faux, la solidarité était totale. Il y avait quelque chose d'irréel autour de cette vaste table : les visages prestigieux de ces ministres, généraux, compagnons de la Libération avaient rajeuni. C'était la même flamme juvénile qui brillait dans leurs yeux. Henri-Patron était parmi eux...

Le 6 novembre 1989, les anciens dirigeants de *Combat* décidaient que, d'une façon générale, il convenait de ne répondre que par le mépris aux insultes, calomnies, diffamations et contre-vérités flagrantes qui, dans les deux volumes de Cordier, visent aussi bien Henri Frenay que d'autres dirigeants de Combat ou le mouvement lui-même. Mais soucieux de faire la lumière sur l'origine du document de Cordier (le faux « manifeste »), et si possible sur son auteur, ainsi que sur la date et les circonstances de sa rédaction, les connétables chargeaient quatre d'entre eux de se rendre aux Archives nationales et de répondre à cinq questions précises. Le choix se fixa sur trois compagnons de la Libération : le

1. *International Herald Tribune* des 11 et 12 novembre 1989, « Reopening Wounds of French Resistance ».

général Chevance-Bertin, Claude Bourdet et l'abbé René de Naurois, et sur Jacqueline Bernard. Ils s'adjoignirent ensuite Mireille Albrecht.

Le 15 novembre 1989, un compte-rendu de mission était rédigé et signé des cinq délégués que nous citons dans son intégralité car chaque mot en est important. Ce texte est dorénavant annexé au document Cordier aux Archives nationales.

C O M P T E   R E N D U   D E   M I S S I O N

Nous, soussignés

- Général Maurice CHEVANCE-BERTIN,
  Compagnon de la Libération
- Claude BOURDET
  Compagnon de la Libération
- Abbé René de NAUROIS
  Compagnon de la Libération
- Jacqueline BERNARD

En exécution de la mission qui nous a été confiée le 6 novembre 1989 par les anciens dirigeants du mouvement "Combat", nous nous sommes rendus une première fois, tous les quatre, aux Archives Nationales le 8 novembre 1989,
où nous avons été reçus par Madame de Tourtier-Bonazzi à qui nous avons exposé l'objet de notre venue et qui s'est mise à notre disposition pour nous permettre de procéder aux vérifications souhaitées.

Nous avons, par la suite, mandaté l'un de nous, le général Chevance-Bertin pour procéder à une série de vérifications complémentaires. Il s'est acquitté de cette tâche le 14 novembre 1989.

Par ailleurs, à la suite de cette deuxième visite, Mireille Albrecht, qui avait accompagné le général Chevance-Bertin, a été amenée, sur sa demande, à vérifier un certain nombre de points, par téléphone, auprès de Madame de Tourtier Bonazzi qui a bien voulu lui fournir les précisions demandées.

Le présent compte-rendu fait la synthèse de l'ensemble des informations ainsi recueillies, tant par les quatre délégués, agissant de concert, que par le général Chevance-Bertin et Mireille Albrecht.

I. REPONSES AUX QUESTIONS POSEES PAR NOS MANDANTS :

- Question N° 1. "Le texte que présente M. Cordier comme étant le "manifeste" rédigé par Henri Frenay est-il effectivement conservé aux Archives Nationales ?

Réponse: Oui. Mais il nous a été présenté deux textes dont nous avons d'ailleurs constaté, après les avoir collationnés, qu'ils sont de contenu, frappe et présentation identiques. Seules les mentions figurant en-tête sont différentes (cf. réponse à la question N° 5)

- Question N° 2. Est-il manuscrit ou dactylographié ?

Réponse: Les deux documents sont dactylographiés. Ils comportent l'un et l'autre trois feuillets et demi.

- Question N° 3. Est-il daté et signé ?

Réponse: Aucun des deux documents n'est daté et signé, la seule date qui y figure - et est d'ailleurs la même : "10 juillet 1941" - n'étant pas une date d'émission, mais bien une date de transmission nous a-t-il été précisé par Mme de Tourtier-Bonazzi. Par ailleurs, il convient de préciser que non seulement ces deux documents ne sont pas signés, mais qu'ils ne comportent aucune mention du nom de la personne à laquelle ils pourraient être attribués.

M.A RN
E. CB
T.B

./.

- Question N° 4. S'il peut être daté, est-ce du 27 juillet 1940, date à laquelle Frenay déclare dans son ouvrage "La Nuit finira" (page 28) qu'il a rédigé son manifeste, et donc avant l'entrevue de Montoire (24 octobre 1940), ou bien est-ce après Montoire en novembre 1940, comme le soutient Cordier

  Réponse: Nous avons relevé dans le texte la phrase suivante: "Depuis l'entrevue de Montoire, le gouvernement "s'est engagé dans la politique de collaboration "avec le vainqueur", ce qui permet de penser que la rédaction est postérieure au 24 octobre 1940, donc postérieure à la rédaction par Frenay du manifeste évoqué dans "La Nuit finira".

- Question N° 5. Le texte des Archives Nationales contient-il des annotations susceptibles d'en révéler l'origine et telles que soit exclue toute possibilité de manipulation ?

  Réponses: 5.1. Lorsque les deux documents ont été remis aux quatre délégués de "Combat", ils ne se trouvaient pas dans une chemise. Par contre, lorsqu'ils ont été ressortis le 14 novembre 89 pour être remis au général Chevance-Bertin, celui-ci a constaté qu'ils se trouvaient dans une chemise jaune portant en haut, à droite et au crayon la mention :

  Document Cordier
  BCRA

  une petite feuille jaune était collée à l'intérieur et portait, à l'encre rouge la mention : Cordier voudrait publier celui-ci.

H.A. CB J.B RN

5.2. L'un des deux documents (qui sera appelé "document A", l'autre étant le "document B") comporte, en tête de la première page, les mentions suivantes :

MCD
Source RZ 27
N° : néant
Date : 10 juillet 1941

Dossier N° "D"
N° d'enregistrement : 3708/SR
Classement ZO (D.52
ZL (D.58)

5.3. Le document "B" comporte en tête de la première page les mentions suivantes :

XD
Forces Françaises Libres
Etat-Major du général de Gaulle
SR
2 (*)

4 ex.
Londres 10 juillet

5.4. Les deux documents comportent après les mentions ci-dessus décrites (5.3. et 5.4.), le titre suivant :

LA LIBERATION NATIONALE

5.5. L'ensemble de ces constatations ainsi faites ayant été ci-dessus consignées, on peut considérer que ces deux documents sont, désormais ne varietur, toute modification par suppression ou adjonction d'une mention quelconque ne pouvant être que postérieure à la date du 14 novembre 1989.

Le texte intégral commun aux deux documents ainsi que la transcription fidèle des deux en-têtes sont annexés au présent compte-rendu.

(*) au crayon

./.

M.A. J.B. RN

5.6. Enfin, il nous parait utile de préciser, encore que cela puisse se déduire de ce qui précède, que les libellés des références figurant dans l'ouvrage de M. Daniel Cordier, que ce soit dans le Tome I, page 759 ou dans le Tome II, page 717 n'ont été vu s par nous ni sur les documents, ni sur la chemise les contenant.

La question ayant été posée à Mme de Tourtier-Bonazzi, celle-ci a indiqué que la référence "La Libération Nationale, Londres 10 juillet 1941, BCRA, 376 p.2"correspondait au classement interne de son service.

Il convient de relever que la mention "Henri Frenay" figurant à la page 759 du Tome I en tête des diverses références publiées par M. Daniel Cordier ainsi que la mention "manifeste" figurant à la page 717 du Tome II de "Jean Moulin, l'inconnu du Panthéon", sont nécessairement de la plume de M. Daniel Cordier.

°
° °

A la suite de ces vérifications et constatations, nous avons estimé devoir formuler collectivement les observations suivantes :

1. Le texte dont nous avons pris connaissance, aux Archives Nationales, dès lors qu'il comporte une référence précise aux accords de Montoire, est nécessairement posterieur au 27 juillet 1940 et ne peut, de ce fait, constituer le manifeste rédigé par Henri Frenay dans la soirée du 27 juillet 1940.

M.A. CB J.B RN

2. La dixième phrase avant la fin du texte déposé en deux exemplaires distincts aux Archives nationales et dans laquelle M. Daniel Cordier a vu le seul lien le rattachant au "manifeste" est la suivante :

"Puisse le Maréchal Pétain avoir une vie suffisamment longue pour nous soutenir alors de sa haute autorité et de son incomparable prestige",

Alors que le texte cité par Henri Frenay dans "La Nuit finira" et confirmé par le général Chevance-Bertin qui en a eu connaissance à l'époque était le suivant :

"Puisse le Maréchal Pétain vivre assez longtemps pour assister au couronnement de notre oeuvre".

Tout lecteur de bonne foi doit constater, d'une part, que ces deux textes sont différents par la forme, et, d'autre part, qu'ils n'ont pas la même signification.

3. Le ton, le style et le contenu du texte conservé aux Archives nationales ne permettent en aucune façon de l'attribuer à Henri Frenay.

°
° °

De son côté le général Chevance-Bertin a ajouté les observations suivantes, qu'il était seul à pouvoir formuler, étant le seul d'entre nous à avoir eu en mains le manifeste rédigé par Henri Frenay et les documents conservés aux Archives:

M.A. T.B. Ch RN

./.

4. Le texte vrai du manifeste que Frenay m'a fait lire en août 1940 était très bref : moins de de deux pages. Ce texte était écrit à la main par Frenay lui-même et signé "MOLIN" (contraction de l'appellation "Mouvement de Libération Nationale").

5. Outre la longueur qui rend impossible l'assimilation des deux textes (d'un côté un feuillet et demi manuscrits et de l'autre trois feuillets et demi dactylographiés) le contenu accentue les différences :

- il fait référence à la rencontre de Montoire posterieure à la rédaction du "manifeste",
- il ne mentionne pas l'organisation en sizaine et trentaines, charpente même de notre organisation,
- enfin il s'étend sur une sélection de recrutement absolument contraire à l'esprit même de notre entreprise.

6. J'ajoute qu'en dehors de moi-même trois personnes qui à ma connaissance ont été invitées par Frenay à lire son "manifeste" sont aujourd'hui vivantes et prêtes à témoigner :

- Le général Guinot, collaborateur de Frenay, qui s'est dit frappé par la clarté et la concision du style vraiment exceptionnel de Frenay dans le véritable manifeste,
- le colonel Teulière, qui, de Frejus, organisa le mouvement sur toute la côte dès 1940,
- Enfin la fille du docteur Recordier

°
° °

EN CONSEQUENCE

Les soussignés,
sans se prononcer sur la valeur historique du texte qu'ils ont examiné,

M.A. J.B CB RN

./.

ni émettre d'hypothèse sur son origine et sur l'identité de son auteur, pas plus que sur les circonstances et la finalité de sa rédaction, sont en mesure d'affirmer en toute conscience :

1. que rien ne permet d'attribuer à Henri Frenay la paternité du texte conservé aux Archives nationales;

2. que ce texte n'est pas le "manifeste du Mouvement de Libération Nationale" rédigé par Henri Frenay;

3. que les mentions "Henri Frenay" et "manifeste" figurant comme références de sources dans les deux tomes parus de "Jean Moulin, l'inconnu du Panthéon", ne provenant pas des Archives nationales, ne peuvent qu'être attribuées à M. Daniel Cordier

Fait à Paris
Le 15 novembre 1989.

Maurice CHEVANCE-BERTIN

Claude BOURDET

Jacqueline BERNARD

Abbé René de NAUROIS

Mireille ALBRECHT

En prenant connaissance de ce compte-rendu parfaitement clair et objectif, le Mouvement Combat adopta le 23 novembre 1989 une motion sévère pour Cordier et dont voici le texte :

Paris, le 23 novembre 1989

- L'AFFAIRE DU MANIFESTE D'HENRI FRENAY -

Daniel Cordier, à l'appui de conclusions mensongères, attribue à Henri Frenay un "Manifeste" qu'il date de novembre 1940 (après l'entrevue de Montoire du 24 octobre 1940).

Choqués par cette information, des membres du mouvement "Combat" ont confié à quatre d'entre eux l'examen de la pièce originale (trois pages et demie dactylographiées), déposée aux Archives Nationales, à laquelle Daniel Cordier se réfère et dont de larges extraits ont paru dans la presse.

De cet examen il résulte que le document conservé aux Archives ne comporte aucune indication permettant de l'identifier avec le manifeste authentique rédigé par Frenay le 27 juillet 1940. Ce manifeste authentique, le docteur Recordier et sa fille, le Général Chevance-Bertin, le Général F. Guinot et le Colonel Teulières l'ont eu entre les mains dès juillet-août 1940. C'est un texte manuscrit, d'une page et demie, qui était signé MOLIN (contraction de Mouvement de Libération Nationale) : il ne contenait aucune des phrases exploitées par Daniel Cordier pour attribuer à Henri Frenay des sentiments et des projets qui n'étaient absolument pas les siens.

Il a pour signataires :

Claude BOURDET
Compagnon de la Libération

le Général CHEVANCE-BERTIN
Compagnon de la Libération

le Général de BENOUVILLE
Compagnon de la Libération

l'Abbé de NAUROIS
Compagnon de la Libération

Pierre-Henri TEITGEN
Compagnon de la Libération
Ancien Ministre

Léo HAMON
Vice-Président du Comité parisien de la Libération
Ancien Secrétaire d'Etat

Roger NATHAN-MURAT

Philippe MONOD
Ambassadeur
Ancien Chef de la Délégation Suisse

Jacqueline BERNARD

Henri BAILLY
Secrétaire général de la
Confédération nationale de la Résistance

Yvette FARNOUX

Mireille ALBRECHT

le R.P. RIQUET

Jean GEMAHLING

le Professeur Jacques CHALUT
du C.H.U. Saint-Antoine
Chef du service radiologie

Alfred COSTE-FLORET

M. et Mme Jacques DHONT

M. Jacques DELARUE

le Commandant MUSSETTA

M. Robert BING

On comprendra aisément l'embarras du journal qui avait cru devoir publier le pseudo-manifeste dont il était légitime de lui donner la primeur, mais on s'étonnera tout de même qu'il ne l'ait pas surmonté...

Je n'insisterai pas sur ce compte-rendu fidèle qui se passe de commentaires, sauf à souligner « la chemise jaune » portant la mention « Document Cordier BCRA ». Chacun aura conclu.

Paix aux cendres d'Henri.

7.

L'obsession

PUISQUE dans sa « préface fleuve », Cordier a cru nécessaire de revenir en détail de manière obsessionnelle sur deux « affaires » qui ne préoccupent plus aujourd'hui que lui-même, dans sa démarche systématique anti-Frenay et anti-« Combat », et quelques nostalgiques du Komintern [1], il apparaît utile de fournir quelques explications à leur sujet. Il s'agit des rencontres Frenay-Pucheu et de ce qui a été appelé « la filière suisse ». Ces deux « affaires » d'inégale importance avaient été déjà abordées de manière tendancieuse par Cordier dans le film de l'INA en 1983.

Examinons-les successivement en nous bornant à l'essentiel et en ne retenant de ces deux épisodes que les éléments définitivement admis par tous les historiens.

« L'affaire Pucheu », comme l'écrit Cordier, est en réalité extrêmement simple.

Pucheu, ministre de l'Intérieur du gouvernement de Vichy, était légitimement haï des Résistants qu'il pourchassait. D'ailleurs la région de Marseille du Mouvement Combat avait, fin 1941, reçu mission d'Henri Frenay de réunir hommes et moyens pour préparer un attentat contre lui.

1. La IIIe Internationale connue sous le nom de Komintern a été fondée par Lénine en 1919 et le premier président en a été Zinoviev. Son objectif est l'extension par tous moyens du communisme révolutionnaire à tout le reste du continent européen. Très vite elle tombera sous la coupe de la Tchéka devenue KGB. Après avoir joué pleinement son rôle, notamment pendant la guerre civile espagnole, le Komintern fut officiellement dissous en 1943 pour ne pas inquiéter Américains et Britanniques dont l'aide était vitale pour l'URSS.

Aubry en fut plus particulièrement chargé mais ne put aboutir.

Nous sommes en janvier 1942 et Combat vient d'être durement frappé par l'arrestation en zone sud d'une cinquantaine de ses membres. Début février, ce sera la zone nord qui sera touchée ; cette fois c'est la Gestapo qui a réussi ces coups de filet grâce à un traître, Devillers. Atterré, Henri Frenay apprend ainsi en quelques jours l'emprisonnement de plusieurs de ses plus proches compagnons, tels Marcel Peck, Jean-Charles Demachy, Emmanuel Mounier, Jacques Renouvin, Colette Braun, Simone Gouyou, Jeanne Sivadon, Élisabeth et Paul-Jacques Dussauze, Maurice Chevance-Bertin et enfin Berty Albrecht elle-même.

C'est à Annecy où Henri Frenay s'est rendu pour consulter François de Menthon, qu'il a la stupéfaction de rencontrer Berty Albrecht, libérée. Elle raconte son arrestation, son internement à la prison Saint-Joseph et son transfert dans les bureaux de la DST de Lyon. Elle confirme la responsabilité de Devillers, agent infiltré de l'Abwehr, dans les arrestations des jours précédents et la propre arrestation de Devillers à la ligne de démarcation par le commandant Paillole. Elle poursuit son extraordinaire récit en précisant qu'elle fut alors conduite à Vichy par le commissaire Triffe et entendue par le commandant Rollin. Celui-ci, bien que directeur général de la Sûreté, était connu pour avoir écrit avant la guerre un ouvrage intitulé *L'Apocalypse de notre temps*, violent réquisitoire contre le nazisme. Bien que n'ignorant rien des activités de Combat et du rôle de Berty, il l'a fait relâcher pour transmettre un message au chef de Combat alors sous le coup d'un mandat d'arrêt : une rencontre à Vichy entre lui et Henri Frenay, la sécurité de celui-ci étant garantie.

Berty presse Henri Frenay de répondre favorablement à cette insolite invitation.

Henri Frenay, troublé, rencontre François de Menthon, le futur garde des Sceaux, qui ne semble pas très surpris par ce message car lui-même a été conduit lors de son arrestation à l'automne 1941 chez le commandant Rollin qui l'a remis en liberté après un entretien. Les deux hommes décident néanmoins de réunir le comité directeur de Combat, rue Cuvier à Lyon, au domicile du journaliste Rémy Roure (futur compagnon de la Libération qui aura la douleur de perdre sa femme et son fils en déportation). Le Comité est au complet à l'exception d'Alfred Coste-Floret. Après une longue discussion le Comité directeur unanime mandate Henri Frenay pour se rendre à Vichy. Nul doute que l'inquiétude pour les compagnons arrêtés ait joué un rôle déterminant dans cette décision, dont il a été également prévu qu'elle serait annoncée à Jean Moulin, récemment venu de Londres.

Le lendemain, Henri Frenay, se dissimulant l'angoisse du piège où il pouvait tomber, se rend auprès du commissaire Triffe à la DST de Lyon. Il donne sa véritable identité et lui explique la raison de sa visite. Après une communication avec Rollin, Triffe fait escorter, en voiture, Henri Frenay par deux inspecteurs jusqu'à Vichy. Là, Henri Frenay est reçu par Rollin qui plaide auprès du chef de Combat en faveur du « double jeu » du gouvernement de Vichy dont il affirme qu'il n'est pas pro-allemand. Il ajoute : « J'aurais aimé vous faire rencontrer l'amiral Darlan, mais malheureusement il est absent. Vous pourriez aussi être entendu par M. Pucheu... »

Pour ne pas nuire aux compagnons arrêtés, et aussi sans doute par curiosité, Henri Frenay accepte non sans rappeler ses sentiments développés dans la presse clandestine que Rollin étale sur son bureau. Et le même jour, Henri Frenay est reçu par Pucheu... Rollin, Rivalland, secrétaire général du ministère, et le commandant Johanna, chef de cabinet, assistent à l'entretien.

« C'est donc vous le capitaine Frenay ? Vous êtes bien jeune pour l'action que vous menez, dit Pucheu...

— Pas plus que vous pour être ministre ! »

« Alors, reprend Pucheu, il paraît que vous me prenez pour un traître ? »

Référence à la presse clandestine où Pucheu était, on s'en doute, vilipendé...

« Monsieur le Ministre, si vous n'êtes pas un traître, vous en avez à nos yeux toutes les apparences. »

Pucheu se lance alors dans une auto-justification de son

action dont on trouvera le détail dans *La nuit finira.* Il ne peut s'empêcher de menacer. Henri Frenay rétorque en exposant les vues de la Résistance et son opposition à Vichy, ainsi qu'à toute forme de collaboration. Pucheu demande à Frenay de réfléchir. Henri Frenay clôt l'entretien en demandant à consulter le comité directeur de Combat, plus pour gagner du temps d'ailleurs, car aucune proposition concrète n'a été formulée lors de cette discussion. Mais pouvait-il en être autrement ?

Rollin remet alors à Henri Frenay une lettre en forme de sauf-conduit valable jusqu'au 10 février 1942. De retour à Lyon, Henri Frenay réunit au même endroit le Comité directeur auquel il rend compte de sa visite. Il fait ressortir l'opportunisme apparent de Pucheu dont il pourrait être tiré parti dans l'immédiat puisque la préoccupation essentielle est de faire libérer les camarades emprisonnés.

En contrepartie de cette libération le Comité directeur accepte un geste : renoncer aux attaques contre le maréchal Pétain dans la presse clandestine, et en cas de changement d'attitude politique du gouvernement, atténuer les attaques contre les ministres.

Henri Frenay écrira : « En fait nous ne renonçons à rien d'essentiel, d'autant plus que le prestige du Maréchal est encore considérable. Nous pouvons espérer, au moins en zone libre, une diminution sensible des dangers que nous courons et surtout la libération de nos camarades. »

Un mémorandum est rédigé, critiquant en préambule la politique de collaboration. Et pour être bien compris, Henri Frenay écrit pour le journal clandestin (*Combat,* février 1942) un article cinglant contre les « sbires appointés » au service des nazis qui arrêtent les Résistants. Le message serait vite reçu à Vichy où il précédera même Henri Frenay, Rollin ayant le journal sur son bureau lorsque Henri Frenay se présentera après un voyage identique au précédent.

Reçu à nouveau par Pucheu, Henri Frenay donne lecture du mémorandum.

Le ministre intervient :

« Votre papier contient un certain nombre d'inexactitudes. Vous parlez des lois antisémites. Vous savez bien que de tout temps je fus antisémite. Nous avons procédé à l'aryanisation des entreprises en France et nous avons bien fait. Allez-vous nous reprocher notre action contre les banques juives Lazard, Rothschild ?

— Je vous reproche toute mesure inspirée par l'antisémitisme, rétorque Frenay. Il a cependant dans votre esprit ses limites, puisque la banque Worms a été épargnée... »

Henri Frenay évoque ainsi le passé de Pucheu, ex-fondé de pouvoir de cette banque, ce qui constitue, bien sûr, une critique directe et ironique, alors que Cordier prétend que le chef de Combat exprime ainsi le regret que la banque Worms n'ait pas été touchée... L'entretien tourne court, chacun restant sur ses positions. Rollin prolonge de quinze jours le sauf-conduit.

Néanmoins, quelques jours plus tard, plusieurs des résistants arrêtés sont remis en liberté provisoire, dont Marcel Peck, Demachy, Chevance, Emmanuel Mounier, etc. De même les opérations de police se ralentissent, ce qui permet à Combat de reconstituer l'appareil et de mettre sur pied une nouvelle organisation. C'est ce qui fit écrire à Claude Bourdet que l'opération fut pour Combat un plein succès [1].

Alors qu'Henri Frenay informait le Comité directeur, il apprend que les contacts avec Pucheu ont été divulgués par Vichy qui fait répandre l'information par les préfectures de la zone Sud. Henri Frenay visite les six régions de zone Sud et regagne la confiance des siens, un moment ébranlée, pendant qu'Emmanuel d'Astier de la Vigerie fait grand bruit autour de l'épisode, vexé sans doute que son Mouvement ou lui-même n'aient pas été « sollicités » par Rollin. Après tout, la reconnaissance d'un mouvement et de son importance vient souvent des adversaires !

Jean Moulin comprendra en revanche la position de Combat.

Remarquons encore que ces contacts n'avaient plus de raison d'être puisque les compagnons arrêtés avaient pour la plupart été libérés.

Voilà pour l'épisode que Claude Bourdet, Henri

1. *L'Aventure incertaine*, Stock, 1975.

Noguères dans son *Histoire de la Résistance* (tome II) et enfin David Schoenbrun[1], relatent en détail, avec bien sûr Henri Frenay.

On en serait resté là si les communistes, à partir de 1944, n'avaient déclenché une violente campagne contre Henri Frenay qui les avait parfaitement percés à jour. Ils ressortirent donc « l'affaire Pucheu » comme un sujet de polémique alors qu'elle n'avait plus aucune actualité ou intérêt autre qu'historique. Ils oubliaient, il est vrai, que Jean Moulin lui-même s'était rendu à Vichy avant Henri Frenay, pour y rencontrer de sa propre volonté les autorités de l'époque afin d'y liquider sa retraite de préfet. Et sans doute ignoraient-ils que Marie-Madeleine Fourcade, chef du réseau de résistance Alliance, surnommé « l'Arche de Noé », se rendit elle aussi en 1942 à Vichy et y rencontra le commandant Rollin.

Et voilà que Daniel Cordier reprend le flambeau de la polémique, se gardant bien d'exposer les circonstances des rencontres et surtout l'ampleur du résultat pour les résistants arrêtés de Combat qui valaient bien que leur chef prît le risque physique de se mettre dans la gueule du loup. D'ailleurs, pour répondre à la campagne haineuse des communistes, Rémy Roure, indigné, écrivit le 11 septembre 1945 à Henri Frenay une longue lettre dont voici la première et la dernière phrase :

« C'est tout le comité directeur de Combat qui pourrait être traité par certains journaux de " protégé de Pucheu ". C'est en effet tout le comité directeur de Combat, y compris Messieurs Georges Bidault, François de Menthon et moi-même, qui a pris la responsabilité d'autoriser votre visite à Vichy [...]. Votre attitude, mon cher ami, a été d'une loyauté parfaite dans toute cette affaire. Vous n'aviez été que le

1. David Schoenbrun, journaliste et historien américain, est l'auteur de *Soldats du silence,* Plon 1980. Ancien officier de renseignement, correspondant de guerre, il a assisté aux opérations de résistance et a participé à la libération de plusieurs villes françaises. Après la guerre, il est resté dix-sept ans en France et est aujourd'hui commentateur des informations à la télévision new-yorkaise et conférencier, en particulier à la New School for Social Research. La France lui a décerné la Croix de guerre et la Légion d'honneur.

mandataire de vos camarades et les attaques d'à présent sont de pures calomnies. Ce sont vraisemblablement des attaques de ce genre que Pucheu aurait voulu faire répandre à un moment où elles auraient semé le doute et le découragement dans cette première Résistance qui était si pure et si désintéressée. »

L'actualité de ces propos est éclatante lorsque Cordier reprend à son compte les calomnies communistes de l'après-libération, au sujet desquelles Claude Bourdet écrivit : « L'attitude de Frenay vis-à-vis du ministre de l'Intérieur de Vichy n'avait pas eu l'ambiguïté de celle du parti communiste après juin 1940, et ils [les communistes] étaient mal placés pour lui faire un tel reproche. »

Et Edmond Michelet a confirmé à Henri Noguères son accord au sujet de ces rencontres.

J'ajouterai pour ma part qu'il n'est pas impossible que la force de conviction d'Henri Frenay, plaidant pour la Résistance et la cause des Alliés auprès de Pucheu, début 1942, soit une des raisons de la démission de Pucheu après l'occupation de la zone Sud en novembre 1942, et de son départ pour Alger au printemps 1943 où il connut un sort funeste — avec beaucoup de dignité — après un procès bâclé. Le même raisonnement s'appliquerait à l'égard du commandant Rollin qui, dès l'invasion de la zone libre, avait quitté Vichy pour Londres et la France libre.

Peut-être Pucheu, en cherchant à discréditer Henri Frenay, a-t-il été pris à son propre piège et l'a-t-il payé de sa vie... Qui connaîtra jamais l'impact d'une rencontre ou d'une conversation sur un destin ?

Venons-en maintenant à ce qu'il est convenu, pour les Résistants et les historiens, d'appeler « la filière Suisse », nom qui désigne le conflit surgi entre d'un côté Henri Frenay et les Mouvements unis de Résistance (MUR) et d'autre part Jean Moulin. Il s'agit d'un point de l'histoire qui n'a plus de réel intérêt aujourd'hui, sauf si l'on admet la démonstration d'Henri Frenay concernant l'action et les options de Jean Moulin. L'affaire prend alors un relief particulier car elle jette une lumière crue sur la volonté délibérée de Jean Moulin d'être l'intermédiaire obligé de tous les renseignements transitant entre les MUR et la France libre, et d'être le seul dispensateur d'armes, de matériel, d'argent et de transports de la Résistance. Bref, d'être à la fois le ministre des Finances, de l'Équipement, des Transports, des Communications, de l'Information et des Renseignements, c'est-à-dire de concentrer entre ses mains l'utilisation et le sort de la Résistance intérieure. On comprendra aisément l'importance que Jean Moulin pouvait attacher à ce monopole si l'on admet que ses desseins n'étaient pas ceux que la légende lui prête.

En revanche, il sera difficile de faire croire à quiconque que la Résistance se serait déconsidérée en acceptant l'argent des Américains via la Suisse, alors qu'elle se grandissait en le recevant des Anglais via Jean Moulin, alors que cet argent était le même puisque les Anglais le recevaient eux-mêmes des Américains en vertu du prêt-bail de guerre.

Quoi qu'il en soit, Cordier, une fois de plus après les communistes, prétend qu'à l'insu de Londres et dans le plus grand secret, Henri Frenay avait pris contact avec les Alliés en Suisse, en promettant des renseignements contre de l'argent et des armes. Selon lui, Henri Frenay aurait trahi de Gaulle et fait contre lui le jeu de Giraud au moment où la rivalité des deux généraux était à son paroxysme.

Qu'en est-il ? Les événements se situent au début de l'année 1943. Peu avant son départ pour Londres (13 février), Jean Moulin annonce à Henri Frenay que le budget de Combat allait être fortement réduit. Et il le sera de façon drastique. Voici les montants des versements à Combat selon Laure Moulin et le colonel Passy :

Janvier 1943	:	2 500 000 francs.
Février 1943	:	1 550 000 francs.
Mars 1943	:	1 200 000 francs.

Or le budget général de Moulin passait de 7 823 900 francs en janvier à 15 838 400 en février ! Et dans le même temps le budget de Franc-Tireur, par exemple, était augmenté de

60 % ; des groupuscules aux noms fantaisistes et non identifiés encore aujourd'hui tels « Aristide », B.M., « France populaire », « Bureau » recevaient des subsides importants dont l'utilisation demeure un mystère.

Or à la même époque, les jeunes Français par milliers prenaient le maquis. De toutes les régions arrivaient de dramatiques appels à l'aide. Les besoins en argent et matériel croissaient inexorablement. Fallait-il donc se résigner et abandonner à leur sort ceux que les Mouvements, par les journaux clandestins, avaient appelés à se soustraire au Service du travail obligatoire en Allemagne (STO) et à refuser d'aider la machine de guerre allemande (la « relève ») ? Henri Frenay et tous les Résistants ne le pouvaient, ni ne le voulaient.

Fin 1942, Philippe Monod (Martel), membre éminent de Combat, avait rencontré à Cannes Max Shoop, avant guerre avocat américain à Paris au cabinet Sullivan et Cromwell. Monod avocat lui-même avait travaillé dans ce cabinet. Les deux hommes, liés par une confiance totale, s'étaient mutuellement fait des confidences. Trois mois plus tard, par l'intermédiaire d'un autre ami résidant près la frontière suisse, Monod reçoit un message de Shoop qui s'avère être un agent des services secrets américains (OSS). Une aide financière est proposée en contrepartie d'une aide militaire des Résistants à la cause alliée[1].

Cette proposition tombe à pic car dès fin janvier 1943, Henri Frenay avait demandé à Pierre de Bénouville (Lahire) de se rendre en Suisse pour obtenir des Anglais une liaison radio directe avec Londres, et le moyen de recevoir par leur intermédiaire des fonds de la France libre. Pierre de Bénouville était tout indiqué pour cette mission puisque depuis longtemps, pour le compte du réseau de « Carte » dont il avait d'abord dépendu, il était en excellentes relations avec l'Intelligence britannique en Suisse. Cette solution approuvée par les MUR présentait l'avantage de la rapidité et de la sécurité puisque les envois n'étaient plus soumis aux aléas

1. On pourra lire à ce sujet l'ouvrage de Fabrizio Calvi : *OSS — La guerre secrète en France*, Hachette, 1990.

des parachutages. Le BCRA à Londres en avait été avisé mais cette solution efficace tardait à être mise en œuvre.

Le message transmis à Monod était donc providentiel, surtout au moment où Moulin pénalisait gravement Combat sur le plan financier.

Henri Frenay charge donc Philippe Monod et Pierre de Bénouville d'explorer plus avant cette proposition, en coordination avec Claude Bourdet. Il était néanmoins précisé que l'attachement à de Gaulle restait entier et qu'aucune contrepartie politique au financement américain ne serait acceptée.

Début mars 1943, Monod entreprend sa mission avec Bénouville. Elle sera couronnée de succès et, une semaine plus tard, les deux hommes reviennent à Mâcon à l'hôtel de Bourgogne (où sera arrêtée Berty Albrecht deux mois plus tard) pour rendre compte. Shoop a conduit Monod à Allen Dulles, officiellement conseiller à son ambassade de Berne, en réalité chef de l'OSS. Ce dernier a immédiatement câblé à Washington les besoins en argent et en armes et a débloqué sans attendre 3 millions de francs en espèces. Enfin une radio est offerte à l'ambassade pour communiquer directement et en toute quiétude avec le BCRA à Londres. Il faut en effet savoir qu'en 1943, la goniométrie allemande avait fait des progrès considérables et qu'émettre à partir de la France de très longs rapports exposait les « radios » aux plus grands dangers.

En outre, Dulles proposait l'installation d'une délégation permanente en Suisse. Son chef sera le général Davet. La courroie de transmission sera le général de Bénouville qui raconte ses équipées dans *Le Sacrifice du matin*. Emmanuel d'Astier de la Vigerie (Libération) et Jean-Pierre Levy (Franc-Tireur) s'enthousiasment pour l'idée dont il est entendu qu'ils informeront de Gaulle, le BCRA et Moulin à Londres où ils doivent se rendre incessamment.

A son retour, Moulin s'oppose, lors de la première réunion, à cette filière avec une grande véhémence. Henri Frenay lui répond : « En réduisant nos budgets, vous avez voulu nous étrangler, mais en même temps vous étrangliez les maquis alors qu'ils appelaient à l'aide. Il nous fallait de l'argent, non pas moins mais plus que les mois précédents... »

Plus tard, Pierre de Bénouville rencontrera Moulin à Paris et tentera pendant trois heures de le convaincre. Il fut décidé que Bénouville irait à Londres, mais le Lysander qui devait l'emmener, mandé par Moulin, ne viendra jamais !

Et il est de fait que l'opposition intransigeante de Moulin à cette facilité fut isolée et ne fut pas partagée par les chargés de mission de Londres, ni après la disparition de Moulin par le BCRA qui favorisa cette filière devenue indispensable[1].

Reste que Moulin n'était plus le dispensateur de la manne ni surtout l'intermédiaire obligé des renseignements militaires.

Cela conduit naturellement à une interrogation : dans quelle mesure l'attitude des communistes en France, voire la politique soviétique ont-elles été « influencées » selon que les informations transitaient par Jean Moulin et son secrétariat politique ou échappaient à sa connaissance préalable en passant directement à Londres via la Suisse ?

L'analyse détaillée des archives de cette « délégation » en Suisse — que nous possédons —, rapprochée des événements de l'époque, devrait fournir des éléments de réponse. Il serait également édifiant d'étudier les informations que possédait à l'époque le fameux service B du parti communiste.

Quoi qu'il en soit, la récente disparition d'Alfred Coste-Floret autorise l'auteur à divulguer une information tenue secrète jusque-là. Lors de la cérémonie du Panthéon du 17 juin 1975, évoquée plus haut, et après le discours prononcé par Serreulles, Alfred Coste-Floret eut la stupéfaction d'entendre son voisin immédiat, Chambeiron, lui faire une déclaration. Celle-ci était d'importance et l'ancien ministre écrivit dès le 20 juin à Henri Frenay pour l'en informer : « ... J'avais à côté de moi Chambeiron ancien député " progressiste ", groupe apparenté aux communistes, et ancien secrétaire du CNR qui spontanément et sans que je lui demande rien m'a déclaré : " Moulin n'était pas commu-

1. Et qui se poursuivit avec le plein accord de De Gaulle et du BCRA jusqu'à la Libération au profit de tous les mouvements de Résistance des deux zones.

niste, mais ce qui peut le faire croire c'est qu'à un moment donné il nous avait laissé à Meunier (autre ex-député " progressiste ") et à moi toutes les clefs des liaisons de la Résistance avec Londres ; c'est ainsi que personne ne pouvait nous voir, vous-même par exemple ou un autre chef de la Résistance, en arrivant de Londres sans passer par moi ou par Meunier... " »

Le 20 novembre 1989, peu avant sa mort, Alfred Coste-Floret confirmait par écrit à Chilina Frenay ce témoignage en précisant que Robert Chambeiron fut ensuite membre du groupe communiste au Parlement européen.

Voilà qui permet en tout cas de comprendre la colère de Moulin contre cette « filière suisse » qui contrecarrait ses plans et qui empêchait le noyautage total de la Résistance. Car Moulin n'ignorait pas que ses proches amis et collaborateurs depuis près de dix ans étaient communistes, il les avait néanmoins installés au cœur de son secrétariat et du CNR. Nul ne songera pour autant à prêter la moindre naïveté à Moulin !

Revenons au dernier argument ressuscité par Cordier : de Gaulle était trahi au profit de Giraud, homme-lige des Américains. Rien n'est plus faux. La preuve en est que les Américains avaient accepté que les renseignements ainsi fournis portent la marque Forces françaises combattantes de la Métropole (FFCM) et soient simultanément transmis à Londres tant au BCRA qu'aux Anglais. De surcroît les MUR (et donc Combat) avaient nettement confirmé aux Américains leur reconnaissance de De Gaulle comme chef militaire suprême. De sorte qu'il est possible de dire que le crédit de la Résistance intérieure auprès des alliés grandit à partir de 1943 lorsqu'ils mesurèrent le travail accompli et les potentialités de cette Résistance gaulliste qu'ils connaissaient mal auparavant. Par voie de conséquence, de Gaulle, dont se réclamaient avec force les MUR, en vit son prestige accru auprès de ces mêmes alliés. Il conforta donc progressivement sa prépondérance au détriment de Giraud.

Toutes ces péripéties ont été relatées par Claude Bourdet *(L'Aventure incertaine)*, le général de Bénouville *(Le Sacrifice du matin)*, Henri Frenay *(La nuit finira)*, David

Schoenbrun *(Soldats du silence)*, Marie Granet et Henri Michel *(Combat)*, Henri Noguères *(Histoire de la Résistance en France)*, Henri Amouroux *(L'Impitoyable Guerre civile)*.

Il est maintenant établi que rien n'en avait été dissimulé ni à Londres, ni à Moulin (voir à ce sujet le rapport à Londres d'Henri Frenay du 25 mai 1943 qui confirme que la France libre avait été tenue informée par câbles dès février 1943 des contacts en Suisse), et que Londres, une fois au fait des modalités de l'accord, a accueilli avec satisfaction cette filière qui permettait de résoudre des problèmes jusqu'alors insolubles et de contribuer à la reconnaissance du général de Gaulle, jusqu'alors peu apprécié des Américains.

Henri Noguères confirma dans une lettre à l'auteur que rien n'avait jamais été occulté et que le loyalisme d'Henri Frenay à l'égard de la France libre et de son chef avait été total et indiscuté. Le général de Bénouville apporte un témoignage important sur le fonctionnement de cette Délégation dont l'essentiel est encore ignoré : « Le général Davet fut jusqu'à la Libération le chef de la Délégation de l'ensemble des mouvements de Résistance, en Suisse.

« C'est moi qui l'avais choisi et présenté à Henri. Il était l'ancien chef de cabinet du général Denain et l'ami de Mermoz.

« Je lui avais donné comme adjoint et comme cheville ouvrière mon ami Philippe Monod et, bien que la numérotation m'ait entraîné à lui donner le n° 1, le n° 2 à Philippe Monod et le n° 3 à moi-même, toute la Délégation et tous ses courriers dépendaient de moi.

« J'y ai accueilli la zone nord et cette zone fut représentée par notre camarade Strohl, qui appartenait à l'OCM et que j'ai, moi-même, accompagné en Suisse.

« Le Mouvement des Prisonniers de guerre, créé par François Mitterrand, y fut, également, représenté par André Bettencourt.

« L'organisation comprenait toutes les filières et les points de passage qui étaient nécessaires. Cela avec la complicité des douaniers et des Français de l'Administration. J'avais, dès mon premier contact avec les Anglais, joint le colonel Barbey, qui était le chef d'état-major du général Guisan, commandant en chef de l'armée helvétique, et, par la suite, avec le colonel-brigadier Masson, qui dirigeait le service du renseignement suisse. J'avais donc organisé, dès mon premier voyage, tous ces contacts, qui nous furent maintenus lorsque je ralliai Combat.

« Le fait que j'avais organisé les contacts avec l'état-major suisse nous donnait la possibilité de résider en Suisse et d'y travailler.

« Lors de mon premier voyage clandestin en Suisse, j'avais pris contact avec, à l'époque, les Anglais — en particulier avec le général West, attaché militaire, qui avait perdu un bras en 14-18. Cela nous a permis de travailler librement et de pouvoir louer un appartement.

« Notre accord avec les Suisses consistait en ceci : nous leur remettions, régulièrement, l'ordre de bataille des Allemands près de leur frontière, ce qui leur permettait, dans la mesure du possible, de préserver la neutralité de leur pays.

« Pour ce qui concerne " les dollars ", il faut préciser que la comptabilité fut tenue, avec la plus grande régularité, par un banquier français (qui s'était réfugié en Suisse après avoir vainement tenté de franchir les Pyrénées), M. Bloch-Laîné, l'un des dirigeants de la banque Lazard. Tous nos comptes furent communiqués à Londres et, sur ce sujet, il n'exista jamais le moindre conflit. »

Cela devait être rappelé aux « nouveaux historiens » qui, par de perfides insinuations, évoquent avec délectation le mot « dollar » dont nous connaissons la signification dans l'inconscient collectif français. Sans doute pour d'aucuns, aurait-il mieux valu que les MUR reçoivent de l'argent des Soviétiques. Nous ne sommes pas certains pour notre part que cette solution aurait été sans contrepartie politique.

LA CONSTELLATION

« Prudent par nature, rendu plus prudent encore par les exigences d'une sécurité dont il mesurait pleinement la nécessité, il semble bien qu'il ne se soit dévoilé complètement à personne. »

Henri Michel,
Jean Moulin l'Unificateur.

« Jean, même avec ses intimes, ne se livrait pas complètement. »

Laure Moulin,
Jean Moulin, mon frère.

8.

Le Club

Il est temps de se pencher sur le « Club Jean Moulin ».

L'objet social tel qu'il résulte des statuts déposés à la Préfecture de Police le 24 octobre 1958 est le suivant : « Grouper des citoyens qui, d'accord sur les principes moraux et politiques qui ont toujours inspiré l'action courageuse et efficace de Jean Moulin, croient nécessaire et possible une réflexion cohérente sur les problèmes de leur temps. »

Au moment de la création de l'Association, les fondateurs obéissent à deux motivations principales : réfléchir sur les institutions nouvelles soumises au référendum du 28 septembre et défendre la république menacée par le soulèvement d'Alger.

D'entrée, on ne manquera pas de relever la référence faite aux « principes politiques » de Moulin, et de s'en étonner. En l'absence de tout écrit politique connu de sa part, il semble curieux que certains puissent s'en réclamer, sauf à considérer que son républicanisme constitue une idée réellement novatrice susceptible de réunir autour d'elle un noyau de défenseurs ardents. Quant au sens de l'État qui lui est attribué par tous ses biographes, il ne constitue pas davantage une pensée politique. Tout au plus une volonté affichée de prédominance de l'exécutif et de centralisme jacobin au détriment des individualités.

On le voit, dans l'hagiographie de Moulin, rien de bien exaltant au plan de la pensée ni susceptible de mobiliser l'intelligentsia parisienne.

Et pourtant c'est d'elle que va se réclamer un noyau

activiste vers lequel il faut maintenant se tourner, non sans rappeler que les événements d'Alger en mai 1958 ont fortement ébranlé la France tout entière et que l'été a été riche en péripéties de toute nature. Nous sommes en septembre de cette année cruciale. De Gaulle a été rappelé de sa retraite de Colombey et dirige le pays qui est las des errements de la IVe République. Tous les Français veulent enfin être gouvernés et voir les trois départements algériens définitivement ancrés dans la Nation. C'est l'union sacrée, les scènes de fraternisation, la grandeur retrouvée. Un seul parti s'opposera sans réserve au retour au pouvoir du général de Gaulle : le parti communiste, le seul qui appellera à voter « Non » au référendum de septembre. Le même parti qui avait œuvré pour chasser de Gaulle après la guerre.

C'est dans ce contexte que Marcel Degliame dit Fouché, résistant courageux et efficace du Mouvement Combat auquel il avait dissimulé son appartenance au parti communiste depuis 1928, va prendre l'initiative, avec quelques autres, de créer le Club. Il a vu en effet, dans le grand élan du 13 mai, un risque pour la démocratie et craint le retour aux affaires du général de Gaulle. Il se lie avec un homme d'affaires, Claude Aptekian, qui redoute, comme lui, un nouveau fascisme instauré par de Gaulle. L'entreprise a donc pour moteur la volonté avérée d'empêcher l'homme du 18 juin de s'installer à nouveau au pouvoir.

La première recrue du tandem sera Daniel Cordier qui « recrute » à son tour son ami depuis la guerre, Stéphane Hessel. Ce dernier est né à Berlin de parents allemands, en 1917. Sa famille et lui-même se réfugient en France en 1936. Le jeune Hessel obtient sa naturalisation en octobre 1937 et poursuit de brillantes études. Il épouse en novembre 1939 Victoria Mirkin-Guetzevitch qui deviendra interprète à l'ONU puis à l'UNESCO, et milite activement à gauche avec Léon Jouhaux, Louis Dolivet, ce dernier étant parfaitement situé par Henri Frenay dans *L'Énigme Jean Moulin*.

En 1941, Hessel passe en Angleterre : il est envoyé en mission et sera arrêté et déporté en juillet 1944. Il deviendra président des « Amis de Léon Jouhaux » et des « Foyers internationaux ». Le groupe s'étoffe de manière discrète, sans publicité, la galerie de peinture de Cordier servant à nouer des contacts individuels et efficaces[1].

Marie Kaan, veuve de Pierre Kaan, l'ancien fondateur du « Cercle Marx et Lénine » avec Souvarine, va se joindre à eux. D'autres arriveront, recrutés selon des affinités personnelles : ce sera Georges Suffert qui devait commencer sa carrière aux Éditions Maspero et dont les idées étaient très avancées. Puis Alain Apterkmann qui a beaucoup d'amis soviétiques et qui avait fondé à la Coudrée, en Haute-Savoie, le « Camp des Sokols » russes, centre de propagande et d'endoctrinement communiste ; son frère Wladimir dont le domicile, avenue Henri-Martin, servira de siège à l'association et de lieu de réunion ; Claude Alphandery, cadre du parti communiste clandestin et membre du Front national communisant. La première réunion connue des « conjurés » a lieu chez Wladimir Apterkmann le 16 septembre. L'atmosphère est tendue. Les participants dénoncent la « dérive militariste » du nouveau régime et se déclarent prêts à en découdre, à chercher des armes et à constituer des réseaux clandestins.

Le directeur de la Sorafom, société de radio de la France d'Outre-Mer dont le siège est à Maisons-Laffitte, André Clavé, « tiers-mondiste »[2], propose et offre de « gonfler » le poste d'émission par des techniciens pour pouvoir émettre pendant « 12 minutes dans un cercle de 80 kilomètres autour de Paris ». C'est Georges Suffert qui le révélera en 1985. Pour l'heure, il n'est pas question de se déclarer. Le Club est secret. Charles Ronsac, ancien communiste, recruté par Marie Kaan, raconte l'enfièvrement des esprits : « Le maître de céans envisageait d'acquérir une mitraillette[3]. » Finalement les statuts seront discutés et adoptés avant d'être déposés à la Préfecture de Police le 24 octobre. Mais l'objet social — il est aisé de le constater — est loin de refléter les

1. Qu'il me soit permis de suggérer aux chercheurs un sujet de thèse : l'utilisation des galeries d'art dans la guerre secrète et les relations clandestines...

2. Ainsi qualifié par Faligot et Kauffer, *op. cit.*, où on trouvera des renseignements complémentaires sur le Club Jean Moulin.

3. Charles Ronsac, *op. cit.*

objectifs des fondateurs. Il est vrai que l'objet initial pouvait difficilement être déclaré...

Qui retrouve-t-on au bureau de l'Association ?

Le président en est Daniel Cordier, le vice-président Stéphane Hessel, les deux secrétaires Georges Suffert et Jacques Pomonti, que nous connaissons déjà comme président de l'INA en 1983-1984 (la première secrétaire provisoire ayant été Marie Kaan).

Il est à noter que le Club éditera un bulletin qui critiquera sévèrement le nouveau régime, et au passage le nouveau ministre de l'Information, Jacques Soustelle.

De groupe « d'insurgés », devenu club de réflexion et de pensée, l'association évoluera très vite vers la politique. Le club deviendra un lobby de la gauche. Olivier Chevrillon et Georges Suffert en seront les artisans. Dès 1963, le Club s'associe à d'autres groupes pour donner naissance à la Convention des institutions républicaines qui constituera un des supports principaux de François Mitterrand, alors irréductible opposant au général de Gaulle, et favorisera à partir de 1970 l'Union de la gauche, tremplin de la présidence en mai 1981...

On ne s'étonnera pas dans ces conditions que Faligot et Kauffer aient traité de cette question dans un chapitre intitulé : « Le Club Jean Moulin contre de Gaulle ».

Et il est permis de penser que l'homme du 18 juin, devenu premier président de la Ve République a peu goûté la chose. L'entrée de l'urne au Panthéon en 1964 a peut-être, aussi, été décidée par le général de Gaulle en forme de réponse à ceux qui avaient osé le défier dès 1958 en se référant au serviteur du gaullisme célébré dans les *Mémoires de guerre*. La légende du zélateur de la pensée gaullienne se devait d'être scellée par de Gaulle !

C'est ce qui explique qu'avec une complicité tacite, les adorateurs de Moulin se recrutent aussi bien dans les rangs gaullistes que dans les rangs communistes. Lesquels, à la longue, auront raison des autres ?

Ce qui surprendra en revanche est la discrétion de Daniel Cordier sur ce Club lors de la sortie de ses livres, et le fait qu'il se soit attribué un rôle totalement effacé et inexistant depuis la fin de la guerre, pour, dit-il, selon son mot désormais célèbre « ne pas faire carrière sur les cadavres de ses camarades ». Il ne nous a pas habitués à tant de modestie. Pourquoi prétendre ne s'être occupé que de ses tableaux, alors que ses préoccupations politiques étaient suffisamment vives pour se mobiliser, avec d'autres, contre de Gaulle, à partir de 1958 ?

9.

Questions

Nous voici au terme de nos analyses. Les artifices de la calomnie ont été mis au jour et donc évincés. Il n'en demeure que le spectacle pitoyable de l'échec à contre-courant politique. Reste pourtant à s'interroger sur les raisons qui font que Jean Moulin occupe une place à part dans l'histoire de notre pays et sans commune mesure avec son alter ego, Pierre Brossolette[1]. Est-ce le personnage, sa mort ou ses mystères qui lui confèrent cette place dans notre émotivité ou dans notre mémoire collective ?

Certes le personnage est énigmatique et il existe peu de photographies de lui. Son action connue est fulgurante et s'interrompt brutalement. Les circonstances de son arrestation demeurent un mystère, comme celles de sa mort. Même ses cendres ne sont que présumées. Il a eu des disciples, mais il a peu écrit. Il a séduit et entraîné. Il s'est attaqué aux barbares conquérants, mais davantage encore à ses compagnons. Il déchaîne les passions, court à son destin et semble avoir trouvé son Judas. Il a refusé semble-t-il d'échapper à sa fin. Il a suscité des émules, des croyants nouveaux rédacteurs d'évangiles. Mais doit-il pour autant exister des sujets historiques tabous ? Je ne le pense pas et Cordier, lui-même, pour une fois en accord avec Henri Frenay, partage ce point de vue. Rien ne s'oppose par conséquent à l'interrogation qui constitue la démarche première de l'historien, une fois réunis les documents et les ouvrages.

1. On lira avec émotion l'ouvrage poignant de son épouse Gilberte : *Il s'appelait Pierre Brossolette,* Albin Michel, 1976.

Mais encore faut-il procéder en se débarrassant au préalable de toute la subjectivité qui s'attache à ce nom. Il convient de ne pas se laisser submerger par la légende et l'admiration béate du mythe. Après tout, les nombreux ouvrages, souvent critiques, écrits sur de Gaulle par exemple, loin de le rabaisser, ont au contraire conforté sa stature et enrichi sa personnalité. Les thèses des uns, opposées à celles des autres, ont concouru à l'élaboration d'une figure complexe et intéressante historiquement. Les points de vue divers favorisent donc la densité du personnage et assurent sa pérennité.

Ce qui est permis concernant de Gaulle le sera a fortiori au sujet de Moulin. J'ose en tout cas l'espérer. Posons-nous donc quelques questions qui, à ma connaissance, n'ont jamais été formulées de cette manière, et dans leur globalité.

Que chacun tente d'y répondre objectivement. Peut-être en retirera-t-on une certitude. Mais certainement comme moi-même, une sensation de malaise...

L'Histoire est têtue ; elle dérange, mais seuls les pays totalitaires se fabriquent une histoire de convenance... La France n'a rien à perdre à fouiller dans sa mémoire.

Commençons par quelques généralités :

— La France a été fortement marquée par la Grande Guerre. Elle était prompte à honorer et favoriser ses anciens « poilus ». Moulin qui aurait eu l'âge de s'engager après son baccalauréat s'en est abstenu. Or il va réussir un doublé unique : devenir le plus jeune sous-préfet en 1925 et le plus jeune préfet en 1937, fonctions de grande autorité sous la IIIe République. De quelles protections réelles pouvait-il jouir ?

— Jean Moulin quittera la préfecture de Chartres le 15 novembre 1940 parce qu'il fut révoqué par Vichy. Jusque-là il servait l'État français et appliquait ses lois. Citons quelques lois ou décrets qui vont être pris par l'État français à partir du mois de juillet 1940, et dont certains relèveront de la compétence exécutive de l'Administration, et donc des préfets :

17 juillet : loi d'épuration de l'Administration interdisant à toute personne née d'un père étranger d'accéder aux emplois publics ou de s'y maintenir.

22 juillet : loi retirant la nationalité française à plus de quinze mille personnes.

23 juillet : déchéance de la nationalité française et confiscation des biens de tous ceux qui ont choisi la voie de la résistance à l'envahisseur.

30 juillet : création d'une Cour suprême de justice destinée à juger les anciens ministres de la République.

13 août : loi portant dissolution des sociétés dites secrètes visant en particulier la franc-maçonnerie.

27 août : abrogation des lois anti-racistes de 1939.

29 août : l'exercice de la médecine est interdit aux juifs.

3 septembre : loi organisant les internements administratifs et décret autorisant les préfets à faire arrêter toute personne réputée dangereuse.

3 octobre : loi portant statut des Juifs, leur interdisant notamment l'accès aux grands corps et à l'administration, l'enseignement, l'armée, la presse, la radio et le cinéma. Ils ne peuvent accéder aux autres fonctions que s'ils sont anciens combattants et décorés. Les fonctionnaires juifs sont révoqués. A noter que l'article premier de cette loi est plus dur que la loi allemande puisqu'il précise qu'un demi-juif devient pleinement juif si son conjoint est juif.

4 octobre : loi permettant sur décision d'un préfet d'interner dans des camps spéciaux ou d'assigner à résidence forcée les « ressortissants étrangers de race juive ».

11 octobre : annonce du programme de la Révolution nationale par le maréchal Pétain : celui-ci ne repose plus « sur l'idée fausse de l'égalité naturelle des hommes » et rompt avec les principes de la déclaration des Droits de l'Homme de 1789.

13 octobre : les Conseils généraux sont suspendus et remplacés par des commissions nommées et non élues.

Voici donc quelques-unes des mesures qui devront être appliquées par les préfets et donc par Jean Moulin et qui n'inciteront pas celui-ci à prendre l'initiative d'une démission. Pourquoi ne s'y est-il pas résolu alors que l'entrevue de Montoire du 24 octobre scellait la collaboration avec l'Allemagne ? Pourquoi attendra-t-il sa révocation le 15 novembre 1940 ?

— Jean Moulin a rapporté que lorsque les Allemands sont arrivés à Chartres le 17 juin 1940, il a refusé de leur céder et s'est tranché la gorge pour sauver son honneur. Pourquoi, quinze jours plus tard, va-t-il, dans ces conditions, poser complaisamment et avec un sourire détendu pour l'objectif, dans le jardin de la préfecture en compagnie du chef de la Kommandantur, le baron von Gutligen ? Pourquoi le même Feldkommandant va-t-il lui offrir sa photo en uniforme d'apparat dédicacée : « A Monsieur le Préfet Moulin, mon très distingué collègue et hôte » ?

Et pourquoi le même officier allemand lui écrira-t-il ceci le 27 septembre 1940, en quittant Chartres : « Je crois que nous nous sommes compris l'un l'autre [...] Mon désir sincère est que *votre collaboration*[1] avec le nouveau commandant se tienne dans les mêmes voies que celles que vous et moi avons suivies » ?

Enfin pourquoi les autorités d'occupation rendirent-elles un hommage appuyé à Moulin lors de sa révocation par Vichy dont elles furent indisposées ?

— Le 22 juin 1941, la Wehrmacht envahit l'Union soviétique avec laquelle elle était liée par le pacte d'amitié et d'assistance d'août 1939. Quel acte de résistance Jean Moulin a-t-il accompli entre sa révocation en novembre 1940 et juillet 1941, où il est reçu à Marseille par Henri Frenay ?

Qui va-t-il rencontrer réellement à cette époque ? A-t-il été en rapport avec Leopold Trepper, chef du réseau d'espionnage soviétique Orchestre rouge, comme celui-ci le révélera en 1972 au rédacteur en chef de *L'Aurore* ? Et dans l'affirmative, comment a-t-il pu nouer le contact avec le plus insaisissable des agents secrets soviétiques ?

— La sœur de Jean Moulin, Laure, affirme dans son livre que dès cette époque (fin 40 à juillet 41), il était entré en clandestinité et raconte des épisodes assez divertissants à ce sujet. Selon elle, ses visites étaient presque toujours clandestines. Il entrait « furtivement » dans leur maison de Montpellier (zone libre à l'époque), craignant en tout lieu d'être reconnu. Comment expliquer alors qu'après son retour de

1. Souligné par l'auteur.

Londres (janvier 1942), alors qu'il était devenu Max ou Rex, le représentant du général de Gaulle, il ait accepté de répondre à la convocation de Pierre Laval d'avoir à se rendre à Vichy où des offres de service lui furent faites ? Ou encore qu'il ait ouvert *sous son vrai nom* (en cheville avec Petridès) la galerie de tableaux « Romanin » à Nice où il recevait, de février à mai 1943, l'ensemble des autorités de Vichy et allemandes lors de l'inauguration et des vernissages ?

— Pendant l'été 1937, sa sœur est nommée professeur à Montpellier. Elle quitte Béziers avec sa mère et cherche un appartement dans cette nouvelle ville. A cette époque Moulin est chef de cabinet de Pierre Cot au ministère de l'Air à Paris. Il passera plusieurs week-ends en train pour se rendre à Montpellier — et on imagine la lenteur des voyages — et cela afin de choisir lui aussi l'appartement en prenant soin qu'il comporte deux issues, sur deux rues différentes. Sa sœur ajoutera pour sa part : « Nous ne pouvions soupçonner alors que ces dispositions seraient très propices à des visites clandestines. »

Jean Moulin savait-il dès 1937 que la France (et Montpellier) serait occupée — ce qui est peu vraisemblable... — ou était-il guidé par d'autres motifs ?

— André Labarthe, combattant en Espagne dans les Brigades internationales, devint dès 1936 l'ami intime de Moulin : « Une conversation qui est la raison d'une vie », dira-t-il. Ils ne manquèrent aucune occasion de se voir. Labarthe s'embarque pour Londres dès l'été 1940 et parle plusieurs fois à la BBC. Moulin et sa sœur, qui connaissaient son exil, identifient sa voix à la radio. Néanmoins, ils n'ont officiellement aucun moyen de communication. Lorsque Moulin arrive en Angleterre fin 1941, il y est inconnu. Il est donc interrogé à « Patriotic School » qui servait à démasquer les agents allemands qui tentaient de s'infiltrer. Moulin aurait dû indiquer le nom de Labarthe qui se trouvait toujours à Londres pour se dédouaner immédiatement. Il ne le fera pas. Bien mieux, il répondra à sa sœur qui lui demandera à son retour des nouvelles de Labarthe qu'il s'est bien gardé de le voir et qu'il « a fui les journalistes qui sont de grands bavards ». Pourquoi ? Savait-il, mais alors comment aurait-il su, que de Gaulle ne l'aurait même pas rencontré s'il était apparu un lien quelconque entre les deux amis ?

La liaison épistolaire Moulin-Cot avait-elle des prolongements Cot-Labarthe ou existait-il une autre filière de communication ?

Beaucoup d'autres questions de ce type se posent au lecteur attentif aux biographies de Moulin. Venons-en à l'affaire de Caluire. Mais d'abord, finissons-en avec une légende.

Il est aisé aujourd'hui de démontrer que René Hardy non seulement n'a pas trahi la réunion, mais encore aurait été dans l'impossibilité de le faire, volontairement ou involontairement. Il suffit pour cela de s'arrêter à un seul témoignage qui n'a été mis en doute par personne et qui émane d'un témoin impartial et étranger à la réunion. Celui du gardien de la paix Curva, en service à Caluire le 21 juin 1943, et qui ne sera pourtant pas cité à l'audience lors du procès Hardy, alors qu'il avait été entendu pendant l'instruction.

Ce jour-là, en effet, une réunion est organisée à l'initiative de Moulin, afin de pourvoir au remplacement du général Delestraint, nommé quelques mois plus tôt chef de l'Armée secrète, et arrêté à Paris le 9 juin. Le lieu de la réunion sera choisi la veille par André Lassagne : la maison de son ancien condisciple le docteur Dugoujon, place de Castellane à Caluire, dans la banlieue lyonnaise. Seuls trois des participants connaissent ce lieu : André Lassagne, Jean Moulin et Bruno Larat. Le premier doit amener Henri Aubry, le second Raymond Aubrac et le colonel Schwartzfeld, et le troisième conduira le colonel Lacaze. René Hardy se rendra à la ficelle[1] avec Aubry, et ils suivront tous deux Lassagne.

Nul ne conteste que René Hardy ne connaissait pas et ne pouvait pas connaître le lieu de la réunion et le nom de l'hôte. C'est pourquoi on inventera par la suite des histoires rocambolesques de filatures qui ne résistent à aucun examen sérieux.

Revenons à notre gardien de la paix Curva qui a person-

1. Funiculaire de la Croix-Paquet.

nellement vu les voitures allemandes arriver à Caluire le 21 juin vers 14 heures. Les Allemands donnent le nom du *docteur Dugoujon* et demandent leur chemin. Ils sont d'abord dirigés vers l'impasse Verchère où se trouvait l'ancienne habitation du docteur Dugoujon. Ils n'y trouvent évidemment aucun maison habitée par le docteur et sont ensuite envoyés place de Castellane où ils finissent par arriver avec trois quarts d'heure de retard sur l'horaire prévu pour la réunion.

Ce témoignage existe. Il n'a été mis en doute par personne. Il est inattaquable et démontre que les Allemands n'ont pu savoir que cette réunion se tenait chez le docteur Dugoujon que par deux moyens : soit par une écoute téléphonique si, comme cela a été dit, Lassagne a confirmé le rendez-vous à Dugoujon par un coup de téléphone ; soit par une trahison d'un de ceux qui connaissaient le nom de Dugoujon et sa profession. Ces deux hypothèses excluent la culpabilité de Hardy.

Toute autre supposition s'effondre devant ce fait : les Allemands n'ont suivi personne et connaissaient le nom et la profession de Dugoujon. Et sans doute l'ont-ils appris tardivement puisqu'ils n'avaient mis en place aucune souricière et n'avaient même pas eu le temps de reconnaître discrètement les lieux pour s'assurer notamment de l'existence d'autres issues que la porte sur rue.

Bien sûr, l'innocence prouvée de René Hardy dans l'affaire de Caluire, que les tribunaux ont reconnue, n'excuse en rien ses mensonges sur son arrestation à Chalon-sur Saône le 7 juin. Peut-être existe-t-il une autre affaire Hardy, dont on n'a jamais parlé et qui a été occultée par celle de Caluire.

Quoi qu'il en soit, cette affaire — et ses suites —, qui constitue une des énigmes de la Résistance, mérite que certaines questions soient enfin posées :

— Toutes les réunions importantes des chefs militaires de la Résistance donnaient lieu à un service de protection qui incombait généralement aux Groupes francs. Marcel Rivière qui dirigeait à Lyon les Groupes francs de Combat savait qu'une réunion aurait lieu et avait naturellement proposé d'assurer avec ses hommes la sécurité du rendez-vous. Pour quelle raison Jean Moulin, pour la première fois, déclina-t-il cette offre, ce qui fit dire à Rivière : « Quelle c... » ?

Nous avons vu les circonstances fortuites qui ont retardé Barbie et ses hommes dans leur coup de filet : trois quarts d'heure de retard qui permirent l'arrestation de tous les participants. En effet Moulin, qui avait pourtant fixé la réunion à 14 heures à Caluire, donna rendez-vous à Aubrac place Carnot à 14 h 15. Ils se rendirent ensemble au terminus de la ficelle où ils attendirent, semble-t-il, un quart d'heure le colonel Schwartzfeld. Il leur restait ensuite à monter par le funiculaire et à prendre le tramway 33 jusqu'à la place de Castellane. Soit 14 h 45. Pendant ce temps, les Allemands tournaient en voiture dans Caluire. Comment peut-on être à 14 heures à Caluire en quittant à 14 h 15 la place Carnot ?

Or tous les témoignages sans exception confirment que Moulin était d'une exactitude scrupuleuse et qu'il imposait comme règle de sécurité de ne jamais attendre un retardataire. Pour quelle raison Moulin est-il donc volontairement arrivé avec trois quarts d'heure de retard au rendez-vous de Caluire ?

— Lorsque Moulin, Aubrac et Schwartzfeld arrivent à 14 h 45 la domestique ne les identifie pas, vu leur retard, comme devant participer à la réunion. Au lieu de les faire monter à l'étage, elle les fait entrer dans la salle d'attente des patients du docteur. Les trois hommes s'assoient avec cinq ou six femmes venues en consultation médicale. Qu'attendent-ils donc encore ?

— Lorsque Barbie et ses sbires pénètrent dans la maison quelques minutes plus tard, Moulin exhibe pour leur échapper une lettre d'un médecin de Marseille le recommandant au docteur Dugoujon afin qu'il lui trouve un spécialiste des rhumatismes. Il est le seul à s'être muni d'un « alibi » solide à sa présence dans la salle d'attente. Comment avait-il pu se procurer entre le dimanche matin 20 juin, où le lieu et l'heure de la réunion sont arrêtés, et le lundi 21 juin une telle missive que tous ont vue ?

— Les hommes du SD de Barbie étaient, selon les témoignages, six ou huit et porteurs d'un armement léger. Ils étaient inférieurs en nombre aux participants à la réunion. Ils étaient arrivés dans deux ou trois tractions avant Citroën. Soit une moyenne de trois hommes par voiture. D'où l'impossibilité d'emmener ensuite avec eux les neuf hommes qui venaient d'être arrêtés et qui n'opposèrent strictement aucune résistance. Les Allemands durent faire appel à des véhicules de renfort. Pourquoi, pour une réunion de cette importance, n'ont-ils pas cerné le quartier comme ils devaient le faire le 17 juin 1944 rue Viala à Lyon pour démanteler la simple imprimerie du journal *Combat*, opération au cours de laquelle André Bollier fut abattu à la mitrailleuse ?

Pourquoi les participants supérieurs en nombre n'étaient-ils pas armés et n'ont-ils opposé aucune résistance ?

— La réunion de Caluire était, nous l'avons dit, destinée à nommer un nouveau chef à l'Armée secrète qui avait été fondée par Henri Frenay. Celui-ci et Combat tout entier étaient donc particulièrement intéressés par la décision qui allait être prise ce jour-là, avant d'être proposée à de Gaulle. Si Henri Frenay n'avait pas réussi à s'envoler pour Londres quatre jours plus tôt, il aurait très certainement tenu à y assister, comme Pierre de Bénouville, qui, lui, devait se rendre à Toulouse pour y régler des problèmes régionaux et en profiter pour se marier clandestinement. Ce fut donc Hardy qui épaulera Aubry pour le compte de Combat.

Mais alors, en prêtant un peu de ponctualité aux Allemands, et aux dirigeants de Combat (à l'exception de Claude Bourdet qui paiera de sa déportation son retard à un autre rendez-vous), qui devait recevoir le coup le plus rude dans le piège sans issue de Caluire ?

Le hasard pur ayant bouleversé le destin, les Allemands emmènent leurs neuf prisonniers après des péripéties sans intérêt ici. Il y a bien eu quelques brutalités, mais sans gravité. Ceux du rez-de-chaussée, dans la salle d'attente, ne sont pas soumis au même traitement que les autres car le doute plane encore. Barbie apprend très vite qu'il tient Max, mais ne l'identifie pas. Les interrogatoires se poursuivent au quartier général de la Gestapo, plusieurs participants étant pris tour à tour pour Moulin. Raymond Samuel dit Aubrac [1] échappera à l'exécution immédiate ou à la déportation et subira quelques sévices jusqu'à son évasion du 21 octobre 1943 organisée et menée avec un grand courage par sa femme enceinte. Personne ne parlera pendant au moins quarante-huit heures. Aubry aura l'épaule démise et subira trois fois un simulacre d'exécution. Lassagne sera très sérieusement torturé.

Ce n'est, nous dit-on, que le 23 juin que Barbie identifiera Max, pourtant porteur d'un signe distinctif aisément repérable. Il est le seul à avoir tenté de se trancher la gorge à Chartres trois ans plus tôt et donc à porter une large cicatrice au cou. Qui serait susceptible d'avoir trahi la réunion de Caluire dans le dessein d'éliminer Jean Moulin sans fournir ce simple détail d'identification que tous connaissaient ? Le piège était-il donc vraiment destiné à Moulin ? Ou celui-ci n'était-il qu'un faux appât ?

— Après la Libération, les communistes et leurs amis ont mené une campagne hystérique contre Hardy, l'accusant d'avoir trahi Jean Moulin. Malgré deux verdicts d'acquittement, ils ont maintenu leurs accusations, les faisant rejaillir au passage sur le général de Bénouville, et sur « le clan » Frenay. Quels étaient et quels sont leurs mobiles ? S'agit-il d'une opération de camouflage ?

— Écoutons Pascal Copeau, bras droit avec Raymond Aubrac, d'Emmanuel d'Astier de la Vigerie (compagnon de route notoire des communistes) se confier à Henri Noguères [2] : « Je peux bien l'avouer aujourd'hui. J'ai fait des coups assez en douce avec Max (Jean Moulin) parce que je considérais Frenay comme impossible. Pour tout dire, nous avons beaucoup comploté avec Max et d'ailleurs avec ses successeurs, pour éliminer les chefs historiques de la Résistance. » Coups en douce, complots, élimination. Cela est grave. Quelle est la signification de cet aveu ?

— Revenons à l'affaire de Caluire. Le soir du 21 juin les

1. Raymond Aubrac avait été précédemment arrêté et avait bénéficié le 10 mai 1943 d'une ordonnance de mise en liberté provisoire d'un juge d'instruction de Lyon.

2. In *Histoire de la Résistance en France,* tome II, p. 549.

prisonniers sont conduits au fort Montluc où les interrogatoires reprendront de manière plus musclée. Pendant les jours qui suivent, chacun aura sa part de sévices et de violences, mais un seul sera battu à mort si l'on en croit Christian Pineau. Précisément le seul que les Allemands auraient eu « intérêt » à conserver vivant pour le faire parler : Jean Moulin.

Claude Serreulles a écrit le 19 janvier 1976, à propos d'une autre affaire, qu'il est absurde de dire comme l'a fait Laure Moulin : « Il atteint les limites de la souffrance humaine sans jamais trahir un seul secret, lui qui les savait tous. » Serreulles traite ce type d'expression de « tarte à la crème ». Car les renseignements se périment très vite et perdent en quelques jours toute leur valeur : « Les informations qu'était susceptible de donner un homme de la Résistance à quelque niveau de la hiérarchie qu'il se situât, ne pouvaient pas conduire les Allemands à une exploitation immédiate [...] Ainsi quand un homme est arrêté, des renseignements qu'il peut fournir, les plus précieux sont ceux qu'il est prêt à communiquer dans les premières heures ou les tout premiers jours et qui permettent à la police de se trouver à des lieux de rendez-vous ou d'établir des souricières. »

Dès qu'un compagnon était arrêté, la règle de sécurité exigeait donc de tout changer : pseudonymes, adresses, boîtes à lettres, lieux de rendez-vous... Non seulement pour ne pas subir des conséquences en chaîne, mais aussi pour permettre à celui qui est tombé de soulager ses souffrances en parlant au bout de quelques jours. Or Cordier déclare curieusement qu'après l'arrestation du patron (Moulin) rien n'a été changé dans l'organisation. Sur quelle certitude une imprudence aussi folle était-elle fondée, connaissant de surcroît les drogues susceptibles d'être administrées pour annihiler la volonté la plus déterminée ?

— Au soir du 24 juin, Christian Pineau, également détenu au fort Montluc — et devenu le coiffeur de la prison —, raconte qu'un sous-officier allemand l'a extrait de sa cellule en pyjama en lui demandant de prendre son rasoir. Il est conduit dans un cour peu éclairée où gît sur un banc un homme étendu gardé par un soldat. Et curieusement on lui demande de raser ce moribond inanimé, dont la tête est bandée. Le visage est difficilement reconnaissable : les orbites sont enfoncées, la tempe porte une plaie, le visage est entièrement tuméfié. Et pourtant Christian Pineau sera toujours persuadé qu'il a devant lui Jean Moulin qu'il connaît pour l'avoir rencontré à quelques reprises, et dont il a appris l'arrestation car les nouvelles circulent vite en prison. Les Allemands le laissent seul avec son rasoir, ce qui est étrange, et semblent l'oublier pendant plusieurs heures, jusqu'à 10 heures du soir. Pendant ce temps le moribond aura le temps, dans son coma, de prononcer plusieurs mots en anglais que Pineau ne comprend pas [1].

Faisons un saut en arrière. Laure Moulin raconte que sa mère, son frère et elle ont fait un court voyage en Angleterre le 15 août 1939. Et elle révèle que Jean ne parlait pas l'anglais. Ce ne sont pas les brefs séjours à Londres de Moulin, passés dans les milieux français, qui lui auront donné le loisir d'apprendre la langue. Comment un homme à l'article de la mort, inconscient, peut-être déjà dans le coma, peut-il s'exprimer spontanément dans une langue qui n'est pas la sienne, surtout s'il ne la parle pas ?

— Les Allemands savaient vraisemblablement que Pineau avait déjà vu Moulin, et donc qu'il aurait été susceptible de « reconnaître » quelqu'un lui ressemblant pour peu que l'entrevue n'ait pas lieu en plein jour ou dans une pièce trop éclairée. Moulin ayant un physique très classique, et même très britannique, il était aisé de lui trouver une doublure acceptable, peut-être un pilote anglais abattu. C'est ce qui expliquerait cette macabre mise en scène que Pineau mettra au compte de la « mentalité nazie », faute d'y trouver la moindre logique.

Un prisonnier de l'importance de Max aurait-il été torturé à mort, alors qu'il existait des produits chimiques susceptibles d'aider les bourreaux? Trepper a-t-il été torturé? Aurait-il été abandonné sans surveillance avec un autre résistant détenu armé d'un rasoir ? Aurait-il été laissé toute la nuit dans la cour, alors qu'il devait vivre pour pouvoir

1. *La Simple Vérité,* Christian Pineau, Julliard, 1960.

parler ? Les Allemands auraient-ils renoncé à lui faire dire ce qu'il savait après trois journées d'interrogatoire, dont la dernière seulement aurait été féroce ? Quel besoin avaient-ils de le faire raser en pleine nuit ? Était-ce pour le rendre plus présentable à leur collègues parisiens, alors qu'il n'avait plus figure humaine ?

— Le lendemain, la plupart des résistants de Caluire : Dugoujon, Aubry, Lassagne, Schwartzfeld, Lacaze et Larat sont transférés à Fresnes où se trouve déjà le général Delestraint. Aubrac restera seul à Lyon. Quant à Moulin, il semble qu'il ait été conduit ultérieurement à Paris, mais on ignore quand et comment. Delestraint et Aubry seront transférés à Neuilly dans la villa du sinistre Boemelburg, où ils ne verront pas Moulin, dont les gardiens pourtant ne manqueront pas de montrer la porte de la cellule présumée : « Ici, Jean Moulin. » Seul Lassagne sera extrait de Fresnes pour être confronté à Neuilly avec Delestraint et Moulin qu'il décrit « allongé sur un divan, le crâne enveloppé de pansements, le visage jaune et meurtri ». L'homme ne dira pas un mot, et Delestraint refusera d'identifier le gisant comme étant Max, affirmant qu'il ne pouvait reconnaître Jean Moulin dans l'homme qui lui était présenté. Or reconnaître n'importe quel moribond revenait à lui sauver la vie puisque tous les soins auraient été prodigués pour sauver une telle prise. Delestraint aurait-il a fortiori refusé cette dernière chance de survie à Max ?

Et pourquoi de tous les protagonistes de Caluire, l'homme le plus important qui aurait eu droit aux plus grands « égards » fut-il le seul à être massacré sous la torture ?

Et pourquoi le seul malheureux Delestraint sera-t-il exécuté par les SS le 19 avril 1945, alors que les Américains étaient aux portes du camp de Dachau ? Qu'aurait-il pu révéler ? Que l'homme du divan n'avait pas de cicatrice à la gorge ?

— La série d'arrestations conduira évidemment les Allemands à rédiger de multiples rapports. Nous connaissons leur goût tatillon et méticuleux pour la bureaucratie. Ces rapports trouveront leur synthèse dans une note très détaillée du 29 juin appelée rapport Kaltenbrunner qui sera montré à Hitler, lequel y apposera ses initiales. Or ce rapport ne tient aucun compte de la certitude acquise dès le 21 juin, « Max est parmi eux », ni de l'identification le 23 juin du « peintre Jean Martel » comme étant Max. Voici comment est relatée l'arrestation de Caluire : « La réunion avait été provoquée par le chef des Mouvements Unis de Résistance désigné par le général de Gaulle et qui se faisait appeler " Max ". Cependant " Max " lui-même n'a pas assisté à la réunion, car il a été probablement retardé par une rafle de la police française. »

Le retard, nous le savons, était réel, bien que non imputable à une rafle. Mais malgré ce retard qui a concordé avec le retard imprévu de Barbie, Max était pourtant arrêté le 21 juin. Et tous les Allemands de Lyon et de Paris le savaient. Ce rapport n'était pas destiné aux tribunaux français de l'après-guerre, comme le souligne Henri Noguères[1]. Pour quelle raison relate-t-il ce qui aurait dû en toute logique arriver et qui ne s'est pas produit en raison d'un grain de sable imprévu : le déménagement de Dugoujon qui a retardé Barbie ?

— La suite est encore plus troublante. Le 19 octobre 1943, la Gestapo de Montpellier se dérange pour annoncer à la mère de Jean Moulin la mort de son fils en raison d'une défaillance cardiaque. Le lendemain Laure Moulin va à Paris, d'abord rue des Saussaies, puis à la Gestapo. Elle rencontre un officier qui déclare « conduire l'affaire ». Il s'appelle Heinrich Meiners. Comme elle lui demande le lieu de la sépulture, il lui assène : « Mais il n'est pas enterré, il est brûlé. »

Que la Gestapo ait envoyé un messager pour en informer la famille est unique dans l'histoire de la guerre. Cette « humanité » est suffisamment extraordinaire pour être relevée. La Gestapo n'avait pas habitué les familles de résistants à de telles prévenances. Nous ne pouvons que nous interroger. Pourquoi les Allemands tenaient-ils à rendre la mort officielle ?

— Le 2 mai 1944, un autre policier allemand apporte à la

1. Henri Noguères, *op. cit.*, tome III.

mère et à la sœur de Moulin l'avis de décès comme étant survenu à Metz le 8 juillet 1943. Laure Moulin se rend à Paris, au fameux immeuble du 84 avenue Foch, pour obtenir de plus amples renseignements. Elle est reçue par un officier auprès duquel elle s'étonne que son frère ait pu mourir à Metz, alors qu'il était transféré à Paris. Il réplique brusquement : « Mais il n'y était pas. »

Le 25 mai, un autre Allemand vient la voir à Montpellier pour l'assurer que l'urne contenant les cendres lui sera remise. La première visite était étonnante. Les deux suivantes ne le sont pas moins, car le débarquement approche et Laure Moulin sera contrainte d'admettre qu'une telle sollicitude a été unique à l'égard des familles de résistants.

A quel mobile obéissent les Allemands en voulant crédibiliser la mort et en refusant de remettre finalement le corps, ou même l'urne ? Jean Moulin a-t-il réellement été transféré à Paris ?

— En dépit de la macabre sollicitude des Allemands à l'égard de la famille de Jean Moulin, dont Laure Moulin nous dit qu'elle a informé Meunier et Chambeiron, adjoints avant la guerre du ministre Pierre Cot, celui-ci ne croira pas à la mort de Moulin. En effet, Pierre Cot écrira le 15 juin 1945 dans l'hebdomadaire communiste *Action*, en évoquant la figure de Moulin : « S'il ne devait pas revenir, nous essaierions de mener à bien la tâche entreprise avec lui... » Ainsi donc malgré l'annonce du décès faite par la Gestapo en 1943, malgré l'acte de décès fourni en 1944, malgré les précisions fournies par les Allemands à Laure Moulin, malgré les témoignages dont celui d'Aubrac, Pierre Cot considère le retour de Moulin comme possible à la veille de la victoire. Pourquoi ne croit-il pas lui-même à la mort de Moulin ?

— De l'enquête patiente de Laure Moulin après la guerre, il ressort que son frère, ou l'homme qui était transféré à Paris sous son identité avait entre trente et quarante ans. Or, Jean Moulin en avait quarante-quatre et aurait dû en paraître davantage en raison des privations et des mauvais traitements.

Heinrich Meiners, fonctionnaire à la Sûreté allemande de

Paris, déclara qu'aux environs du 29 juin il l'avait vu dans sa cellule à Neuilly et qu'il avait « fondu ». Peut-on « fondre » en une semaine ?

Le père du précédent, Johan Meiners, commissaire de police à Francfort, reçut durant l'été 1943 un appel l'informant qu'un cadavre d'un homme décédé dans le train qui venait de Paris avait été déposé à la gare. « Il s'agissait d'une personne ayant beaucoup souffert », dira-t-il. Comme il voulait le faire autopsier, la Gestapo lui aurait donné l'ordre de ne rien entreprendre, car l'affaire était du ressort de la police secrète. Meiners déclare qu'il ignore ce qu'est devenu le corps.

Accepte-t-on la coïncidence qui veut que ce soit le fils Meiners, policier à Paris, qui « expédie » le moribond, et que ce soit le père Meiners, policier à Francfort, qui « réceptionne » le cadavre — supposé mort à Metz — sur un appel téléphonique reçu par hasard dans son commissariat ?

Que savait le fils qui « conduisait l'affaire » ?

Pourquoi en pleine guerre le père voulait-il faire autopsier le corps d'un Français « terroriste » mort des tortures de ses compatriotes ? A-t-on autopsié une seule victime des nazis en 1943 ?

Pourquoi la police secrète s'est-elle emparée du cadavre et a-t-elle refusé cette étrange autopsie ?

— Mais le plus curieux est encore à venir. Après la guerre, la sœur de Jean Moulin a légitimement poursuivi ses recherches avec l'aide du directeur de la sûreté, Roger Wybot. En 1947, un officier allemand, Misselwitz [1], donnera de mémoire — après quatre ans — un numéro, 10137, comme étant celui de l'urne contenant les cendres de Moulin qui serait mort le 15 juillet. Wybot conclura au 12 juillet, mais il s'avéra que l'incinération eut lieu le 9 juillet, ce qui confirmerait le décès la veille.

En effet, fin décembre 1949, Laure Moulin après avoir dû curieusement obtenir plusieurs autorisations civiles et mili-

1. Le SS Ernst Misselwitz qui fut en 1944 l'un des tortionnaires de Pierre Brossolette. Il sera après la guerre utilisé par la DST.

taires, put consulter les registres du cimetière du Père-Lachaise. Sur l'un des registres figurait la date de la mort au 12 juillet ; sur un autre celle du 9 juillet. Et le gardien sortit comme par magie une petite feuille de son tiroir datée du 30 décembre 1949 — c'est-à-dire du jour même ou de la veille de la visite de Laure Moulin — se référant à une note du 9 juillet 1943 et mentionnant la case 10137, c'est-à-dire le numéro retenu par Misselwitz. En voici le texte intégral : « Le nommé... (état civil actuellement inconnu du soussigné) ressortissant français décédé en territoire allemand, est à retirer ce jour à 18 h 45 pour la Police française à la gare de l'Est, et à faire incinérer immédiatement au crématorium de cette ville. Les cendres seront enterrées dans une urne. Signé Muller Untersturmführer. »

La case funéraire portera ces quelques mots : inconnu incinéré le 9 juillet 1943 présumé Jean Moulin.

Comment Misselwitz a-t-il pu se souvenir du numéro ?

Mais surtout pourquoi la police secrète qui a enlevé le cadavre à Meiners père l'a-t-elle réexpédié à Paris avec ordre de le faire incinérer immédiatement, cas unique là encore dans toute la guerre ? Aurait-on voulu faire officiellement disparaître Moulin en le faisant passer pour mort qu'il était difficile de mieux s'y prendre.

Qui se trouve donc au Panthéon ?

Je ne doute pas que les historiens auront à cœur de se pencher sur ces interrogations. Mais je doute que les réponses soient apportées par Daniel Cordier dans ses prochains livres. Surtout si ceux-ci sont à l'image des premiers. En effet, j'ai écrit plus haut que ce qui était intéressant dans ses ouvrages était le non-dit. En voici quelques exemples parmi de très nombreux :

— Laure Moulin en quatre cent cinquante pages peut nous dire que son frère ne parlait ni ne comprenait l'anglais. Cordier en six mille pages n'en souffle mot, soulignant simplement que Laure le parlait couramment. Sans doute ne faut-il pas diminuer les mérites du « patron ». Est-ce la raison de cette omission alors que la prime enfance et l'adolescence de Moulin occupent environ cent pages où aucun détail concernant ses rédactions scolaires n'est épargné au lecteur ? Ne s'agit-il pas plutôt de la crainte de décrédibiliser l'histoire de Christian Pineau au fort Montluc ?

— Cordier ne citera le commandant Manhès qu'une seule fois dans la biographie de Moulin qu'il a provisoirement arrêtée en novembre 1940. Cette discrétion concernant un proche parmi les proches est-elle purement fortuite ?

Et ne peut-on attribuer qu'à l'oubli l'omission de l'adresse de Moulin à Paris 26 rue des Plantes à partir de 1934 ? ou était-ce parce que cette adresse était aussi celle de Louis Dolivet[1] ? Il est vrai que Laure Moulin qui fournissait l'adresse, ne parlait pas, elle, de Dolivet, qu'elle ne connaissait pas.

— Enfin Laure Moulin lance sans le savoir une petite bombe dans son livre (page 149 de l'édition de 1969) : « Dans le courant de l'été 1937, la même Maryse (Bastié) fit, avec une coéquipière, Suzanne Tillier, un voyage dans l'est européen. A leur arrivée à Paris, elles furent encore accueillies par Jean Moulin accompagné de l'attaché de l'Air de l'URSS, le général Vetchilensko. » Cet épisode glorieux pour l'Aviation populaire chère à Pierre Cot et son équipe aurait pu occuper un plein chapitre de la monumentale biographie de Cordier. Pas un mot. D'autres meetings aériens seront évoqués, mais pas celui-là. Ainsi le nom de ce général soviétique attaché d'ambassade n'aura pas à être cité. Pourquoi ? Qui est-il ?

De son nom réel, Vladimir Vasiltchenko, membre du GRU (espionnage militaire soviétique), est nommé en février 1936 comme attaché de l'air à Paris. Ses collaborateurs sont les officiers supérieurs Simon Ventzov et Iosef Kirilov-Goubetzki[2]. On imagine sans peine la tâche de cet officier général à Paris...

Ces exemples parmi beaucoup d'autres démontrent par

1. Sur Louis Dolivet, on se reportera à *L'Enigme Jean Moulin* où son rôle auprès de Jean Moulin est analysé en détail.

2. Ces informations proviennent des archives appréhendées par l'armée allemande en URSS en 1941, et saisies par les Alliés en 1945. Elles n'ont pas fini de révéler leurs secrets.

conséquent que la masse impressionnante de détails fournie par Cordier n'est destinée qu'à faire écran à une certaine réalité qui doit être occultée. Certains pourraient dire qu'on a cherché à « noyer le poisson »...

A chacun de se forger une opinion.

POUR LA MÉMOIRE

« C'est toi, Dieu, qui bénis le juste, tu le ceins de ta faveur comme d'un grand bouclier. »

Psaumes, V, 13.

GEORGES BIDAULT, qui fut le second président du Conseil national de la Résistance, rédigea le texte du décret nommant Henri Frenay chevalier de la Légion d'honneur en date du 20 septembre 1946. Le voici. Il faut en apprécier chacun des termes :

> Une des plus puissantes figures de la Résistance. Auteur du premier appel à la lutte le 15 août 1940. Créateur du premier Mouvement de Résistance, a donné immédiatement à son action une forme militaire. Créateur et organisateur de l'Armée secrète. Chef de l'action militaire de la Zone Sud pour le compte des Mouvements Unis pour la Résistance. A, par son dynamisme et sa volonté, fait naître tous les organismes de base de l'action future qui a permis la Libération. Combattant qui peut être considéré comme le promoteur de la lutte armée en territoire métropolitain.

Il n'y manque rien. Et c'est le plus simplement, et sans l'avoir jamais sollicité, qu'Henri Frenay fut élevé en 1983 à la dignité de grand officier de la Légion d'honneur.

Il faut se souvenir qu'Henri Frenay et Berty Albrecht étaient hébergés en 1943 à Cluny, chez les Gouze, où ils firent la connaissance de leurs deux filles, Christine et Danièle. La première sera plus tard secrétaire particulière d'Henri Frenay devenu ministre des Prisonniers, Déportés et Réfugiés, avant de se lancer avec succès dans la production de films et de devenir Madame Roger Hanin. La seconde épousera François Mitterrand et deviendra ainsi Première

Dame de France. Henri Frenay avait gardé le souvenir de conversations avec Danièle Gouze qu'il lui arrivait d'aider à faire ses devoirs, notamment de philosophie. Par la suite, Henri et Chilina Frenay devinrent parrain et marraine de Gilbert, le dernier-né des Mitterrand, dont ils étaient d'ailleurs voisins dans le même immeuble, rue Guynemer, face au jardin du Luxembourg. Les rapports entre les deux couples se tendirent après les manifestations communistes de juillet 1945, dirigées contre le ministre Frenay. « Frenay, démission, Frenay au poteau », scandait alors une masse de prisonniers rapatriés, défilant, communistes en tête, et conduite par Jacques Duclos et André Marty.

Ces manifestations faisaient suite au meeting communiste du 12 juin, salle Pleyel, qui constituait le point d'orgue d'une campagne de calomnies et d'affichage à l'échelon national menée contre celui, dont ils auraient eu en effet tout à craindre, à commencer par la vérité. Et auquel ils ne pouvaient pardonner d'avoir résisté dès 1940, et pas seulement après le 22 juin 1941, alors que Maurice Thorez avait déserté pour Moscou (alors allié de Berlin) en traversant sans encombre la Belgique occupée et l'Allemagne, et que Georges Marchais...

Il est difficile dans le contexte actuel de disparition du communisme, de mesurer le poids politique que le parti communiste français avait conquis après la Libération, grâce, nous n'en doutons pas, au Conseil national de la Résistance et à l'action de Jean Moulin. C'était l'époque où Jean-Paul Sartre pouvait traiter de « salauds » les anti-communistes, bien vite assimilés à des « fascistes ». Le parti des « soixante-quinze mille fusillés »[1] exerçait une véritable dictature intellectuelle sur la Nation. Critiquer Staline ou l'URSS relevait du crime. Bref, la virulence de ces staliniens était d'autant plus vive qu'avait été tardive et télécommandée de l'extérieur leur résistance patriotique.

Grande fut donc la tristesse d'Henri Frenay de reconnaître le futur président de la République défilant sous ses fenêtres aux côtés des communistes en sa qualité de dirigeant d'un

1. Légende colportée par les communistes depuis la Libération.

mouvement regroupant les Prisonniers de guerre et Déportés. L'Histoire y verra peut-être un clin d'œil...

Mais il convient de dire à sa décharge qu'à deux reprises, François Mitterrand reconnaîtra publiquement et solennellement son injustice de l'époque.

Les rapports des deux hommes s'étaient par la suite estompés. Le tourbillon de la vie les avait momentanément éloignés l'un de l'autre, jusqu'à cette distinction de 1983, que le Président voulait décerner personnellement à Frenay, au palais de l'Élysée. Le récipiendaire fit savoir qu'il préférait la cour d'honneur des Invalides, sur le front des troupes. Ce qui fut fait selon son désir. Fin décembre 1987, sur proposition du président François Mitterrand, et du premier ministre Jacques Chirac, Henri Frenay apprit la parution du décret l'élevant cette fois à la dignité suprême : celle de grand-croix de la Légion d'honneur. Comme le Président avait souhaité à nouveau que la cérémonie eût lieu dans les salons de l'Élysée, et surtout puisque le décret visait « soixante-trois ans de services civils et militaires », Henri Frenay accepta cette remise moins militaire. Il ne se doutait pas qu'une cérémonie à sa mémoire serait organisée six mois plus tard aux Invalides...

J'espère que Chilina et Henri ne m'en voudront pas de révéler qu'Henri Frenay hésita à accepter cette remise dont il ne voyait plus très bien la nécessité. Peut-être aurai-je eu avec quelques autres amis une influence sur lui en soulignant le côté civil, plutôt que militaire, de la distinction, et en rappelant l'engagement européen du Président qui comblait d'aise l'ancien chef des Fédéralistes qu'était Henri Frenay ? Après tout, c'était aussi bien l'ardent défenseur de la CED [1], que le précurseur de l'Europe qui était à l'honneur. Se rendre à l'Élysée pouvait donc revêtir une grande importance pour cette Europe tant désirée... à la veille de l'annonce de la candidature de François Mitterrand à un second mandat présidentiel. Il est de fait que la cérémonie eut lieu le 15 mars 1988 et que le Président devint candidat-président moins d'une semaine plus tard...

1. Communauté européenne de défense.

Mais avant cela, Henri Frenay avait dû donner sa liste d'invités personnels au service du Protocole de l'Élysée, tout en adressant à chacun une lettre dont on appréciera encore le style. Non pas qu'il faille l'apprécier comme si Henri Frenay ait eu quelque velléité d'entrer à l'Académie française — encore que ses livres l'en eussent certainement rendu digne —, mais parce que le lecteur déjà familiarisé avec sa manière d'écrire ne pourra se laisser abuser par des textes odieux dont on a tenté, après sa disparition bien entendu, de lui attribuer la paternité :

Le 29 janvier 1988

Amis,

Le Président de la République me remettra les insignes de Grand-Croix de la Légion d'Honneur dans les salons de l'Élysée à une date non encore fixée, peut-être dans le courant du mois de mars. En même temps il m'a été ouvert un certain « crédit » d'invités.

— La haute distinction qui m'est décernée vise « 63 ans de services civils et militaires » ; en fait une longue vie jalonnée par des activités bien différentes. Alors j'ai souhaité que, le jour de la cérémonie soient réunis autour de moi des hommes et des femmes — tous des amis — qui, d'une manière ou d'une autre, m'ont accompagné et secondé dans mes entreprises ou, plus simplement, sont représentatifs d'un moment de mon existence, notamment Saint-Cyr et l'École de Guerre. A eux s'ajouteront naturellement les membres de ma famille.

— Chaque destinataire de la présente lettre sera invité. Je tenais à le lui faire savoir sans tarder.

— En temps voulu, il doit recevoir, directement de la Présidence de la République, une invitation qui sera en même temps un laissez-passer.

— Le « crédit » d'invités qui m'est alloué, bien qu'assez généreux, ne m'a pas permis d'envoyer cette lettre à tous ceux que je désirais inviter, notamment certains époux ou épouses. Je leur demande de ne pas m'en tenir rigueur.

— Je souhaite vivement que vous soyez tous avec moi au jour fixé, tout particulièrement ceux de la Résistance, de Combat et du Ministère dont j'ai eu la charge car, j'en ai conscience, l'honneur qui m'est fait s'adresse à eux tout autant qu'à moi-même.

— A tous, à chacun, je dis à bientôt et j'adresse l'expression de mes amicales pensées.

Henri Frenay.

La cérémonie fut sobre et émouvante. Au centre d'une assistance en demi-cercle, Henri Frenay, debout, humble comme d'habitude, se tenant droit et déjà fortement amaigri... Nous savions depuis la veille la gravité de son mal que Chilina lui avait caché afin de préserver ses derniers jours. Une centaine de personnes sur lesquelles pouvait se lire plus d'un demi-siècle d'histoire : Saint-Cyr et l'École de Guerre, la Résistance et la Libération, le combat pour l'Europe. Toutes conscientes d'assister à un moment rare et précieux.

« Monsieur le Président de la République... »

François Mitterrand entre, comme glissant sur les tapis de ce grand salon d'apparat. Les poings fermés collés au corps. La tête ne bouge pas, il ne regarde personne. Plus un bruit. Le Président s'arrête à six pas du récipiendaire, face à un micro, et sans notes, d'une voix contenue, s'adresse lentement à l'assistance. Ses yeux clignent. Il semble réellement intimidé...

« Mesdames et Messieurs, Chers Amis, vous êtes venus accompagner Henri Frenay... Il était l'incarnation de la jeune Résistance intérieure... l'authenticité... l'homme au regard et à la pensée clairs... qui déjà voyait plus loin... »

Le Président évoque sa rencontre avec Henri Frenay à Mâcon en 1942, lorsqu'il fut conduit par son condisciple et ami Pierre de Bénouville, puis celle d'Alger en décembre 1943...

« Je peux le dire, je considérais Henri Frenay comme le meilleur... »

Et enfin, cet aveu : « Je me souviens d'une forme d'injustice dont nous avons été tous coupables, lorsque cet homme toujours un peu trop seul, avec cependant des amis dévoués, fut en charge de la plus lourde responsabilité de l'immédiat après-guerre... de la Libération de Paris... et cette ingratitude, je le répète, ingratitude, qui va toujours vers ceux qui ne transigent pas avec ce qu'ils considèrent être leur devoir... »

François Mitterrand s'adresse toujours à l'assistance, comme si Henri Frenay s'était déjà élevé, là où l'œil ne le perçoit plus...

« Henri Frenay symbolise encore et toujours la forme la plus carrée et la plus pure de l'engagement pour la France... »

D'une voix douce et regardant cette fois Henri Frenay, le Président articule lentement cette phrase codée : « J'éprouve un plaisir très personnel à me retrouver là, devant Henri Frenay, après nos vies traversées de tant d'événements qui nous ont toujours permis de nous rejoindre aux moments utiles, même quand nous nous dispersions quand c'était inutile. »

La conclusion s'imposait : « Je vais maintenant, Henri Frenay, vous remettre la Grand-Croix. Nous sommes quelques-uns seulement à la porter. Moi de par ma fonction. Vous, tout entier, par votre vie et par votre mérite. »

De ma place, je pouvais voir la flamme des yeux du général de Bénouville rendue plus brillante par les larmes qu'il contenait. Ce fut ensuite l'écharpe. L'accolade des deux hommes, dont un avait lutté pendant des décennies pour obtenir ce que l'autre aurait pu avoir sans peine, si seulement notre Pays avait eu la chance qu'il le voulût... Hélas, son mal empirait. Quelques jours plus tard, je conduisais Henri et Chilina Frenay à l'hôpital de Garches où de nouveaux soins furent prodigués. Fin juin, ils partirent en Corse. Henri s'affaiblissait de jour en jour, d'heure en heure. Il pouvait encore écrire et envoya ses adieux en juillet, prenant des dispositions pratiques comme il l'avait toujours fait. Je reçus en legs partie de ses archives. Il laissait aussi des instructions pour que ses travaux puissent se poursuivre.

Et c'est dans la paix des justes qu'il rendit son dernier souffle, toujours soutenu par Chilina dont l'amour le berça et l'aida jusqu'à la fin.

Il était parti comme il avait vécu : sans bruit. Ses obsèques à Porto-Vecchio furent tout aussi discrètes. En ce samedi 6 août 1988, la France était en vacances. Elle ne s'aperçut qu'elle venait de perdre le meilleur des siens que le 9 août. J'ai cru percevoir à la lecture de la plupart des articles parus, comme une gêne : celle que l'on ressent devant l'arbre immense que l'on vient d'abattre ; celle que l'on ressent devant l'indicible ; celle enfin du fils ingrat devant la mort du Père. Le meilleur des articles qui lui furent alors consacrés est signé de Jeanne Hersch[1].

La Nation devait cependant lui rendre un hommage solennel, à l'initiative du président de la République, réélu dans l'intervalle. Les Invalides en furent le théâtre, le 20 septembre 1988. Sous la coupole de l'église Saint-Louis, ornée de tous les étendards, symboles des victoires, une foule se pressait, silencieuse et recueillie pour entendre l'homélie de Mgr Lustiger. C'était l'abbé de Naurois, le moine-soldat, compagnon de la Libération, qui devait célébrer cette messe in memoriam. La maladie l'en avait, hélas, empêché. « Le métier des armes appelle, chez tous les peuples, le courage, l'héroïsme. Il suppose l'exercice de l'autorité et la prééminence d'un seul. » Tels furent les premiers mots étonnants, exceptionnels dans la bouche d'un prélat, qu'il nous fut donné d'entendre...

Au premier rang, à droite, les politiques. Le président de la République, devant, seul, hiératique. Derrière, tous les premiers ministres de la France, Jacques Chirac excepté. Il est vrai que son échec aux présidentielles face à François Mitterrand était encore très frais. Tout le gouvernement et les anciens ministres. Tous les corps constitués et les officiels. L'Armée, les Compagnons de la Libération...

Devant, à gauche, la famille, les proches. Leur simplicité détonnait en ce lieu devant un aréopage si considérable. Sur un côté, les jeunes filles de l'École de la Légion d'honneur et face à elles une escouade de jeunes Saint-Cyriens. C'était la note de fraîcheur qu'eût aimée Henri, lui qui appréciait tant la vie.

Au sortir de l'église, dans la cour d'honneur, alignés, des détachements de tous les corps de l'Armée, parmi lesquels les Saints-Cyriens, les aviateurs et les marins, qui avaient belle allure. La Garde républicaine jouait des marches funèbres.

1. Sous le titre : « A la mémoire d'Henri Frenay », *Commentaire,* n° 44, hiver 1988-1989.

L'ensemble était imposant. L'archevêque se tenait du haut de l'escalier, comme s'il avait craint de se mêler de trop près à cette cérémonie profane. En face des détachements, la famille, le gouvernement, les dignitaires prenaient place en une longue rangée fraternelle. Le discours devait être prononcé par le général de Bénouville, l'ami, l'âme œcuménique de cette manifestation. Lui aussi était gravement souffrant, des séquelles de son emprisonnement à Toulon et de son accident de 1944. François Mitterrand le remplaça. Et pour une fois, qu'il me soit permis de dire que les « doublures », civile et religieuse, valaient bien, au moins en notoriété, les « titulaires ».

Le Président est seul au centre de l'immense cour, face à l'archevêque. Il lira son discours lentement : « Je voudrais, en cet instant solennel, que ma voix pût pénétrer loin dans la France, pour que les générations nouvelles et pour que la jeunesse sachent qu'Henri Frenay était un soldat modèle, un citoyen résolu, qu'il a marqué son époque, qu'il marquera son histoire... Il me semble pourtant que nous ne lui avons pas rendu justice autant qu'il eût fallu... »

Le Président évoque à nouveau les « injustices » dont le ministre Frenay fut victime et conclut :

« À la Nation, que je représente, je demande de méditer ce grand exemple, de conserver à la mémoire d'Henri Frenay la reconnaissance due à ceux qui ont servi mieux que quiconque, sans attendre quoi que ce soit d'autre que d'avoir réussi leur vie en accord avec leurs convictions. Je voudrais, vous qui l'avez aimé et qui resterez près de lui jusqu'à la dernière minute de votre vie, que vous sachiez à quel point, en cet instant, je ressens, non seulement ce que peut être votre peine, mais aussi ce que doit être votre certitude d'avoir accompagné un grand Français [1]. »

La Marseillaise, la minute de silence, dense, électrique... Et des galeries du premier étage des voix s'élèvent qui entonnent, puis chantent le *Chant des Partisans.* Tous les compagnons se tiennent par la main, fraternellement. Les larmes coulent sans retenue sur ces joues ridées. L'émotion

1. Discours de François Mitterrand en annexe 9.

est palpable. Elle m'étreint. Chilina est entourée des siens, de son fils, de ses deux petites-filles, de Mireille Albrecht.

Non, la Nation n'a pas rendu totalement à Henri Frenay l'hommage qui lui est dû. Le 6 août 1989, sur sa tombe de Porto-Vecchio, je me recueillais avec ses proches. Tout est-il déjà oublié ?

Et c'est en revenant dans sa maison, en m'enfermant dans sa bibliothèque spartiate que je compris que si pour l'homme, nous ne pouvions plus rien, sinon le conserver dans notre cœur, pour notre honneur, il nous incombait d'obtenir qu'Henri Frenay fût inhumé [1] aux Invalides, face aux maréchaux Foch et Lyautey, lui qui avait inventé, créé et commandé l'Armée Secrète dont il est possible de dire qu'elle compta autant, sinon plus, que la Grande Armée commandée par ce petit Caporal qui, lui, était né sur la terre de Corse.

1. Henri Frenay se vit proposer après la guerre le grade de général de brigade au titre de la Résistance, comme ce fut le cas pour les généraux Chevance-Bertin, Pierre de Bénouville, Jacques Chaban-Delmas et Alfred Malleret-Joinville. Il refusa et se contenta de celui de colonel, grade qui avait été celui de son père.

Annexes

ANNEXE 1

Fac-similé du jugement du tribunal de grande instance de Paris du 14 novembre 1984.

Seules les adresses des personnes concernées ont été supprimées dans cette décision comme dans les suivantes.

TRIBUNAL DE GRANDE INSTANCE DE PARIS

Ière Chambre - Ière section

JUGEMENT RENDU LE I4 NOVEMBRE I984

DEMANDEURS :

Monsieur Henri FRENAY

LA FEDERATION NATIONALE DES AMICALES "COMBAT" représentée par Monsieur Henri FRENAY -

représentés par :
Me Charles BENFREDJ Avocat-

Monsieur Claude BOURDET

représenté par :
Me Gilbert HEISZMANN Avocat-

Monsieur Louis HOREAU, journaliste

Madame Marie Odile FARGIER, journaliste

Monsieur Serge RICHARD journaliste

représentés par :
Mes BLOCH et BOISSEL Avocats

Monsieur Louis BLOCH dit Louis BARAL
journaliste,

Monsieur Jean-Pierre FARKAS, journaliste

Madame Jacqueline BERNARD, journaliste

Monsieur Jean LACOUTURE, journaliste,

Monsieur Victor PERONI, journaliste,

Monsieur Jean-Marie DUPONT, journaliste,

Madame Françoise TAILHADES, journaliste

Monsieur Michel VOIROL, journaliste,

Monsieur Jean BENOIT, journaliste,

Agissant tant en leur nom personnel qu'en qualité de Membres de l'Association des Journalistes de Combat, association en formation

LA FEDERATION FRANCAISE DES SOCIETES DE JOURNALISTES agissant par son Président Monsieur Jean SCHWOEBEL

représentés par :
Mes BLOCH et BOISSEL Avocats D.43I

page deuxième

Ière chambre
Ière section
I4 Novembre I984

N°14

DEFENDEURS :

Maîtres PAVEC, GUILEMONAT et GIRARD, syndics prisen leur qualité d'administrateurs de l'étude de feu Maître SAGETTE et pris également enleur qualité de Syndics de la liquidation des biens de la S.A. du Journal COMBAT

représentés par :
Me JOHANET Avocat -

Maîtres DEMORTREUX et GERALDY
Notaires associés

NON COMPARANTS

COMPOSITION DU TRIBUNAL
Magistrats ayant délibéré

Monsieur DRAI, Président,
Madame ANGIBAULT, Vice-Président,
Monsieur LEONNET, Vice-Président,

Monsieur BOITTIAUX
Premier Substitut

GREFFIER
Madame BAYARD

DEBÂTS : à l'audience du 3 Octobre I984, tenue publiquement,

JUGEMENT : prononcé en audience publique, réputé contradictoire, susceptible de contredit.

Le 27 Juillet I975, la Société anonyme dénommée "SOCIETE ANONYME JOURNAL COMBAT" a été déclarée en état de liquidation de biens, en suite de quoi ses syndics, M.M.PAVEC, GUILLEMONAT et GIRARD - tous trois désignés en remplacement de Me SAGETTE, décédé - ont entrepris de mettre en vente publique, sur adjudication, le titre du journal quotidien "COMBAT" et "la clientèle attachée "à l'exploitation de ce titre, en tant qu'elle peut "subsister mais sans aucune garantie" ;

Cette vente publique, qui devait avoir lieu, le 26 Octobre I983, en l'étude des Notaires associés DEMORTREUX et GERALDY, a été suspendue par Ordonnance de Référé du même jour (26 Octobre I983), sur la demande formée par Henri FRENAY, Claude BOURDET, LA FEDERATION NATIONALE DES AMICALES COMBAT, un certain nombre de journalistes agissant à titre individuel et la FEDERATION FRANCAISE DES SOCIETES DE JOURNALISTES.

Ces mêmes demandeurs ont, par assignation du 24 Octobre I983, engagé la présente instance au fond pour voir dire et juger que le titre "COMBAT" ne fait pas partie de l'actif de la Société d'éditions déclarée en état de liquidation de biens et que, dès le 27 Juillet I975 (date du jugement de liquidation), il a subi les effets d'une "dévolution" telle que prévue par l'article 7 des statuts de ladite société ;

Par voie de conclusions "additionnelles" du 20 Décembre I983, Henri FRENAY et la FEDERATION NATIONALE DES AMICALES COMBAT ont demandé la nullité du dépôt effectué le I8 Juin I98I par Me SAGETTE, ès-qualités, à l'INSTITUT NATIONAL DE LA PROPRIETE INDUSTRIELLE (N° d'enregistrement I I72 766) du titre "COMBAT" en tant que marque relevant des classes de produits ou services I6,35 et 4I ;

Pour soutenir leur action, les demandeurs ont, d'abord, fait valoir que "COMBAT" avait été le nom désignant un mouvement de résistance à l'ennemi, pendant les années de l'occupation, et un journal clandestin, avant de devenir - dès le 2I Août I944 - le titre d'un journal quotidien à la vie duquel ont collaboré "des dirigeants et éditorialistes prestigieux"(Albert CAMUS - Raymond ARON - Albert OLLIVIER - Pascal PIA-Claude BOURDET - Pierre HERBART - Georges ALTSCHULER - Marcel SIMOND - Jean TEXCIER) ;

Ils ajoutent que ce titre, étant "la résul-
"tante des efforts combinés des combattants de la
"résistance, des collaborateurs du journal clandestin,
"et de ceux d'après la libération", dispose d'une
"résonnance particulière et originale" qui imposerait
que soit évitée une vente aux enchères "à n'importe
"qui", vente qui "sacrifierait des droits moraux aussi
"sacrés qu'un droit de propriété" ;

Henri FRENAY et la FEDERATION NATIONALE DES AMICALES COMBAT ont, d'autre part dans leurs conclusions additionnelles du 20 Décembre I983, précisé que, par une application pure et simple des clauses des statuts de la SOCIETE ANONYME JOURNAL COMBAT (article 7), le titre "COMBAT" leur est "revenu" dès le jour du prononcé du jugement de liquidation (27 Juillet I975) ;

* * *

En cours d'instance (I6 Février I984) l'ASSOCIATION DES JOURNALISTES DE "COMBAT" est intervenue volontairement aux débats pour solliciter le bénéfice de l'assignation initiale du 24 Octobre I983, cependant que les journalistes, pris à titre individuel et dénommés en tête du présent jugement, déclaraient se désister de leur action ;

* * *

Les syndics PAVEC, GUILLEMONAT et GIRARD, procédant à une analyse des documents produits aux débats par les demandeurs insistent sur leur "totale "contradiction" et font valoir, en particulier, qu'une application pure et simple de l'article 7 des Statuts, dans le sens souhaité par Henri FRENAY, tendrait à consacrer un abus de biens sociaux et un détournement d'actif, au préjudice des créanciers ;

C'est pourquoi, à titre principal, les syndics demandent, par application de l'article II2 du Décret du 22 Décembre I967, le renvoi de la cause devant le Tribunal de Commerce qui serait seul compétent pour en connaître et, à titre subsidiaire, sollicitent une décision déclarant inopposable aux créanciers une clause des statuts sociaux dont la cause et l'objet seraient nuls et "contraires à l'ordre public" ;

* * *

A l'issue des débats, les parties et leurs Conseils ont été informés que le jugement serait prononcé, à l'audience publique de ce jour ;

* * *

SUR LA RECEVABILITE

Attendu que les Syndics PAVEC, GUILLEMONAT et GIRARD qui ont pris acte de l'intervention volontaire aux débats de l'ASSOCIATION DES JOURNALISTES DE COMBAT constituée en cours d'instance, n'opposent aucun moyen d'irrecevabilité à l'action engagée par l'un ou l'autre des demandeurs figurant en tête de l'assignation du 24 Octobre 1983 ;

Qu'il apparait que chacun de ces demandeurs justifie d'un intérêt personnel et moral suffisant pour solliciter l'application des dispositions de l'article 7 des Statuts de la Société en liquidation, lequel article 7 prévoit la dévolution du titre "COMBAT" en cas de liquidation et devrait assurer la protection et le respect des droits moraux dont chacun, pour son action passée, veut assumer la charge ou réclamer le bénéfice ;

SUR L'EXCEPTION D'INCOMPETENCE

Attendu que l'exception d'incompétence opposée par les Syndics PAVEC, GUILLEMONAT et GIRARD ne peut être accueillie ;

Qu'en effet, les demandeurs à l'instance, tiers civils étrangers à la procédure collective de liquidation de la Société anonyme JOURNAL COMBAT entendent soumettre au Tribunal un différend se rattachant à l'interprétation et à l'exécution d'une convention d'apport en société antérieure à l'ouverture de ladite procédure collective, différend qui serait survenu de la même manière si cette société était restée "in bonis" et avait seulement violé les obligations contractuelles nées de ses engagements ;

Que, d'autre part, en soumettant in limine litis au Tribunal, sans opposition des Syndics, le problème connexe né de l'appréciation de la validité du dépôt de marque effectué par Me SAGETTE, le 18 Juin 1981, les demandeurs ont, par application de l'article 24 de la loi du 31 Décembre 1984, lié la compétence des juges civils ;

SUR LE FOND

Attendu qu'il résulte des pièces versées aux débats et des conclusions des parties à l'instance que celles-ci entendent considérer le titre "COMBAT" comme un bien par détermination, susceptible d'appropriation et de transaction ;

Qu'en effet, en se fondant, d'un commun accord, sur l'arbitrage de Louis MARTIN-CHAUFFIER (sentence du 24 Février 1946) qui avait conclu que ce titre est "une propriété indivisible" dont les titulaires étaient désignés de façon individuelle ou collective, les parties à l'instance reconnaissent nécessairement à l'objet en litige la qualification d'un élément de patrimoine, évaluable en argent, nonobstant le régime juridique particulier aménagé et imposé par les évènements historiques auxquels ce bien a dû sa naissance ;

Qu'en particulier, en se proposant de vendre aux enchères publiques et au plus offrant le titre "COMBAT", pris isolément, les Syndics ont, si besoin était, confirmé la qualification s'attachant à la nature patrimoniale de ce bien ;

Attendu qu'en cet état, le titre "COMBAT" a pu valablement faire l'objet d'un apport en jouissance à la Société "JOURNAL PUBLICATIONS ET EDITIONS COMBAT", dès la création de cette Société en I945-I946 ;

Qu'au moment de la transformation de cette société en responsabilité limitée en société anonyme en suite d'une Assemblée Générale extraordinaire du 5 Mai I95I, il a été rappelé, et précisé que Jean-Michel BLOCH - agissant comme gérant d'affaires de l'ancien mouvement clandestin COMBAT- avait fait apport à la société et à titre gratuit du droit au titre ;

Attendu que cet apport, non rémunéré par des parts sociales et réalisé par une personne agissant comme "gérant d'affaires" et donc pour le compte d'autrui, ne peut s'interpréter que comme un apport de jouissance, lié à ladurée de la société bénéficiaire, d'un bien affecté nécessairement et indissolublement à la publication du journal et pour assurer la survie de celui-ci ;

Attendu que la qualification ainsi donnée à l'apport du titre est confirmée par les Syndics eux-mêmes, lesquels, dans leurs conclusions signifiées le I3 Avril I984, admettent expressément, en se fondant sur le surarbitrage de Louis MARTIN-CHAUFFIER, que M.BLOCH-MICHEL "ne pouvait "céder au journal "COMBAT" que le droit qui lui était "reconnu, c'est-à-dire, en réalité, l'usage et la jouissance "exclusifs du titre, et non sa propriété" ;

Attendu que le sort réservé à l'apport effectué par M.BLOCH-MICHEL, en cas de liquidation de la société révélant un passif supérieur à l'actif (art.6 des Statuts modifiés le 3 Juin I947) et qui prévoit, dans une telle hypothèse, le retour du titre "COMBAT" au Président de la FEDERATION DES AMICALES COMBAT ne peut être interprété qu'à la lumière de la sentence de M.Louis MARTIN-CHAUFFIER - loi des parties - et en se combinant avec ce qui en constitue le fondement essentiel, savoir la reconnaissance du caractère indivisible de la propriété du bien au profit notamment de Henry FRENAY et de Claude BOURDET (art.Ier

bk

du dispositif de la sentence) ,

Attendu dès lors que du fait de la disparition de la société entrainant la cessation de publication du journal "COMBAT", l'hypothèse envisagée, sans intention frauduleuse et dès la création de la société, par une clause statutaire régulièrement publiée et opposable à tous créanciers sociaux, se trouve réalisée et que c'est à tort et sans droit que les Syndics ont proposé à la vente publique, sur adjudication, un bien qui, dès le 27 Juillet 1975, avait deplano échappé au patrimoine social dont ces mêmes syndics avaient reçu la charge ;

Attendu qu'il suit de là que c'est sans droit que Me SAGETTE, syndic, a sollicité et obtenu, le 18 Juin 1981, l'enregistrement du dépôt à l'INSTITUT NATIONAL DE LA PROPRIETE INDUSTRIELLE du titre "COMBAT" comme marque relevant des classes 16, 35 et 41 ;

Qu'il y a lieu d'ordonner la radiation du dépôt et de l'enregistrement ;

Attendu qu'il apparait au Tribunal qu'il n'y a lieu à application de l'article 700 du Nouveau Code de Procèdure Civile ;

Attendu, enfin, que l'Ordonnance de Référé du 26 Octobre 1983 continuant de produire ses effets, il n'y a pas lieu d'ordonner l'exécution provisoire du présent jugement ;

P A R C E S M O T I F S

LE TRIBUNAL, statuant en audience publique

Donne acte à M.M. HOREAU, FARGIER, RICHARD, BLOCH dit BARAL, FARKAS, BERNARD, LACOUTURE, PERONI, TAILHADES, DUPONT, VOIROL et BENOIT de leur désistement, tant en leur nom personnel qu'en leur qualité de "membres "de l'ASSOCIATION DES JOURNALISTES DE COMBAT, alors "en formation" ;

Donne acte à l'ASSOCIATION DES JOURNALISTES DE COMBAT de son intervention volontaire aux débats et de sa déclaration de reprise de l'instance engagée à titre personnel par les journalistes sus-nommés ;

Vu l'article 76 du Nouveau Code de Procédure civile ;

Se déclare compétent pour connaitre de la demande contenue dans l'assignation du 24 Octobre

I983 et les conclusions additionnelles signifiées le 20 Décembre I983 ;

Dit que le titre "COMBAT" ne fait pas partie de l'actif de la société anonyme "JOURNAL PUBLICATIONS ET EDITIONS COMBAT" ;

Dit que la dévolution de ce titre a été réalisée le 27 Juillet I975 par la mise de ladite société en état de liquidation des biens et conformément à ses statuts ;

Donne acte à Claude BOURDET de ce qu'il déclare vouloir que le titre "COMBAT" revienne au Président de la FEDERATION NATIONALE DES AMICALES COMBAT et de ce qu'il déclare se réserver expressement l'exercice d'un droit moral sur ce titre ;

Donne acte à Henri FRENAY de ce qu'il déclare se réserver expressement l'exercice d'un droit moral sur le même titre ;

Dit nul et de nul effet le dépôt par feu Me SAGETTE, ès-qualités, du titre "COMBAT" en date du I8 Juin I98I à l'INSTITUT NATIONAL DE LA PROPRIETE INDUSTRIELLE sous le N° 60005I-;

Dit nul et de nul effet l'enregistrement de ce dépôt, effectué sous le N° II72766 ;

Ordonne, sur réquisition de M. Le Greffier en Chef l'inscription au Registre National de Marques de la nullité dudit dépôt ;

Ordonne la radiation du dépôt et de l'enregistrement du Bulletin Officiel de la Propriété Industrielle et de tout registre ou fichier industriel ;

Dit n'y avoir lieu à allocation de sommes au titre de l'article 700 du Nouveau code de Procédure Civile ;

Dit n'y avoir lieu à exécution provisoire du présent jugement et constate que l'Ordonnance de Référé du 26 Octobre I983 continue de produire ses effets et ce, jusqu'à ce que le présent jugement deviendra définitif

Condamne les Syndics PAVEC, GUILLEMONAT et GIRARD, ès-qualités, aux dépens et dit Me BENFREDJ et Me J.E.BLOCH pourront recouvrer directement contre eux ceux des dépens dont ils ont fait l'avance sans avoir reçu provision ;

Fait et jugé à Paris, le 14 Novembre 1984,

LE GREFFIER

P.BAYARD

LE PRESIDENT

P. DRAI

page dixième et dernière./.

ANNEXE 2

Ordonnance de référé du tribunal de grande instance de Paris du 2 janvier 1987.

TRIBUNAL
DE GRANDE INSTANCE
DE PARIS

ORDONNANCE DE REFERE, rendue le 2 JANVIER 1987

par Monsieur AQUENIN, Vice-Président au Tribunal de Grande Instance de Paris, tenant l'audience publique des référés par délégation du Président du Tribunal,

assisté de Fabienne FONTAINE, Greffier ;

DEMANDERESSE :

- LA SOCIETE NOBAPRESSE "NOUVEAU COMBAT POUR UNE PRESSE LIBRE",

représentée par son Président Directeur Général, M. Jean-Claude GOUDEAU ;

Me GARAUD, Avocat,

DEFENDEURS :

- Monsieur Henri FRENAY,

, pris tant en son nom personnel qu'en sa qualité de Président de la FEDERATION NATIONALE DES AMICALES "COMBAT" ;

- Monsieur Claude BOURDET,
pris tant en son nom personnel qu'en sa qualité de représentant de L'ASSICIATION DES JOURNALISTES DE "COMBAT",

Me Charles BENFREDJ, Avocat,

INTERVENANTS VOLONTAIRES :

- LA FEDERATION NATIONALE DES AMICALES "COMBAT"

Représentée par Monsieur FRENAY, Président,
- L'ASSOCIATION DES JOURNALISTES DE "COMBAT"

Représentée par Monsieur HOREAU, Secrétaire Général,

Nous, Président, Après avoir entendu les parties comparantes ou leur conseil ;

La Société NOBAPRESSE "NOUVEAU COMBAT POUR LA PRESSE LIBRE" (ayant pour Président Directeur Général Monsieur Jean-Claude GOUDEAU) a été créée en vue d'éditer un hebdomadaire auquel elle a projeté de donner pour titre "NOUVEAU COMBAT", le premier numéro devant être mis en vente le 7 JANVIER 1987 ;

Le 19 DECEMBRE 1986, Monsieur Jean-Claude GOUDEAU a reçu de Monsieur Henri FRENAY une lettre constituant une mise en demeure de renoncer à l'utilisation du titre "NOUVEAU COMBAT" et rédigée en ces termes :

Monsieur Jean-Claude GOUDEAU
le (soit disant) nouveau combat
60, rue de la Chaussée d'Antin
Paris 9°

Monsieur,

Je viens d'apprendre, documents à l'appui, que vous avez l'intention de faire paraître sous votre responsabilité un hebdomadaire dont le titre serait "LE NOUVEAU COMBAT" ;
La date de parution serait au début de l'année 1987.

Au cas où vous n'en seriez pas informé, je tiens à vous faire savoir que je suis (en 1941) le fondateur du Mouvement de Résistance "COMBAT" et du journal du même nom qui en était l'expression. En outre, tant à titre personnel qu'en ma qualité de Président de la Fédération Nationale des Amicales COMBAT je suis en droit d'interdire l'usage et l'exploitation de ce titre.

Je suis sûr par ailleurs que mon ami CLaude BOURDET qui bénéficie d'un droit moral sur ce titre et "l'association des "Journalistes de COMBAT" se joindraient à moi pour agir si vous ne m'écriviez pas explicitement votre renonciation à l'usage de ce titre. J'attendrai votre lettre jusqu'au 24 DECEMBRE prochain.

Recevez l'expression de mes sentiments distingués.

Signé : FRENAY

P.S. Un exemplaire de cette lettre est adressé à votre boite postale B.P. 4907 - 75327 PARIS CEDEX 07. L'une et l'autre auraient été recommandée A.R. si cela avait été matériellement possible.

La Société NOBAPRESSE nous demande :

"Vu l'urgence extrême",

- de déclarer nulle et de nul effet l'opposition présentée en forme de mise en demeure par Monsieur Henri FRENAY le 18 Décembre 1986, faite à Monsieur Jean-Claude GOUDEAU, de l'usage et de l'exploitation du titre du journal "NOUVEAU COMBAT",

- d'autoriser en tant que de besoin la Société NOBAPRESSE à éditer et faire paraître l'hebdomadaire qu'elle a créé et qu'elle entend diffuser à compter du MERCREDI 7 JANVIER 1987 sous le titre "NOUVEAU COMBAT".

Elle allègue à cette fin :

- que Monsieur Henri FRENAY aurait dès à présent saisi Monsieur le Président du Tribunal de Grande Instance de PARIS, statuant en référé pour voir interdire l'usage et l'exploitation du titre "NOUVEAU COMBAT" et que ledit référé serait fixé à l'audience du LUNDI 5 JANVIER 1987.

- qu'il n'est pas possible,. de laisser planer une telle menace jusqu'au 5 JANVIER 1987, l'hebdomadaire "NOUVEAU COMBAT" devant à cette date être imprimé à 300.000 (TROIS CENT MILLE° exemplaires, en vue de sa vente dans les kiosques le MERCREDI 7 JANVIER 1987 au matin.

- que les intérêts moraux et financiers en cause sont particulièrement importants.

- qu(outre les journalistes-pigistes, l'hebdomadaire "NOUVEAU COMBAT" emplois dès à présent une trentaine de personnes et d'autres sont en voie de recrutement, leur avenir étant directement lié à l'exploitation du titre.

- que si par extraordinaire une telle interdiction du titre "NOUVEAU COMBAT" était décidée par voie de référé, elle entrainerait irrémédiablement à cette date du 5 JANVIER 1987 la liquidation immédiate de la Société NOBAPRESSE et la mise en chômage de la totalité de ses salariés.

- que le lancement de "NOUVEAU COMBAT" a entrainé un financement dépassant les 20 (VINGT) millions de francs et que ce lancement s'accompagne d'une publicité par voie de Presse et sur les ondes radiophoniques dont le démarrage a été justement fixé au LUNDI 5 JANVIER 1987 avant-veille de la parution.

- Qu'à titre d'exemple, les contrats passés avec RTL, EUROPE n°1 et RMC s'élèvent respectivement à 711.900 francs, 976.100 Francs, 221.400 francs oit un total de 1.909.400 Francs HT.

- que "bien qu'à l'évidence" il ne puisse y avoir la moindre confusion dans l'esprit du public entre l'ancien quotidien "COMBAT" qui a cessé sa parution en 1974, soit depuis plus de douze années, et l'hebdomadaire "NOUVEAU COMBAT", elle a le plus grand intérêt à faire débouter immédiatement et sans délai les défendeurs de leur interdiction présentée en forme de mise en demeure.

- que Monsieur FRENAY ne saurait s'approprier l'exclusivité du mot "combat" et qu'il existe par exemple à NOUMEA un hebdomadaire dont le titre est : "COMBAT CALEDONIEN".

- qu'au surplus le dépôt du titre "NOUVEAU COMBAT" a été effectué à l'INPI par Monsieur GOUDEAU le 12 AOUT 1986 et au Parquet du Tribunal de Grande Instance de PARIS le 11 AOUT 1986.

Monsieur Henri FRENAY et Monsieur Claude BOURDET, ainsi que la "FEDERATION NATIONALE DES AMICALES COMBAT" ayant pour Président Henri FRENAY et "L'ASSOCIATION DES JOURNALISTES DE COMBAT" représentée par son Secrétaire Général Louis MOREAU (ces sociétés intervenantes volontaires à l'instance) font plaider l'irrecevabilité et le débouté des demandes, et sollicitent :

- à titre principal qu'il soit fait interdiction de paraître un journal dénommé "NOUVEAU COMBAT" ;

- à titre subsidiaire, que la Société NOBAPRESSE soit contrainte : à modifier les caractères et la calligraphie du mot "COMBAT", à supprimer le dessin représentant un flambeau ou une torche inclus dans la lettre C du mot "COMBAT", à adjoindre au mot COMBAT un autre terme que l'adjectif "NOUVEAU", et ce dans les mêmes caractères typographiques que le mot "COMBAT" ;

- qu'il soit donné acte des interventions précitées.

Ils allèguent notamment à cette fin :

- que le journal "COMBAT" né en 1941 à l'initiative d'Henri FRENAY (fondateur du Mouvement de Résistance du même nom), a paru sous ce titre, d'abord clandestinement sous l'occupation de la France, puis officiellement de 1944 à 1974,

- qu'il y a lieu de sauvegarder tant "le bien intellectuel" que constitue le titre "COMBAT" que le "droit moral" attaché à ce titre,

- que le titre "COMBAT" est empreint d'une résonnance signulière en fonction de son importante apport à l'Histoire Nationale,

- que l'utilisation projetée de ce titre engendrerait un préjudice irréversible aux demandeurs reconventionnels, titulaires du droit moral sur ce titre en fonction d'une décision passée en force de chose jugée (jugement de céans du 14 NOVEMBRE 1984),

- que la présentation et la typographie du titre projeté serait génératrice de confusion dans l'esprit des lecteurs potentiels en raison :

* de l'imalogie entre le graphisme du mot "COMBAT" dans le titre projeté, et celui du même mot dans le journal actuellement disparu,

* de la similitude entre l'inclusion d'un flambeau dans le "C" du mot "COMBAT" du titre projeté, et l'inclusion de la Croix de LORRAINE dans le "C" de "COMBAT" issu de la Résistance,

* de la disproportion entre le mot "COMBAT" (en lettres grasses de grande dimension et étalées) et le mot "NOUVEAU" (en lettres de petites dimension, fines et serrées) ;

ET SUR CE :

Attendu qu'il y a lieu de donner acte à la FEDERATION NATIONALE DES AMICALES COMBAT" ainsi qu'à "L'ASSOCIATION DES JOURNALISTES DE COMBAT" de leur intervention volontaire aux débats ;

Attendu qu'il y a également lieu de donner acte à Monsieur FRENAY et BOURDET de ce que ni l'un ni l'autre n'a saisi la juridiction des référés d'une demande tendant à faire interdire l'usage et l'exploitation du titre "NOUVEAU "COMBAT", en vue d'une audience qui aurait été fixée au 5 JANVIER 1987 ;

Attendu qu'un titre de journal ne doit s'analyser ni comme une enseigne, ni comme un nom commercial, mais comme un signe distinctif "sui generis", constitué par sa substance intellectuelle et la charge affective, émotive, évocatrice, susceptible d'être communiquée aux lecteurs potentiels par simple impact visuel ;

Attendu que la Société NOBAPRESSE fait plaider qu'elle n'a aucune objection à formuler à l'égard du droit moral de Monsieur FRENAY sur le titre "COMBAT", mais que, d'une part elle se borne là à se soumettre à la chose jugée par la décision précitée du 14 NOVEMBRE 1984, d'autre part elle ne fait qu'énoncer un ∠ en ajoutant que Monsieur FRENAY n'a aucun droit sur le mot COMBAT ;

∠ truisme

Attendu en effet qu'en l'espèce, il ne s'agit en aucune façon de l'essai d'appropriation d'un mot, mais de la contestation portant sur son utilisation en tant qu'élément du titre d'un journal dont l'impact visuel est présenté comme générateur, dans sa globalité, de confusion dans l'esprit des lecteurs ;

Attendu qu'il convient à cet égard de constater au vu de la maquette du N° 0 du journal "NOUVEAU COMBAT" :

1°) - l'évidente disproportion entre la dimension des lettres composant le mot "COMBAT" (largeur des jambages de 13 à 15 mm, hauteur minimale 3cm), la dimension du mot "COMBAT" lui-même (27 cm - occupant toute la largeur de page du journal) et d'autre part les très modestes dimensions du mot "NOUVEAU" (8 cm de largeur - lettres de 5 à 12 mm), disproportion telle qu'elle fait apparaître en vision immédiate le mot "COMBAT" comme seul en haut de page,

2°) - la couleur différente des deux éléments du titre (COMBAT en rouge - NOUVEAU en noir),

3°) - l'inclusion dans la lettre C du mot COMBAT d'un flambeau ;

Attendu que, contrairement aux dires de NOBAPRESSE déniant la possibilité d'une confusion entre le titre COMBAT de l'ancien journal, et celui actuellement projeté, il se déduit des éléments ci-dessus analysés l'intention délibérée de créer, sinon une confusion, en tous cas une équivoque dans l'esprit des lecteurs, d'une part en attirant leur attention maximale sur le mot COMBAT démesurément aggrandi et coloré au détriment du mot "NOUVEAU", réduit au minimum, d'autre part en incluant dans la première lettre du mot "COMBAT" un flambeau de nature à éveiller inévitablement dans l'inconscient collectif le souvenir de la Croix de Lorraine autrefois incluse de la même façon dans l'ancien journal au titre prestigieux ;

Attendu qui plus est, qu'à cet égard, Monsieur Jean-Claude GOUDEAU n'a fait là qu'expliciter son intention première en déclarant dans une interview au journal "PRESENT" du 21 AOUT 1986 : "COMBAT, quel beau titre pour reprendre le "flambeau.... etc....." étant ainsi démontré tant par le dessin dudit flambeau, que par l'adjectif du mot "NOUVEAU", que Monsieur GOUDEAU a ainsi manifesté très clairement son intention de créer dans l'esprit des lecteurs l'idée d'une filiation, d'une certaine continuité entre l'ancien et le nouveau journal, d'une "renaissance" en quelque sorte de l'ancien "COMBAT" ;

Attendu que l'équivoque ainsi créée et entretenue entre le droit moral dont ont été reconnus dépositaires Messieurs FRENAY et BOURDET, et la prétention, ainsi exprimée et imprimée, d'une fallacieuse renaissance d'un titre à l'impact prestigieux, apparaît comme génératrice d'un préjudice irréparable pour les dits dépositaires, si le journal était mis en vente le 7 JANVIER 1987 avec le titre projeté ;

Attendu qu'il y a donc urgence à prévenir ce dommage imminent ;

Attendu toutefois que ledit dommage ne s'avère pas assez considérable pour justifier l'interdiction absolue de parution du journal en projet, les principes de liberté d'expression auxquels sont notoirement attachés Messieurs FRENAY et BOURDET s'opposant à l'évidence à une telle interdiction ;

Attendu qu'au surplus le préjudice matériel dont excipe la Société NOBAPRESSE apparaît justifié du fait des financements déjà exposés, et du dommage futur, mais certain, qu'entrainerait la non parution pour les journalistes et techniciens recrutés par la Société dans la seule perspective de création du journal (sans pour autant que l'existence et l'avenir du journal apparaissent liés, comme le prétend à tort NOBAPRESSE, à la seule exploitation du titre projeté) ;

Attendu qu'il convient en conséquence de décider que la Société NOBAPRESSE ne pourra faire paraître l'hebdomadaire en cours de préparation sans en modifier les éléments du titre de manière que le mot "COMBAT" se trouve adjoint à un autre terme que l'adjectif "NOUVEAU", de manière également que tous éléments du titre soient rigoureusement identiques dans leur présentation calligraphique et typographique, de manière enfin qu'aucun dessin ne figure dans la première lettre du mot "COMBAT" ;

PAR CES MOTIFS :

Vu les articles 808 et 809 du Nouveau Code de Procédure Civile ;

Donnons acte à la FEDERATION NATIONALE DES AMICALES COMBAT et à L'ASSOCIATION DES JOURNALISTES DE COMBAT de leur intervention volontaire aux débats ;

Donnons acte à Messieurs FRENAY et BOURDET de ce que la juridiction des céans n'est pas saisie d'une demande en vue d'une audience fixée au 5 JANVIER 1987 ;

Disons que le journal hebdomadaire édité par la Société NOBAPRESSE en vue de sa parution au 7 JANVIER 1987, ne pourra paraître et être mis en vente à cette date sous un titre incluant le mot "COMBAT" qu'aux conditions ci-dessous, à savoir :

- adjonction au mot "COMBAT" d'un terme autre que l'adjectif "NOUVEAU",

- impression du titre (ainsi modifié) en caractères rigoureusement identiques dans leur calligraphie, leur typographie et leur couleur,

- exclusion de tout dessin à l'intérieur des lettres du mot "COMBAT" ;

Disons qu'il nous en sera référé en cas de difficulté ;

Disons que les dépens seront supportés à raison de 50% par la Société NOBAPRESSE et à raison de 50% par Messieurs FRENAY et BOURDET et les associations précitées in solidum.

FAIT A PARIS, LE 2 JANVIER 1987.

LE GREFFIER

E. FONTAINE

LE PRESIDENT,

R. AQUENIN

ANNEXE 3

Choix d'articles de *L'Humanité* de janvier et mars 1947.

A la fin de la guerre, René Hardy qui appartenait au mouvement Combat et qui avait en charge la Résistance Fer, était arrêté et jugé à deux reprises. Il était accusé d'avoir trahi le rendez-vous de Caluire où Jean Moulin, notamment, fut pris par les Allemands. Par deux fois, il fut acquitté. On trouvera ci-après de courts extraits d'éditoriaux ou d'articles parus dans le quotidien du parti communiste *L'Humanité* en janvier 1947 pendant le premier procès, et en mars 1947 après la seconde arrestation de Hardy. Certains mots sont composés en caractères italiques à la demande de l'auteur à l'intention de ceux qui possèdent le « code » de lecture de la prose communiste en vigueur aujourd'hui comme à l'époque.

On notera, entre autres, que les communistes qui sont, comme chacun le sait, les seuls patriotes, ne craignaient pas de faire bénéficier Moulin du vocable (alors que Brossolette et bien d'autres n'y ont pas eu droit). Enfin on ne manquera pas d'être stupéfait de l'énormité proférée par André Carrel qui affirme en 1947 que les communistes avaient été les premiers à entrer en Résistance. Un mensonge aussi cynique est particulièrement révélateur du terrorisme intellectuel qu'exerçait ce parti.

Pierre Hervé, *L'Humanité* du 21 janvier 1947 :

« ... Je me permets de donner mon avis en une affaire dans laquelle des *patriotes,* dont Jean Moulin, *fondateur du CNR,* ont perdu la vie... »

André Carrel, *L'Humanité* du 25 mars 1947 :

« La Résistance a mérité que ses judas soient châtiés. Nous y veillerons car nous nous sentons *dépositaires* plus que jamais du *message* que nous ont légué les clandestins. *Comme nous étions les premiers dans la Résistance,* nous fûmes encore les premiers à défendre la Résistance bafouée par un vulgaire traître de la Gestapo... »

Pierre Hervé, *L'Humanité* du 25 mars 1947 :

« Jean Moulin se connaissait des adversaires. Il savait qu'il n'était pas aimé de certains milieux, dont *les plans* ne concordaient pas avec *l'idée maîtresse qui le guidait.* »

Pierre Hervé, *L'Humanité* du 28 mars 1947 :

« Mais n'oublions pas que Jean Moulin, qui voulait *unir toutes les forces patriotiques,* avait l'appui de nombreux résistants de toutes opinions... Par contre il y avait un clan — celui de Frenay — qui obstinément jusqu'à la Libération intrigua pour mettre les leviers de commande aux mains d'aventuriers, constituer des formations prétoriennes, éparpiller les efforts et diviser les forces, *écarter les syndicats, les partis démocratiques et en particulier le Parti Communiste.* »

André Carrel, *L'Humanité* du 29 mars 1947, en attaquant le « clan Frenay » défini la veille par Pierre Hervé, et assimilant Jean Moulin à son parti *(Nous),* par opposition à « Combat » :

« *Nous* n'avons *jamais* donné le même contenu aux mots *libération* et *indépendance nationale.* »

Dont acte...

Sur le parcours de Pierre Hervé, qui deviendra député communiste, on lira notamment *La nuit finira* d'Henri Frenay. Annie Hervé, sa femme, militante communiste, sera placée par Moulin au secrétariat de Georges Bidault qui sera incité par Moulin à adhérer au Front national, lui aussi d'obédience communiste.

ANNEXE 4

Jugement du tribunal de grande instance de Paris du 13 juillet 1984.

TRIBUNAL DE GRANDE INSTANCE DE PARIS

1° CHAMBRE - 1° SECTION

JUGEMENT RENDU LE 13 JUILLET 1984

DEMANDEUR

Monsieur Henri FRENAY, de nationalité française

représenté par

Me Charles BENFREDJ Avocat

DEFENDEUR

l'Institut National de la Communication et de l'Audiovisuel (I.N.A.)

Monsieur Alain PERISSON

Monsieur Bernard LAMBERT

représentés par

Me Georges KIEJMAN, Avocat

MINISTERE PUBLIC

Monsieur BOITTIAUX, Premier Substitut

PAGE PREMIERE

COMPOSITION DU TRIBUNAL

Magistrats ayant délibéré :

Monsieur DRAI, Président
Madame LE FOYER DE COSTIL, Vice-Président
Monsieur PLUYETTE, Juge

GREFFIER

Madame BAYARD

DEBATS : à l'audience du 20 Juin 1984
tenue publiquement

JUGEMENT : prononcé en audience publique
contradictoire
susceptible d'appel

Dans le courant de l'année 1983, Alain PERISSON et Bernard LAMBERT ont réalisé, pour le compte de l'INSTITUT NATIONAL DE LA COMMUNICATION ET DE L'AUDIOVISUEL (en abrégé : I.N.A.) un film intitulé "JEAN MOULIN, HOMME DE LIBERTE", à l'occasion du quarantième anniversaire de la mort de Jean MOULIN et de la création du CONSEIL NATIONAL DE LA RESISTANCE.

Ce film a été projeté sur T.F.1., le 13 Décembre 1983 et il serait envisagé de procéder à des tirages sur cassettes destinées en particulier aux établissements scolaires.

Pour la réalisation du film, il avait été demandé à Henri FRENAY, Grand Officier de la Légion d'Honneur et Compagnon de la Libération, d'apporter son "témoignage pour l'histoire" (lettre de l'I.N.A. du 2 Mai 1983), ce qu'il accepta de faire sous la forme d'un "entretien avec prises de vues" en suite de quoi l'oeuvre cinématographique a été réalisée (film de montage regroupant, dans une rapide succession, de courtes séquences sélectionnées par les réalisateurs parmi les témoignages receuillis auprès de onze acteurs ou témoins de l'époque, dont Henri FRENAY).

C'est en cet état qu'après avoir protesté auprès de l'I.N.A. contre des "erreurs ou allégations tendancieuses", qui ~~seront~~ seraient contenues dans le film, Henri FRENAY a, par assignation à jour fixe du 27 Avril 1984, fait assigner l'I.N.A., Alain PERISSON et Bernard LAMBERT pour voir dire qu'ils ont commis des "fautes" sur cinq points nettement précisés et pour voir, "sur la base des articles 1382 et 1383 du Code Civil", ordonner la suppression, de la bande du film, de tout passage ou déclaration afférent à ces cinq points.

A titre subsidiaire, Henri FRENAY demande que soit prescrite l'insertion, dans le film, d'un "carton" fixe d'une durée de projection de deux minutes reproduisant le texte d'une "mise au point" dont il est sollicité du Tribunal qu'il assure lui-même la rédaction.

En tout état de cause, Henri FRENAY demande la condamnation des défendeurs au paiement d'un "franc symbolique" à titre de dommages-intérêts outre la publication forcée du jugement à intervenir dans cinq journaux ou magazines de son choix.

Sur l'assignation qui leur a été ainsi délivrée, les défendeurs, après avoir rappelé le rôle héroïque qui fut celui de Henri FRENAY, durant les années d'occupation et exprimé "le respect et l'admiration qu'il appelle", ont contesté avoir commis des fautes en réalisant et diffusant le film "JEAN MOULIN, HOMME DE LIBERTE".

Ils ont conclu au rejet des demandes de Henri FRENAY.

* *

*

Le Tribunal s'est fait projeter le film, avant l'ouverture des débats, et ce en présence des parties à la présente instance

* *

*

Attendu que, pour rechercher la responsabilité du producteur et des auteurs du film "JEAN MOULIN, HOMME DE LIBERTE", Henri FRENAY entend se fonder sur les fautes qui auraient été commises dans la réalisation d'une oeuvre [présentée comme une "oeuvre] d'historien" alors que, selon sa thèse, l'objectivité prétendue des évènements rapportés et des déclarations recueillies ne serait qu'une apparence et que leur présentation au spectateur serait de nature à induire "sciemment" celui-ci en erreur ;

Qu'ainsi, le demandeur fonde exclusivement son argumentation sur une violation prétendue des dispositions des articles 1382 et 1383 du Code Civil.

Attendu cependant que les défendeurs entendent placer le débat, à titre principal, sur l'analyse des rapports et conventions ayant existé entre les parties, qui les feraient relever du domaine de la responsabilité contractuelle ;

Que ce n'est qu'à titre subsidiaire et second, que les défendeurs acceptent de faire porter le débat sur la recherche d'une faute contre l'Histoire, relevant traditionnellement des articles 1382 et 1383 du Code Civil.

Attendu que les parties à l'instance ayant ainsi elles-mêmes déterminé l'objet du litige, tant en ce qui touche aux faits placés dans le débat qu'au fondement juridique de leurs prétentions respectives (article 4,7 et 12 du Nouveau Code de Procédure Civile), il convient de procéder à la recherche des responsabilités encourues, d'abord au regard des conventions liant ou ayant lié les parties et ensuite, seulement, au regard des règles régissant les droits et devoirs de l'historien.

* *

*

Attendu que la participation personnelle de Henri FRENAY à la réalisation du film "JEAN MOULIN, HOMME DE LIBERTE", a été précédée par l'envoi d'une correspondance (Lettre du 2 Mai 1983 adressée par l'I.N.A.) et l'établissement d'une "lettre d'engagement" (signée par Henri FRENAY le 9 Mai 1983), tous documents qui, constitutifs de relations contractuelles assimilées à un "contrat de travail" (article 12) ont réglé, avec précision, les charges et obligations s'imposant aux parties ;

Attendu qu'il résulte de ces documents que l'oeuvre envisagée par les réalisateurs du film consistait, notamment, en une série d'entretiens séparés avec Henri FRENAY et des personnalités connues de celui-ci, série excluant formellement l'organisation d'un débat et l'ouverture de toute polémique ;

Que les réalisateurs se réservaient la possibilité d'exercer un choix sur les extraits de tel ou tel "interview" à charge d'assurer à chacun des participants le "visionnage" de la partie du film consacrée à sa propre apparition.

CHAMBRE

SECTION

JUILLET 1984

-3-

Attendu, enfin, que l'I.N.A. se voyait octroyer la possibilité d'effectuer "les coupures et montages nécessaires à l'organisation de son plan de programmes" (article 4 de la lettre d'engagement).

Attendu qu'ainsi, d'un commun accord des parties, portant tant sur la nature particulière de l'oeuvre à réaliser (film de montage) que sur son déroulement (entretiens séparés excluant tout débat) et l'identité des personnes y participant, les réalisateurs du film avaient toute liberté d'utiliser les éléments sonores et visuels recueillis et d'opérer parmi eux un choix ;

Que l'exercice de cette liberté -limité par la possibilité réservée à chacun des participants de "visionner" son propre passage dans le film- exclut toute critique dès lors que les réalisateurs n'ont pas dénaturé les propos tenus et n'ont pas procédé à des découpages ou manipulations défigurant l'image du participant ou portant gravement atteinte à sa personnalité ou à sa dignité, toutes circonstances qui, marquant l'infidélité de "l'intervieweur" et sa mauvaise foi, le feraient nécessairement sortir du champ contractuel (article 1134 du Code Civil) et le contraindraient à répondre de sa faute délictuelle ou quasi-délictuelle (article 1382 - 1383 du Code Civil).

Attendu que Henri FRENAY, qui a assisté le 9 Décembre 1983 à une projection du film en séance privée et dont la première réaction a été une réaction de satisfaction, ne démontre pas l'existence de manipulations dans le montage du film, qui altèreraient le sens de sa propre participation ou la portée de ses propos.

Que le passage intercalé de ses propos et de ceux tenus par Daniel CORDIER, secrétaire de Jean MOULIN du 14 Août 1942 au 29 Mars 1943, ne saurait être critiqué, en soi, dès lors qu'il se rattache à la méthode et au programme de travail adoptés par les réalisateurs et acceptés par les participants (exclusion de tout rapprochement des participants successifs et de tout débat entre eux).

Qu'il reste que les seules critiques formulées par Henri FRENAY et constitutives de cinq griefs dits "historiques" tournent autour des propos de Daniel CORDIER et tendent à démontrer que celui-ci, en prétendant faire oeuvre d'historien, a manqué à ses devoirs et ainsi commis des fautes susceptibles d'entrainer sanction judiciaire à l'égard de ceux, producteur ou réalisateurs du film, qui en ont assuré le véhicule.

* *
*

PAGE CINQUIEME

I- Attendu que Henri FRENAY retient, tout d'abord le propos tenu par Daniel CORDIER et ainsi littéralement transcrit :

"Courant Novembre (1940), Henri FRENAY a "écrit un très long manifeste pour le Mouvement de Libération Nationale qu'il compte "créer... C'est un appel à la résistance "curieusement sous le patronage du Maréchal "PETAIN..."

Attendu que ce propos et l'utilisation du mot "patronage" n'impliquent pas que Henri FRENAY ait recherché et obtenu la protection du Maréchal PETAIN pour engager et poursuivre son action dans la Résistance ;

Qu'ils doivent être replacés dans leur contexte ("Jean MOULIN ne trouve rien pendant plusieurs mois, non parce qu'il a mal cherché, mais parce qu'il n'existe rien, sauf Henri FRENAY qui...")

Qu'ils constituent le rappel d'une situation donnée, à un moment où, dans l'entourage familial de Henri FRENAY, certains de ses prôches avaient exprimé leurs opinions en faveur du Maréchal PETAIN et où lui-même (Henri FRENAY) avait pu écrire un manifeste se terminant par ces mots "Puisse le Maréchal PETAIN vivre assez longtemps pour "assister au couronnement de notre oeuvre".

Attendu qu'au surplus, Daniel CORDIER a rendu hommage, à plusieurs reprises, à Henri FRENAY en rappelant qu'il avait été le seul, en 1940, à écrire un manifeste en faveur de la Résistence et de la création d'un mouvement de Libération Nationale, et qu'il avait été effectivement l'homme que Jean MOULIN avait rencontré et qui avait un "projet".

Attendu que de ce qui précède ne ressort pas la preuve d'une dénaturation des propos tenus par Henri FRENAY, non plus que celle d'une atteinte malveillante et grossière à la réalité de l'action lucide et courageuse de Henri FRENAY.

* *

*

II- Attendu que Henri FRENAY reproche, d'autre part, aux auteurs du film d'avoir laissé Daniel CORDIER s'exprimer en ces termes :

"A la suite de ces arrestations, il y a
"eu l'affaire PUCHEU... C'est-à-dire la
"démarche de FRENAY auprès du Ministre de
"l'Intérieur, du Ministère de l'Intérieur
"de l'époque, pour faire libérer ses camara-
"des... Cette démarche, fin janvier, a eu
"les répercussions les plus graves à l'inté-
"rieur de la Résistance... La Résistance éclate
"c'est-à-dire que d'ASTIER et le Mouvement
"LIBERATION accusent le mouvement COMBAT et
"surtout "FRENAY" de traitrise".

Attendu que Henri FRENAY, qui a admis lui-même que la démarche effectuée auprès du Ministre de l'Intérieur de l'époque pour tenter de faire libérer certains de ses camarades, avait crée émotion et dissensions au sein de Mouvements de la Résistance (Henri FRENAY- LA NUIT FINIRA -pages 154 à 164) n'est pas fondé à incriminer le rappel de ces événements, déjà relatés par des historiens de la Résistance et dont il a dit lui-même qu'ils avaient jeté le trouble dans l'esprit de ses propres amis - ("Certains sont prêts à crier à la trahison" page 164).

Que les propos tenus par Daniel CORDIER qui entendent se situer sur le terrain de l'évocation historique et dont la responsabilité entière incombe à celui qui les a tenus, ne sauraient être imputés à faute aux réalisateurs du film alors que ceux-ci n'ont entendu que laisser successivement et librement la parole à ceux des participants qui avaient, à un titre déterminé, voix au chapitre et qui avaient accepté de ne pas laisser s'ouvrir débats et polémiques.

*　　　*

*

III- Attendu que le troisième "grief historique" formulé par Henri FRENAY tient dans les propos suivants, toujours tenus par Daniel CORDIER :

"... à la base, les militants qui n'avaient
"pas les mêmes intérêts que leurs chefs, ne
"comprenaient pas pourquoi il y avait trois
"mouvements distincts qui cherchaient à tout
"prix à rester séparés, alors qu'il y avait
"un but unique, la libération... Il y eut à
"la base des fusions qui ont obligé FRENAY
"ou D'ASTIER à accepter cette fusion en train
"de se faire dans les faits."

Attendu que ces propos, qui soulignent l'existence, déjà rappelée par des historiens, de dissensions au sein des différents mouvements de Résistance et les difficultés rencontrées pour assurer l'unification de l'Armée Secrète, constituent l'expression d'une thèse historique dont la responsabilité incombe et continuera d'incomber à ceux des acteurs ou chercheurs intéressés par ce problème ;

Qu'il suffit de relever que l'opposition de Henri FRENAY à la thèse exprimée par Daniel CORDIER ne doit pas en contredire la libre formulation dans le cadre imposé par les réalisateurs du film et accepté, dès l'origine, par tous les participants.

* *

*

IV- Attendu que Henri FRENAY relève, d'autre part, dans les propos tenus par Daniel CORDIER au sujet des "instructions de LONDRES sur l'Armée Secrète", ce qui suit :

majeur./

"Conflit ~~moyen~~... Affrontement avec les "Mouvements de la Résistance, ils voient "l'Armée Secrète leur échapper... en par- "particulier FRENAY, au moment où elle est "enfin constituée, il en est dépossédé, le "drame éclate...".

Attendu que Henri FRENAY, qui proteste contre de tels propos, dans la mesure où ils lui attribuent des "sentiments mesquins et possessifs", reproche à Daniel CORDIER (absent de la présente instance) de s'être comporté, non comme un "historien", mais comme un "partisan" et d'avoir "escamoté le véritable débat".

Mais attendu que Henri FRENAY, qui a relaté lui-même, dans son ouvrage "LA NUIT FINIRA" les débats difficiles et douloureux qui ont entouré la désignation du Chef de l'Armée Secrète et qui affirme (page 206) avoir voulu tout faire pour empêcher qu'une question personnelle (sa propre candidature au poste qu'il s'agissait de pourvoir) puisse gêner la marche vers l'unité des mouvements de résistance, ne saurait incriminer la formulation d'une opinion présentant, sous forme nécessairement abrégée et quelque peu percutante, une situation conflictuelle connue de tous les historiens et admise par lui-même "ce sacrifice que je fais sur l'autel de "l'unité m'est pénible - à mes yeux, cette décision est injuste; "elle témoigne à mon égard d'une méfiance née de la jalousie, "que je n'ai pas méritée" (page 206).

1° CHAMBRE

1° SECTION

13 JUILLET 1984

-3-

Attendu qu'il est clair que ces derniers propos constituent une formulation particulièrement proche de l'opinion exprimée par Daniel CORDIER.

* *

*

V- Attendu enfin que, sous la rubrique "L'AFFAIRE SUISSE", évoquant le conflit qui, dans les premiers mois de l'année 1943, a opposé Henri FRENAY et les Mouvements Unis de Résistance (M.U.R.) d'une part, la FRANCE LIBRE et Jean MOULIN, d'autre part, Daniel CORDIER a tenu les propos suivants :

> "... à l'insu de LONDRES et dans le plus "grand secret, Henri FRENAY avait pris con- "tact avec les alliés en Suisse, monnayant "les renseignements contre des armes et de "l'argent... Ainsi, Henri FRENAY trahit "DE GAULLE, fait contre lui le jeu du Géné- "GIRAUD, précisément au moment où la riva- "lité des deux généraux est à son paroxysme".

Attendu que Henri FRENAY reproche aux réalisateurs du film de ne pas avoir diffusé la partie de son "interview" dans laquelle il expliquait les raisons qui l'avaient poussé à rechercher de l'argent auprès des Alliés ;

Mais attendu que sur cette même "affaire suisse", Henri FRENAY a relaté lui-même les graves désaccords et les accusations formulées par Jean MOULIN à son encontre, "qualifiant les négociations de BERNE de "coup de poignard dans le dos du "Général DE GAULLE" (LA NUIT FINIRA- page 588).

Que le rapprochement des deux textes, faisant apparaître, sur un même épisode de la vie de la Résistance, deux opinions divergentes ne saurait conduire le Tribunal à porter un jugement de valeur, qualifiant "fautive" l'une d'elles alors que se poursuit l'investigation des historiens de la Résistance, parfois sous forme polémique et qu'il n'appartient pas à une juridiction de "re-situer COMBAT et son dirigeant fondateur" à la place qui devrait être la leur et d'exalter le courage ou la patriotisme de telle ou telle personnalité, toutes démarches qui sont exclusives du rôle et de l'office du juge judiciaire.

* *

*

PAGE NEUVIEME

Attendù que de ce qui précède et qui ne tend qu'à la recherche de la faute prétendue des défendeurs à la présente instance, il ressort que ces mêmes défendeurs ont procédé à l'intérieur des limites exactement fixées par les engagements contractuels souscrits le 9 Mai 1983 ;

Que la notion d'entretien (sic). séparés, la nature particulière de l'oeuvre à réaliser et l'exclusion de tout débat ou discussion polémique entre les participants à cette oeuvre constituent autant de causes d'exclusion d'une quelconque responsabilité contractuelle du producteur ou des réalisateurs du film et qu'admettre la demande même subsidiaire de Henri FRENAY reviendrait à ouvrir, par la voie judiciaire, le débat polémique entre acteurs d'événements historiques passés, débat qui a été, dès l'origine, refusé.

Qu'aucune dénaturation des propos tenus par les uns ou les autres n'a été rapportée en preuve avec l'évidence suffisante qui permette d'imposer l'instauration de débats ou de mises au point ou d'alimenter des controverses historiques, pour lesquels le Tribunal n'a ni compétence ni qualité pour intervenir ou se prononcer et qui doivent demeurer le domaine d'action exclusif des historiens.

Que, compte tenu de la liberté reconnue, par voie contractuelle, aux réalisateurs du film d'opérer un choix parmi les éléments sonores et visuels recueillis, il n'est pas établi -ni même prétendu- que des manipulations ou découpages arbitraires et fautifs aient tendu à défigurer l'image de Henri FRENAY ou aient eu pour résultat de porter atteinte à sa dignité et à la considération légitimement due à sa personne ;

P A R C E S M O T I F S

Le Tribunal,

Déboute Henri FRENAY de ses demandes et le condamne aux dépens.

Fait et jugé à PARIS, le treize juillet mil neuf cent quatre vingt quatre./.

LE GREFFIER — LE PRESIDENT

P. BAYARD — P. DRAI

PAGE DIXIEME ET DERNIERE

ANNEXE 5

Arrêt de la 1re chambre de la cour d'appel de Paris du 15 décembre 1987.

COUR D'APPEL DE PARIS

I° chambre, section A

ARRÊT DU 15 DECEMBRE 1987

PARTIES EN CAUSE

Monsieur Henri F R E N A Y
Ancien Ministre,

-appelant
ayant pour avoué la S.C.P. GAULTIER
et pour avocat Me BENFREDJ

ET:
I°) L'INSTITUT NATIONAL DE L
COMMUNICATION et de l'AUDIOVISUEL
(IN.A.)

-pris en la personne de ses représentants légaux y domiciliés -

2°) Monsieur Alain PERISSON

3°) Monsieur Bernard LAMBERT

-intimés
ayant pour avoué la S.C.P. PARMENTIER HARDOUIN
et pour avocat Me G.KIEJMAN

COMPOSITION DE LA COUR (lors des débats et du délibéré) :
Messieurs A V E R S E N G,Président,
ANCEL et PIERRE,
Conseillers

GREFFIER: Mle MONTMORY.

MINISTERE PUBLIC (auquel le dossier a été communiqué)-représenté par M. BOULLEY-DUPARC, Avocat Général qui a présenté ses observations orales.

DEBATS: A l'audience publique du IO Novembre 1987,après projection du fil litigieux.

ARRET : -contradictoire-

****

LA COUR,

Statuant sur l'appel interjeté par M. Henri FRENAY du jugement rendu le 13 Juillet 1984 par le Tribunal de Grande Instance de Paris (1ère Chambre - 1ère Section) au profit de l'Institut National de la Communication, de M. PERISSON et de M. LAMBERT ;

Considérant qu'il est référé à l'exposé des faits et de la procédure de première instance présenté par le jugement critiqué ;

Considérant que, débouté par cette décision de ses demandes, M. Henri FRENAY requiert la Cour :- de lui donner acte de ce qu'il n'aurait pas entamé la présente procédure si le film "Jean MOULIN, Homme de Liberté" avait été exclusivement destiné à T F 1 comme cela lui avait été contractuellement stipulé en l'absence de toute utilisation scolaire, et donc pédagogique. ; - de constater que l'I.N.A. n'a pas respecté les relations contractuelles établies par la lettre du 2 Mai 1983 et la "lettre d'engagement" des 6 et 9 Mai 1983 ; - d'infirmer le jugement et d'ordonner la suppression dans le film de toutes les interventions de Henri FRENAY ; - subsidiairement, de constater les fautes commises par les producteur et auteurs du film sur le fondement des articles 1382 et 1383 du Code Civil, et ordonner la suppression dans ce film de tout passage ou déclaration afférents aux cinq points litigieux ("patronage" de Pétain, "démarche" auprès de Pucheu, "opposition" à la fusion des Mouvements de Résistance, "dépossession" de l'Armée Secrète, "trahison" de DE GAULLE par l'Affaire Suisse) ; - très subsidiairement, d'ordonner l'insertion dans le film, à toute place décidée par la Cour et en tout cas avant la déclaration de M. le Président de la République auquel revient le dernier mot, d'un "carton" fixe d'une durée de projection de deux minutes reproduisant, en caractères identiques à ceux du générique, un texte de mise au point dont la rédaction est sollicitée de la Cour et qui pourrait être un extrait de l'arrêt à intervenir ; - en tout état de cause, de condamner les intimés au paiement d'un franc symbolique, à titre de dommages-intérêts, et d'ordonner la publication de l'arrêt déterminée dans les conclusions de l'appelant ; - de dire que pour chaque utilisation du film ou de sa seule bande sonore sans les rectifications ordonnées (par voie de cassette, de bobine, disque ou bande quel qu'en soit le lieu y compris dans le "cercle de famille"), les intimés devront verser chacun à Henri FRENAY la somme de 100.000 Francs ; - de condamner les intimés in solidum à verser à Henri FRENAY la somme de 25.000 Francs en vertu de l'art. 700 du Nouveau Code de Procédure Civile.

Considérant que les intimés concluent à la confirmation du jugement ;

*

* *

Cela Etant Exposé,

Considérant qu'au soutien de son appel, M. Henri FRENAY reprend les griefs soumis au Tribunal de Grande Instance';

Mais considérant que la Cour fait siens les motifs, non contraires à ceux du présent arrêt, par lesquels les premiers juges, estimant qu'ils n'avaient pas qualité pour se prononcer dans des controverses historiques, ont écarté ces griefs;

Considérant que sans doute l'appelant relève une erreur dans les déclarations de M. Daniel CORDIER ; qu'il s'agit de l'affirmation, relative aux mouvements COMBAT, LIBERATION et FRANC TIREUR, selon laquelle "Il y eut à la base "des fusions qui ont obligé FRENAY ou d'ASTIER à accepter cette "fusion en train de se faire dans les faits..." ; que M. CORDIER a reconnu, par lettre du 8 Février 1984, que cette phrase associait indûment le chef de COMBAT à celui de LIBERATION ; qu'aussi bien M. POMONTI a proposé à M. FRENAY la suppression de son nom dans la phrase incriminée ;

Mais considérant que M. Henri FRENAY estime que "cette concession" (l'offre de M. POMONTI) "est à elle seule inacceptable" ; qu'ainsi, tout en insistant sur l'erreur de M. CORDIER, il s'abstient expressément d'en réclamer la rectification;

Considérant que, le 9 Décembre 1983, quelques jours avant sa diffusion par TF1, le film a été visionné par M. Henri FRENAY, accompagné de son épouse et ancienne collaboratrice dans la Résistance ; que, malgré le vif mécontentement exprimé par Mme FRENAY à l'issue de la séance, M. Henri FRENAY a déclaré en substance aux deux réalisateurs : "Compte tenu de la "complexité de votre tâche, des "matériaux" dont vous disposiez, "de la brièveté du film sur un aussi vaste sujet, vous avez fait "un film valable'

Considérant que l'appelant observe, il est vrai, que ces propos n'impliquaient pas "une approbation absolue et générale" ; qu'il entend par là s'opposer au projet reconnu de l'I.N.A. de diffuser le film dans les établissements scolaires ; qu'il souligne à cet égard le pouvoir des images sur "l'esprit vierge et malléable des enfants" ;

Considérant que cependant le contrat du 9 Mai 1983 spécifie à l'art. 3 que le film pourra être utilisé notamment pour des remises de copies à des particuliers ou à des organismes non lucratifs et, d'une manière générale, à l'occasion des différentes activités de l'Institut ;

Considérant que certes l'appelant relève que, alors que le contrat limitait son engagement à la journée du 9 Mai 1983, l'entretien convenu, qui a commencé à cette date, s'est poursuivi les 14, 26 et 27 Septembre 1987 ; que, situant ces trois dernières rencontres hors du domaine contractuel, il entend de la sorte écarter l'application de l'art. 3 précité ;

Mais considérant que les prorogations de l'entretien sont manifestement résultées de l'accord commun des parties contractantes ; que, restreinte à la date de la prestation, cette convention modificative n'a pas affecté les autres dispositions du contrat originaire ; que l'"utilisation pédagogique" du film est bien conforme au contrat modifié ;

Considérant qu'en définitive la réclamation de l'appelant n'est fondée dans aucun de ses chefs ;

PAR CES MOTIFS,

Confirme le jugement déféré.

Déboute M. Henri FRENAY de ses demandes.

Le condamne aux dépens d'appel. Admet la SCP PARMENTIER HARDOUIN, titulaire d'un Office d'Avoué, au bénéfice de l'art. 699 NCPC.

Prononcé à l'audience publique de la Cour d'Appel de Paris, lère Chambre, le 15 Décembre 1987, par Monsieur le Président AVERSENG, qui a signé avec Mademoiselle MONTMORY, Greffier.

Le Greffier, Le Président.

ANNEXE 6

Le faux « manifeste »

Texte intégral figurant aux Archives nationales et faussement attribué par Daniel Cordier à Henri Frenay. Daniel Cordier en a tronqué un certain nombre de passages sans toujours l'indiquer, notamment des répétitions et principalement les neuf dernières phrases. Les fautes relevées dans le texte n'ont pas été rectifiées.

Source : RZ 27	Dossier n° « D »
N° : Pnéant	N° d'enregistrement : 3708/BA
Date : 10 juillet 1941	Classement Z.O. (D.52
	Z.L. (D.58

Depuis la défaite, des hommes de toutes conditions, liés seulement par leur amour commun de la Patrie, se sont regroupés pour sauver la France de la domination étrangère, pour lui rendre son intégrité politique et territoriale que ses armes n'ont pu lui conserver, pour lui permettre de faire ensuite la révolution nationale qui s'impose.

Pour sauver le développement de l'œuvre entreprise, pour faire venir à nous les hommes de bonne volonté, il est nécessaire de préciser sans ambiguïté les buts de ce mouvement et sa position exacte par rapport au gouvernement présidé par le Maréchal Pétain.

La guerre et la défaite ont provoqué dans notre Pays un examen de conscience qui s'est traduit par un changement profond des Institutions politiques et l'accession au pouvoir d'un gouvernement autoritaire guidé par un homme respecté.

Le terme de Révolution nationale n'est pas trop fort pour qualifier l'œuvre législative du gouvernement dans ces cinq derniers mois. Malgré la défaite, malgré les deuils, malgré les restrictions, le peuple Français, confiant dans le Maréchal Pétain, s'est, pour la première fois depuis de nombreuses années, repris à espérer.

Cet espoir est-il justifié ?

L'œuvre de redressement, si rapidement annoncée, peut-elle dans les circonstances présentes, être menée à bien ?

Nous ne le pensons pas et voici pourquoi :

Si cette révolution avait été entreprise dans la Paix alors que la France était un état libre aux frontières inviolées, elle eut sans aucun doute réussi.

En 1940, il n'en est pas ainsi. Les troupes allemandes occupent la moitié de notre Pays. Parmi celle-ci, la Capitale et les principales régions industrielles. Des commissions de contrôle, installées dans toute la zone libre, surveillent nos activités économiques et militaires. La presse et tous les moyens de propagande sont ou bien dirigés, ou bien contrôlés. La police politique du Reich a tendu sur notre territoire son réseau d'espionnage. A chaque instant l'Allemagne est donc au courant de la situation française au triple point de vue militaire, économique et moral. *Elle peut mesurer à chaque instant les étapes de notre redressement.*

Or cette Révolution qui commence, restaurera, selon les paroles mêmes du Maréchal les trois notions fondamentales FAMILLE, TRAVAIL, PATRIE : c'est-à-dire qu'elle doit refaire une France unie, patriotique et forte.

Si cette œuvre se poursuit sans obstacle, nous assisterions à une augmentation des valeurs matérielles et morales françaises dans le moment même où, par suite d'une guerre, qui se prolonge, ces mêmes forces allemandes seraient en régression. Mieux encore, la position de la France vaincue tendrait à devenir meilleure que celle de l'Allemagne victorieuse.

Pouvons-nous légitimement espérer que le Führer laissera s'accomplir cette révolution sous ses yeux, pour risquer de voir, un jour, le fruit de sa victoire lui échapper ? Illusion, pensons-nous. *L'Allemagne, la plus forte dans la guerre, se maintiendra la plus forte dans la paix.*

En résumé : la révolution nationale nécessaire ne se fera pas tant que l'Allemagne sera à même de dicter sa volonté. Dans l'ordre chronologique, cette révolution nationale viendra après la libération, laquelle vise à bouter le boche hors de France.

A l'ordre du maréchal Pétain, nous sommes passionnément attachés. Nous souscrivons à l'ensemble des grandes réformes qui ont été entreprises. Nous sommes animés du désir qu'elles soient durables et que d'autres réformes viennent parachever cette œuvre. C'est dans ce but que nous faisons partie du mouvement de libération nationale.

Tous ceux qui serviront dans nos rangs, comme ceux qui s'y trouvent déjà, seront des Français authentiques. Les juifs serviront dans nos rangs s'ils ont effectivement combattu dans l'une des deux guerres.

Depuis l'entrevue de Montoire, le gouvernement s'est engagé dans la politique de collaboration avec le vainqueur. De notre côté, notre volonté est de le chasser de France. Est-ce à dire que nous rompons délibérément avec le maréchal ? Rien n'est plus faux. Ces deux attitudes se concilient aisément : mieux, elles se complètent.

Au matin du 25 juin, la France, que son armée ne pouvait plus défendre, touchait les épaules. Trois mois plus tard, l'Allemagne nous conviait à collaborer avec elle. D'un refus, nous ne pouvions rien attendre, si ce n'est des mesures encore plus dures que celles que nous subissons ; nos hommes groupés en unités de travailleurs, le fardeau de l'armée d'occupation alourdi des restrictions plus sévères et toute la France occupée. Sans doute le geste eût-il été noble, mais combien lourd de conséquence.

Cette collaboration, qui nous était instamment demandée, profitait au Reich. Elle avait ainsi les mains plus libres pour continuer la lutte contre l'Angleterre. Elle pouvait aussi nous profiter. Elle nous profite.

Ce mal nécessaire nous a permis de conserver une partie de nos libertés, de commencer le redressement national. Il nous a permis surtout de gagner du temps. Le mouvement de libération nationale l'utilisera. Voilà pourquoi nous sommes, une fois encore, derrière le gouvernement qui l'a contresigné.

« PUISSE LE MARÉCHAL PÉTAIN... »

Le gouvernement doit donc conserver une attitude imposée par les circonstances. Voudrait-il s'en départir par ses paroles ou par ses actes, que le pays en subirait le châtiment. Le plus rude de tous les devoirs de notre maréchal est d'accepter cette servitude, d'ailleurs pleine de grandeur. Cette acceptation était incluse dans la première parole qu'il a prononcée en prenant le pouvoir : « Je fais don de ma personne à la France pour atténuer son malheur. »

Mais nous, nous le Peuple de France, nous n'avons rien promis ni rien signé. Nous comprenons la politique de notre gouvernement car nous savons qu'il ne peut en suivre d'autre. Mais, ce que le gouvernement ne peut pas dire, nous voulons le crier : L'ennemi d'aujourd'hui est le même que celui d'hier.

Si nos armes ont cédé devant les siennes, nous ne plierons pas nos âmes.

La victoire n'a pas changé l'Allemagne. Elle demeure le Pays qui pratique le culte de la force et du sang. C'est le pays sans Dieu qui vient de fermer la cathédrale de Strasbourg pour en faire un musée. C'est le pays dont le maître a toujours renié sa parole, aux engagements duquel il nous est impossible de croire. C'est le pays de la terreur d'où la pensée libre est à jamais bannie.

La victoire totale de l'Allemagne signifierait non seulement la satisfaction de toutes ses revendications, mais l'asservissement matériel et moral que tous ses chefs ont prévu et préparé. Les menaces et les projets d'Hitler, Rosemberg, de Dietrich et de tant d'autres sont encore présents à nos mémoires.

Ils sont pour nous des avertissements, qui demeurent entièrement valables quels que soient les espoirs dont on veuille nous bercer aujourd'hui.

(...) Cependant la guerre se poursuit sous nos yeux. Nous ne pouvons y assister indifférents. De son issue dépend notre sort. L'attitude et la conduite de notre mouvement doivent être celles qui, dans la paix à venir, permettront à la France d'avoir sa place et de faire entendre sa voix.

Certains espèrent que la France sera un jour l'arbitre entre deux nations également épuisées par la lutte. Selon nous c'est une dangereuse chimère. Nous l'avons déjà dit, si l'Allemagne s'affaiblit elle affaiblira la France.

Notre pays n'aura dans cette hypothèse aucun rôle à jouer. Il subira la loi du vainqueur, si faible que soit celui-ci.

Il nous faut donc choisir et répondre dès maintenant à cette question : quel est celui des deux grands pays belligérants dont la victoire sera pour la France, sinon la plus profitable, du moins la moins nuisible ?

Il n'est pas de faux-fuyants. Il faut répondre. Si nous pensions qu'une victoire allemande soit profitable à la France, nous oublierions l'amertume de notre défaite et nous aiderions l'Allemagne. Mais, tout ce que nous savons d'elle nous indique le contraire.

C'est donc vers l'Angleterre que nous nous tournons.

C'est elle que nous voulons aider.

En nous engageant dans cette voie, nous ne nous faisons aucune illusion. Nous n'avons pas dû choisir entre des avantages mais entre des inconvénients. C'est à notre défaite militaire que nous devons ce choix douloureux.

Le mouvement de libération nationale n'a pour les Britanniques aucune sympathie particulière. Il n'ignore pas le mal que l'Angleterre, au cours de son histoire, a fait à notre pays, jusque dans un passé récent. Il n'oublie ni la paix de 1918 que nous avons perdue par sa faute, ni les événements douloureux de Mers-el-Kébir et de Dakar, mais il n'oublie pas non plus que l'Angleterre n'occupe pas la France avec ses soldats, qu'elle n'a jamais projeté ni le morcellement de notre territoire, ni notre asservissement.

« Entre deux maux, nous avons choisi le moindre, lequel est, selon nous, la victoire anglaise. Nous sommes décidés à y collaborer. »

Dans cette collaboration, nous revendiquons notre liberté d'action. Le mouvement de Libération nationale est un mouvement profondément français. Jamais nous ne nous ferons les mercenaires de l'Angleterre. Nous n'accepterons d'elle ni ordres ni subsides. Tous ceux qui s'y trouvent déjà seront des Français authentiques. Les Juifs serviront dans nos rangs s'ils ont effectivement combattu dans l'une des deux guerres. L'argent indispensable à notre action sera de l'argent français. Nous ne demanderons pas un shilling à la Grande-Bretagne.

Grâce à quoi, au jour où nous aurons ensemble abattu l'Allemagne, nous ne serons pas pour l'Angleterre des serviteurs à gages, mais des hommes libres qui n'auront rien reçu et auront tout donné. La voix purement française que nous ferons entendre devra être écoutée parce que nous l'aurons mérité et que nous le voulons.

A la capitulation des Armées françaises, le Mouvement de Libération nationale aura opposé le sursaut de son cœur et de sa foi. Il aura transformé notre défaite matérielle temporaire en une victoire totale grâce à l'esprit qui l'anime. D'égale à égale, la France et l'Angleterre imposeront leur paix à l'Allemagne. L'Europe de demain ne se fera pas sans nous.

« (...) Après la paix, notre mouvement ne considérera par sa tâche comme terminée. Sans doute aura-t-il accompli la plus grande de ses tâches ; ce ne sera pas la dernière.

« Il est possible, sinon certain, qu'à l'effondrement de l'Allemagne national-socialiste succédera la menace rouge. La Russie, qui s'est, jusqu'à ce jour, maintenue hors du conflit qu'elle entretient, lancera sans doute sur l'Europe sa machine de guerre. L'avenir de l'Occident tout entier sera en jeu.

« Nous concourrons à former le barrage contre les armées rouges et ceux qui, en France, tenteraient de les aider.

« Nous ne tolérerons pas plus dans notre pays l'ingérence bolchévique que l'ingérence nazie. Nous triompherons de l'ennemi intérieur comme nous aurons triomphé de l'ennemi extérieur.

« C'est alors seulement que nous pourrons entreprendre la révolution nationale, à laquelle nous ne croyons pas dans les circonstances actuelles.« Notre mouvement, qui aura fait ses preuves en donnant son sang, sera le noyau autour duquel se grouperont toutes les bonnes volontés, tous les Français honnêtes. Les grandes réformes politiques, économiques et sociales dont la guerre a montré la nécessité seront entreprises.

« Puisse le maréchal Pétain avoir une vie suffisamment longue pour nous soutenir alors de sa haute autorité et de son incomparable prestige. »

Français, nous nous engageons sur une route longue et pénible, mais aussi sur une route droite. Nous t'avons exposé tous nos buts. Il n'en est point qui ne puisse recueillir ton adhésion, qui soit contraire à ta conscience.

Si tu viens à nous, nous te demanderons tout ton travail, ton argent et peut-être ta vie. En contrepartie, nous ne te donnerons rien, si ce n'est la joie profonde, exaltante de travailler à la résurrection de la Patrie.

Il en est parmi nous qui ne verront pas notre victoire. Non pas que nous en doutions, mais parce que nous aurons à combattre. Réfléchis. Si nous te parlons franc, c'est qu'il n'est pas chez nous de place aux tièdes et aux médiocres. Que ceux-ci se retirent, nous la sauverons sans eux et pour eux...

ANNEXE 7

Extrait de la lettre d'Henri Frenay à M. Pomonti du 9 janvier 1984.

ANNEXE n° 2 à la lettre d'Henri Frenay, du 9 janvier 1984 adressée à J. Pomonti

Passages du film *Jean Moulin, homme de liberté,* visés dans la lettre ci-dessus.

1° *Daniel Cordier :* « ... Courant novembre (1940) Henri Frenay a écrit un très long manifeste pour le Mouvement de libération nationale qu'il compte créer... C'est un appel à la Résistance curieusement placée sous le patronage du Maréchal Pétain... »

Réponse : Il est vrai qu'avec l'écrasante majorité des Français, j'ai alors pensé, et même cru, que pour notre pays le Maréchal Pétain serait le bouclier. Ainsi dans mon manifeste *(août 1940 et non novembre)* après avoir décrit les raisons de tous ordres qui, selon moi, commandaient de refuser la défaite, de « résister », de préparer le recours aux armes, je terminais par cette phrase :

« ... Puisse le Maréchal Pétain vivre assez longtemps pour *assister* au couronnement de notre œuvre. »

En parlant de patronage Cordier travestit gravement ma pensée. Au spectateur mal informé (ils sont et seront de plus en plus nombreux) il donne à croire que toute mon action, depuis ce moment-là, est placée dans l'ombre tutélaire du Maréchal, sinon inspirée par lui. Comment ce spectateur pourra-t-il imaginer que :

— fin février 1941 je quitterai l'armée avec éclat pour me soustraire au devoir d'obéissance ;

— en avril 1941 je serai placé sous mandat d'arrêt ;

— en mai 1941 je refuserai de prêter le serment de fidélité au Maréchal qu'on exigeait de moi ;

— en mai 1942 je publierai dans le journal *Combat* une lettre ouverte au Maréchal qui se termine ainsi .

« La France contre Laval est désormais contre vous. »

Patronage de Pétain... ?

ANNEXE 8

Article signé Chilina Frenay paru dans *Le Monde* du 7 novembre 1989.

Questions à Daniel Cordier
par Chilina Frenay

Comment avez-vous pu écrire un livre sur Jean Moulin en n'interrogeant pas par écrit ou oralement les membres éminents de Combat, tels que Henri Frenay (décédé en août 1988), le général de Bénouville, MM. Bourdet, Teitgen, Monod, le général Chevance-Bertin, etc., alors que votre ouvrage semble être destiné, de votre propre aveu, à régler des comptes avec Combat et Henri Frenay ?

Pourquoi et comment avez-vous pu écrire un livre, dont beaucoup se plaisent à vanter les mérites historiques, en ignorant délibérément des archives très importantes, telles celles en la possession d'Henri Noguères, concernant entre autres la filière suisse que Moulin reprocha tant à Combat ?

Pourquoi laisser accréditer l'idée que vous êtes le seul survivant de l'équipe de Jean Moulin, en ignorant votre *alter ego* Toni de Graaff, et deux autres collaborateurs plus anciens et de plus haut niveau : Meunier et Chambeiron, qui semblent toujours vivants ?

Comment pouvez-vous prétendre que les résistants de l'intérieur étaient parfaitement satisfaits, car ce qu'ils recevaient (armes, argent, etc.) correspondait à ce qu'ils réclamaient ?

Ne craignez-vous pas le ridicule en écrivant que Combat « *est toujours apparu comme un mouvement de droite* », et qu'il était « *peu de chose* » ?

Qui, selon vous, a fondé l'Armée secrète ?

Pourquoi n'avez-vous pas montré le prétendu manifeste de 1940 (août ou novembre ?) à Henri Frenay, aux fins d'authentification de ce document ?

Pourquoi le « révéler » pour la première fois après sa disparition, alors que vous auriez eu la possibilité d'évoquer cette question avec lui en 1983, lors du tournage d'un film consacré à Jean Moulin auquel vous avez participé avec Henri Frenay ?

Pourquoi votre avocat Me Kiejman ne l'a-t-il pas produit lors du procès qui a suivi ce film ?

Pourquoi ne pas publier, aujourd'hui, un fac-similé de ce texte manuscrit ou signé ?

Comment prêter à Henri Frenay la moindre sympathie pour les généraux Giraud et La Laurencie, alors qu'il s'agit de contre-vérités flagrantes ?

Pourquoi inversez-vous les rôles, en prêtant à Jean Moulin une lutte antifasciste et à Henri Frenay une lutte antigermanique, alors que c'est tout le contraire qui s'est produit ?

Jean Moulin serait-il devenu Max, c'est-à-dire le représentant du général de Gaulle, si Henri Frenay ne l'avait pas reçu en juillet 1941 à Marseille ? Qu'aurait-il pu emporter à Londres comme informations sérieuses sur la Résistance hormis celles qu'Henri Frenay lui a données ?

Comment pouvez-vous oser écrire que Jean Moulin « *s'est conduit avec les résistants français comme à Chartres en juin 1940 avec les envahisseurs allemands* » ? (magazine *Lire,* octobre 1989 p. 41).

Comment pouvez-vous prétendre à une œuvre exhaustive en ne mentionnant pas, ou si peu, dans votre préface, l'existence de Berty Albrecht, dont chacun s'accorde à reconnaître l'importance de son rôle aux côtés de Henri Frenay ?

Ne pensez-vous pas que la mémoire de Jean Moulin, que vous prétendez défendre, n'a pas besoin de gloire usurpée ?

La Résistance a existé avant Jean Moulin pendant un an, pendant Jean Moulin et parfois malgré lui, pendant un an et demi, et, enfin, après Jean Moulin, pendant plus d'un an. L'histoire de la Résistance ne saurait se résumer à un homme, aussi prestigieux soit-il.

En définitive, le débat que Henri Frenay avait initié de manière historique par *l'Enigme Jean Moulin* (éditions Robert Laffont 1977, en cours de réimpression) s'ouvre pleinement aujourd'hui grâce à votre livre. Les historiens vont donc pouvoir se pencher sur ce problème, qui dépasse les simples rapports entre les résistants de Londres et ceux de l'intérieur. Il s'agit rien de moins que du destin de la France et de ce qu'il aurait pu ou failli être.

ANNEXE 9

Allocution prononcée par le Président de la République le 20 septembre 1988, dans la cour d'honneur des Invalides, en hommage à Henri Frenay.

C'est d'abord à ceux qui en 1940 ont vécu la guerre perdue et la France humiliée sans jamais douter de la Patrie, de ses vertus, de sa pérennité ; c'est à vous, survivants des grandes heures, des sombres heures où vous étiez si solitaires, porteurs d'une espérance qui n'avait plus que vous pour la servir, c'est à vous, compagnons d'Henri Frenay, qui, où vous étiez, avez de la même façon choisi la même route ; c'est à vous que j'adresse ces premiers mots, à vous qui avez relevé le défi, fondé et maintenu la résistance intérieure, qui avez partagé son combat, qui saviez qui il était, qui savez qui il représente et doit représenter pour ce peuple qui est le nôtre.

En ces moments de tristesse et de gloire, souvenons-nous. Celui dont nous célébrons la mémoire continuera de la sorte à éclairer comme naguère nos décisions et nos engagements, dès lors qu'il s'agira de rendre son dû à la patrie. La présence ici d'hommes et de femmes qui opposèrent à l'Histoire qui semblait écrite le refus de leur conscience apporte à Henri Frenay le témoignage que, dans sa pudeur, sa discrétion et sa fierté, il n'a demandé à personne.

Dans *Le Sacrifice du matin* Pierre de Bénouville écrivait : « La France ne veut pas mourir. Déjà la Résistance se dessine et les destins de ceux qui vont l'entreprendre se lient. Des milliers d'hommes qui ne se connaissent pas encore font tous ensemble un pas... Partout, déjà, existe l'armée de la Libération. Les soldats en sont encore isolés les uns des autres ; les plans ne s'en forgent pas moins dans le secret des êtres, et presque à l'insu de ceux qui les exécuteront... »

Eh bien, Mesdames et Messieurs, c'est Henri Frenay qui, le premier ou l'un des premiers rassemble quelques-uns, qui seront plus tard des dizaines, des centaines, des milliers, qui organise les soldats de l'ombre pour en faire une armée.

A cette mission il était naturellement porté ; il s'y était préparé. Soldat par tradition, soldat par vocation, Henri Frenay était entré en 1924 à l'École spéciale militaire de Saint-Cyr, puis à l'École de guerre en 1935. Carrière brillante, carrière classique, mais, dès sa sortie de l'école de guerre, il étudie les mécanismes du nazisme, il réfléchit aux moyens de lutter contre un système qu'il rejette, qu'il abhorre, il se place dans l'Europe de cette époque et il en devine le destin, il prend conscience du péril, non seulement pour la France, mais pour les valeurs de civilisation auxquelles il croit et pour lesquelles il assumera tous les risques.

Sa carrière, sa liberté, sa vie à ses yeux pèsent peu face à l'enjeu. Au moment où tout bascule, il n'obéit qu'à l'instinct venu des profondeurs de notre histoire, cette histoire qu'à son tour il va faire, car ce soldat est citoyen. Lorsqu'après avoir servi au 17e corps d'armée en Lorraine, puis dans l'armée du Rhin, lorsque capturé en 1940, il s'évade, c'est pour se battre sans arme ni armure, en maîtrisant les circonstances, en s'adaptant au terrain de la nouvelle bataille qui s'engage : tâche presque impossible, tâche accomplie.

Comprenant le rôle dévolu aux troupes d'armistice, il quitte l'armée pour en créer une autre : l'armée de la résistance. Vite considéré comme l'âme du combat, il sera recherché pendant près de trois années par la police de Vichy et par la Gestapo avec ses compagnons, ses premiers compagnons, dont les noms sont dans mon esprit et dans le vôtre. Il écrit, il rencontre, il propose. Je l'ai connu à cette époque comme bien d'autres parmi vous, et je n'oublie pas ce regard, ce sourire lumineux, cette force, cette autorité simple. J'avais le sentiment d'avoir rencontré l'un de ceux qui, à travers le temps, incarne la longue aventure de la France et la trame de ses héros.

Pour rassembler et pour organiser le plus grand nombre de combattants, il conçoit et met en œuvre un type d'organisation clandestine qui sera généralement repris par les autres mouvements de résistance et qui, le moment venu, facilitera leur jonction ou leur fusion.

Je ne retracerai pas davantage cette époque qui est connue de vous tous : le Mouvement de libération nationale, le mouvement Combat, les Mouvements unifiés de la résistance, l'Armée secrète,

Henri Frenay fut un initiateur jusqu'à ce qu'il fût appelé par le général de Gaulle à siéger, à la fin de 1943, au Comité français de libération nationale.

Il faut le rappeler, Henri Frenay a obstinément rassemblé les courages et préservé l'identité de la résistance intérieure et ses aspirations communes. Mieux qu'aucun autre, il savait qu'elle ne pouvait décider à elle seule du destin de la France ; mais jamais il n'a consenti à ce qu'elle fût réduite au simple rôle de collecteur de renseignements ou de simple auxiliaire. Plus qu'aucun autre, il a fait qu'elle a pris sa place dans la Résistance nationale, et cette place est immense.

Tout cela s'est fait dans les conditions les plus difficiles et les plus dramatiques. Les moyens utilisés pour communiquer étaient irréguliers et précaires. Il y avait toujours un risque de malentendu et les malentendus n'ont pas manqué. Comment ne pas citer ceux qui ont séparé deux hommes d'exception comme le furent Henri Frenay et Jean Moulin. Il y a quelques mois, j'ai rappelé ces grands événements lorsque j'ai eu la joie de remettre à Henri Frenay les insignes de Grand-Croix de la Légion d'honneur. Il me semble pourtant que nous ne lui avons pas rendu justice autant qu'il eût fallu. Commissaire aux prisonniers de guerre et déportés du Comité de libération nationale puis du gouvernement de la République, il a pris en charge le retour de millions de captifs, déportés, prisonniers, dans un pays démuni de tout, et l'on doit savoir qu'il fit là, en dépit des polémiques et, je le rappelle, des injustices, une œuvre capitale où ses qualités appliquées à une œuvre de paix et de regroupement des Français égalèrent celles qu'il avait déjà montrées à la tête du combat.

Quelques années plus tard, Henri Frenay a choisi de se retirer de la vie publique. Non, assurément, qu'il s'en désintéressât ; mais il lui était difficile de rien concéder aux uns et aux autres. Il ne s'est plus manifesté que pour faire connaître, lorsqu'il avait le sentiment d'une obligation, les choix qui étaient les siens, que lui dictait sa haute conscience, celle qu'il avait de ses devoirs — je dirai même de sa mission.

C'est ainsi qu'il a lutté pour la construction de l'Europe. Défenseur acharné, résolu, de la liberté — cette liberté qui, pour lui, est toujours apparue comme l'accomplissement de l'homme et de la société de l'homme — avec les fédéralistes européens, il a repris une nouvelle forme de combat, toujours les yeux tournés vers l'avenir, pressé de le construire et donnant tout ce qu'il avait pour ce en quoi il croyait.

Henri Frenay nous a quittés le 6 août dernier. Sa fin a été empreinte de la dignité rigoureuse qui a marqué son existence. Il nous a quittés en affirmant les certitudes de sa jeunesse avec lesquelles il n'avait jamais transigé.

Je voudrais, en cet instant solennel, que ma voix pût pénétrer loin dans la France, pour que les générations nouvelles et pour que la jeunesse sachent qu'Henri Frenay était un soldat modèle, un citoyen résolu, qu'il a marqué son époque et qu'il marquera notre histoire.

Nous avons maintenant à le dire et à le répéter. De même que cette cérémonie, dans cette cour, après le service religieux, a pour objet de rappeler aux Français que, parmi eux, toujours ont surgi ceux qui ont su exprimer les volontés et les devoirs de la patrie commune.

Nous avons, nous, maintenant pour mission de perpétuer sa mémoire, de saluer son souvenir, cette belle figure que nous avons aimée.

A ses proches, à Chilina sa femme, à son fils, à ceux qui l'ont entouré, qui n'ont jamais séparé leur destin du sien, et qui l'ont assisté dans des jours de bonheur, mais aussi dans la souffrance et le malheur, ceux qui ont su ce qu'il valait, ses compagnons de tout moment, oui, à vous tous, je tiens à affirmer que la Nation entière doit partager ce deuil. A la Nation que je représente, je demande de méditer ce grand exemple, de conserver à la mémoire d'Henri Frenay la reconnaissance due à ceux qui ont servi mieux que quiconque, sans attendre quoi que ce soit d'autre que d'avoir réussi leur vie en accord avec leur conviction. Je voudrais, vous qui l'avez aimé et qui resterez près de lui jusqu'à la dernière minute de votre vie, que vous sachiez à quel point, en cet instant, je ressens non seulement ce que peut être votre peine, mais aussi ce que doit être votre certitude d'avoir accompagné un grand Français.

François Mitterrand.

Postface

Lorsque Jacques Soustelle me proposa en 1990 de rédiger la préface de mon livre, rien ne laissait prévoir qu'il n'en verrait pas la sortie à l'automne de la même année.

En juillet encore, en compagnie d'un membre de l'équipe d'Albin Michel, nous avons déjeuné ensemble avant une séance de l'Académie qu'il devait présider. Il était heureux d'avoir pris la défense d'Henri Frenay auquel de multiples liens l'unissaient. Une fois de plus, il avait manifesté sa fidélité.

Et ce texte posthume — le dernier écrit de Jacques Soustelle — prend, en raison de ces circonstances, un relief particulier.

Faut-il ne voir qu'une coïncidence dans le fait que Jacques Soustelle disparut le 6 août 1990, deux ans jour pour jour après Henri Frenay auquel il avait rendu hommage à l'Hôtel des Invalides ?

Qu'il me soit permis d'exprimer l'émotion, mais aussi la fierté que je ressens d'avoir, par ce livre, uni de manière plus intime ces deux grands Français, et d'avoir servi de lien aux deux Résistances : celle de l'Intérieur et celle de Londres.

Ils ne s'étaient véritablement rencontrés que dans Alger libérée, devenue pour une année la capitale de la France. Et ceci me conduit naturellement à évoquer le Gouverneur de l'Algérie que fut Jacques Soustelle quelques années plus tard.

Tous ceux, dans ces départements d'outre-mer, français bien avant Nice et la Savoie, qui ont été odieusement trahis et maltraités de surcroît, n'oublieront pas l'action de cet homme d'État qui, au péril de sa vie, préféra l'exil à une carrière, la parole donnée aux discours, l'Honneur aux honneurs.

En rejoignant le soleil aztèque, Jacques Soustelle savait qu'il y serait escorté par ceux-là qui, en Algérie, toutes communautés confondues, l'avaient aimé pour sa droiture, sa simplicité et son sens de l'humour.

Comme lorsqu'il quitta Alger, c'est en pleurant que nous chantons « Ce n'est qu'un au revoir... »

Charles Benfredj
Août 1990.

Table

La composition de ce livre
a été effectuée par Bussière à Saint-Amand,
l'impression et le brochage ont été effectués sur presse CAMERON
dans les ateliers de la S.E.P.C. à Saint-Amand-Montrond (Cher)
pour les Éditions Albin Michel

AM

Achevé d'imprimer en septembre 1990
N° d'édition : 11292. N° d'impression : 2208-1636.
Dépôt légal : octobre 1990.